丛书顾问

（以姓氏拼音字母为序）

顾明远　裴娣娜　史宁中　宋乃庆
田正平　叶　澜　钟秉林　朱小蔓

丛书编委会

主　任：张斌贤

委　员：（以姓氏拼音字母为序）

陈时见　程斯辉　褚宏启　杜成宪
范国睿　傅维利　高宝立　郭　戈
贺国庆　侯怀银　黄甫全　郝二军
靳玉乐　贾　娟　柳海民　刘贵华
刘海峰　刘立德　刘志军　楼世洲
马晓红　马云鹏　孟繁华　戚万学
司晓宏　石　鸥　石中英　孙杰远
田慧生　涂艳国　王建新　王嘉毅
王维平　吴康宁　肖　朗　徐小洲
徐　勇　余文森　翟　博　张民选
周洪宇　周作宇

黑柳彻子眼中的理想教育

教育薪火书系·第一辑

王彤 著

山西出版传媒集团
山西人民出版社

图书在版编目（CIP）数据

黑柳彻子眼中的理想教育 / 王彤著. —太原：山西人民出版社，2018.8
（教育薪火书系 / 张斌贤主编）
ISBN 978-7-203-10183-3

Ⅰ.①黑… Ⅱ.①王… Ⅲ.①黑柳彻子—教育思想—研究 Ⅳ.①G40-093.13

中国版本图书馆 CIP 数据核字（2017）第 280147 号

黑柳彻子眼中的理想教育

著　　　者：	王　彤
责任编辑：	孙宇欣
复　　审：	贾　娟
终　　审：	阎卫斌
装帧设计：	李尚斌　张国仁
出　版　者：	山西出版传媒集团·山西人民出版社
地　　址：	太原市建设南路21号
邮　　编：	030012
发行营销：	0351-4922220　4955996　4956039　4922127（传真）
天猫官网：	http://sxrmcbs.tmall.com　电话：0351-4922159
E - mail：	sxskcb@163.com　发行部
	sxskcb@126.com　总编室
网　　址：	www.sxskcb.com
经　销　者：	山西出版传媒集团·山西人民出版社
承　印　厂：	山西出版传媒集团·山西人民印刷有限责任公司
开　　本：	787mm×1092mm　1/16
印　　张：	22
字　　数：	400 千字
印　　数：	1—3000 册
版　　次：	2018年8月　第1版
印　　次：	2018年8月　第1次印刷
书　　号：	ISBN 978-7-203-10183-3
定　　价：	95.00元

如有印装质量问题请与本社联系调换

教育薪火 传承不息(总序)

钟秉林

在人类的历史长河中,教育一直伴随人类的文明进程在不断发展进步,那些弥足珍贵的教育著作、教育思想、教育人物和事迹,无时无刻不在拨动着教育工作者的心弦。我们永远无法忘记那些给我们留下宝贵思想财富的教育家,他们的思想、言论和实践,依然是激励我们教育工作者前进的动力。时至今日,教育的发展与变革更成为世界各国应对日趋激烈的国际竞争的重要战略。在科教兴国战略的指导下,党和国家对教育工作给予了高度的重视,深刻认识到教育家对教育事业的重要性。《国家中长期教育改革和发展规划纲要(2010—2020年)》就明确提出:"创造有利条件,鼓励教师和校长在实践中大胆探索,创新教育模式和教育方法,形成教学特色和办学风格,造就一批教育家,倡导教育家办学。"

要想成长为教育家或者在教育实践中能够起到扛鼎作用并非易事,需要我们教育工作者吸收过往教育家留下来的丰富教育营养,清晰地认识什么是真正的教育家,教育家应该具备什么样的素质和条件,做到融会贯通,大胆实践,自成一家。与此同时,在教育改革的大背景下,普通教师同样迫切需要能够在教书育人过程中得到启迪和突破的催化剂,教育家的思想和实践是经过检验的真理,是教学启迪催化剂的最佳选择。

然而,在浩瀚的书海中,以教育家为主线、囊括中外、跨越古今、自成体系的书系并没有面世。山西的《新课程》杂志社和《现代职业教育》杂志社,在教育的广袤园地上深耕多年,熟知一线教师的需求,希望为普通教师策划一套教育理论普及读物,以使广大中小学教师能够"近距离"地接触中外历代教育家的教育思想、实践经验和办学理念,促进教育理论水平的提高,从而更好地开展教育教学实践。书系的策划人与张斌贤教授为理事长的中国教育学会教育史分会的夙愿不谋而合,合作编写一套大规模的、以教育家为主线的书系的想法随之形成。

策划团队把书系命名为"教育薪火",是希望教育家的教育思想能够薪火相传,不断推动人类文明的发展。"教育薪火"书系拟分为三辑出版,按照中国古代、中国近现代、外国古代和外国近现代分类。第一辑共选择了一百余位中外教育家,一位教育家一本书,规模宏大,应该说能够在中国教育出版史上留下浓墨重彩的一笔。所选教育家都是经过书系编委会认真研究、充分论证而定的,他们在教育史上有较大的影响,能够启迪或者感染教育工作者,推进教育和教学的发展。当然,其中有的教育家更为名声在外的不是在教育上,但是他们在教育上的贡献毫不逊色于其他方面的贡献,比如我们熟知的一些革命家;另外,还包括了一些具有地方特色的教育家以及还没有被人们真正认识的教育家。

必须提及的是,中国教育学会教育史分会非常荣幸地邀请到我国著名的教育学者顾明远教授、叶澜教授、史宁中教授、宋乃庆教授、田正平教授、裴娣娜教授和朱小蔓教授等担任书系的顾问,成立了由40位教育学界具有重要影响的学者组成的编委会,为书系的质量保驾护航。

还需提及的是,《新课程》杂志社和《现代职业教育》杂志社为物色学有专长的作者付出了巨大的辛劳。书系的作者地域和院校分布广泛,既有北京师范大学、华东师范大学、东北师范大学、华中师范大学、陕西师范大学、南京师范大学、首都师范大学等师范院校的学者,也包括武汉大学、四川大学、南京大学、南开大学、天津大学、河北大学、河南大学等综合大学的教师。作者以教育史专业的中青年教师为主力军,他们朝气蓬勃、时代感强,研究范围涉猎较广,能大胆地探索和怀疑,一些新的教育研究成果不断涌现,为书系注入了难得的新鲜气息;他们与一线中青年教师同处一个频道,其思维模式很容易被接受。

客观而言,现在每年出版的教育类图书很多很多。一类为实践性强和操作性强的教学类图书,教师拿来就可以在课堂上使用;另一类为理论性强和学术性强的图书,印数少,流通范围小,普通教师往往望而却步。然而,教育理论只有指导教育实践才有存在的价值。在我看来,书系最具特色的价值就是秉承了教育理论通俗化这一理念,在教育理论研究者和普通教师之间架起了一道桥梁。书系以教育家为主线,坚持学术性与普及性并重,用通俗化的语言,或阐述教育家的教育思想精华,或叙写教育家的精彩教育事迹和教育实践,力图"润物细无声",让教师喜欢读,在读中提高素养,深刻理解教育家,形成自己的理论,推进"教育家办学"。

当然,书系在真实性上也颇下功夫。以史料为依据,实事求是叙述,客观全面评价,不有意拔高教育家的贡献,注重教育家闪光点的挖掘和传播,是教育家历史画卷现代版的呈现。书系成规模、系统化,学术性和可读性强,具有较强的收藏价值,非常适合各中小学图书室和大学图书馆选择配置。

中国教育学会教育史分会为教育事业做了一件好事,张斌贤理事长请我作序,我觉得理应支持,欣然应允。

希望广大教育工作者能够认真阅读这套图书,为自己的教育职业生涯发展打下坚实基础,为成长为新时期的教育家而不懈努力。

丁酉年正月于北京
(作者系中国教育学会会长、北京师范大学原校长)

序

小豆豆们与窗

在黑柳彻子为《窗边的小豆豆》所写的后记中,这样提到书名的来历:"我把这本书的题目命名为'窗边',是因为在我开始写作的时候,正流行着'窗边族'这个说法。这个词给人一种被排除在外围,而非处于主体地位的感觉。当时,我总是站在窗边等着宣传艺人路过。而在第一所学校中,实际上,我隐隐约约总有一种被排斥感。所以我选择了这样的书名。"

看过《窗边的小豆豆》的人一定会对小豆豆站在教室的窗前,召唤宣传艺人的那篇文章有很深的印象,那正是小豆豆到第一所学校时让老师难以容忍的行为。

第一节课里,豆豆把课桌"吧嗒吧嗒"地弄了一通以后,就离开座位站到窗边往外看去。于是老师心想:如果能安静下来,她站在那儿也可以。然而就在这时豆豆却突然对着窗外大声喊叫起来:"广告宣传员叔叔——!"

一般说来,这个教室的窗户对豆豆来说是很惬意的,然而却使老师大伤脑筋。因为教室在一楼,偏偏又紧靠马路。而且,说到院墙,也仅仅是一道矮树墙。所以豆豆很容易就能同路上的行人搭话。瞧吧,过路的那位化装广告宣传员被豆豆这么一喊,果真来到了教室跟前。这下豆豆可乐坏了,冲着全班同学喊道:"来啦!来啦!"

教室里正在上课的孩子们听她这么一喊,全都涌向窗边异口同声地喊了起来:

"化装广告宣传员——!"

于是豆豆便向广告宣传员央求说:

"喂！演一会儿给我们看看好吗？"

本来路过学校附近的时候，化装广告宣传员是压低了声响的。可由于豆豆这难得的央求，他便放开了手脚，又是单簧管，又是三弦琴，敲锣打鼓地热闹了一通。这时候老师怎么样了呢？她只好独自站在讲台上，耐着性子等待闹过这阵子去，心想："就耐心等到这支曲子奏完吧！"

不一会工夫，曲子奏完了，化装广告宣传员走了，学生们也回到了自己的座位上。然而，令人吃惊的是，豆豆却仍然站在窗边不动。老师问她："你怎么还在那里？"

豆豆一本正经地答道：

"要是再有别的化装广告宣传员来了，我还得和他们说话呢！再说，刚才的化装广告宣传员要是回来了，那可就麻烦了。"

从阅读者的角度来说，看到这样的段落，难免会忍俊不禁，甚至笑出声来，既而脑海中关于自己童年的回忆会不自觉地涌上心头。那些现在被称作是糗事、傻事的，却是童年时最美好最能让嘴角浮现笑意的往事，就是这些回忆让我们还记得那段可以叫作童年的时代。这也是这本书能够在1981年出版后，不仅在日本，也在全球都引起很大反响的原因。

有数字统计证明，截至2001年，该书的日文版累计销量达938万册，成为日本历史上销量最大的一本书。它还被译成了33种文字介绍到世界各地，英文版在美国出版时，《纽约时报》发表了两个整版的书评文章，这一"殊荣"，不仅在她之前没有人获得过，在此之后到现在也再无第二人。而此书的英文版仅日本国内销量就达70多万册，至今无人超越。这也使得黑柳彻子女士成为联合国儿童基金会任命的第一位亚洲亲善大使。

只是在黑柳彻子女士的心里，窗边召唤宣传艺人的小豆豆虽然天真，但在社会以及大多数学校教育的常规观念中，却从来都是被斥责和贬损的反面典型。大多数教育机构甚至是家庭中如果真的出现了这样的孩子，多半会采取压制和棒喝的手段将其排除在那些合乎规矩的"好孩子"行列之外。如此看来，窗的意味就变得深重了起来。

窗边的孩子

其实,每一个初进校园的孩子的内心中都想要站在窗边,就像小豆豆看到宣传艺人来了以后,立刻招呼大家,于是所有的孩子们便一股脑地涌向窗口一样。那些压抑的天性一旦遇到缺口,就会立刻被释放出来。

刚刚离开家庭、离开相对松散的幼稚园的孩子,在认识外界的过程中渐渐有了自我,有了家庭以及小小的社会观念,但这只是他认识世界过程中极其微小的一步,他还要继续走下去。在这个过程中,学校教育被视为加速儿童认识世界进程的一个极其必要的阶段。

在美国著名的传播学家施拉姆的《人类传播史》中,记录了一段法国拉斯科洞穴的发现经历。在对洞穴壁画的研究与分析中,这位著名的传播学者将其归为史前传播的重要形式,并做了如下的一番解释:

"洞穴艺术更可能的解释是为了教育:这些画作或许是成年礼中,部落将神话、图腾及仪式传递给年轻族人的媒介。……旧石器时代的长者们在设计洞穴时,还有更重要的一些项目:即教导年轻人一些事情,并使其永不遗忘。旧石器时代的学生没有课本和教师,但他们必须迅速习毕许多重要课程:包括部落的历史和信仰、获取食物以维持部落生存的工具和方法、自然世界的各种迹象等等。这些课程的教导务求深切地铭刻在年轻成人的记忆中,那么,还有什么是比以黑暗的洞穴为背景,使学习情境绝对崭新、无法预期,并使人印象深刻更好的方法呢?在洞穴中,老师可以带领学生到达某一位置,使他们能在某种角度或火光的照明下看见壁画而印象深刻;长者可以要求学生爬行过深坑与狭窄通道,然后遽然看见栩栩如生的巨大兽类图而铭记在心。使年轻人牢牢记住这段经验,正是先人选择洞穴作为教学场所的真正目的。"

为了传承经验,孩子们在洞穴中的黑暗险阻,以及火光明灭中先验地掌握了自然,但作为老师的长者所做的一切都意在告诉孩子们:洞穴外的自然才是真正具有吸引力并且需要亲自认识与应对的。洞穴壁画不过是对洞外以往时空的自然再现,并寄希望于这种经验的传授可以帮助他们更好地应对未来的自然而已。

教育的最初目的就是对自然如此紧密地贴合，一切需遵循着从自然中来，并最终要回归自然中去的准则。

站在窗边的孩子们本能地遵循着自然的规律。他们虽然伫立在窗之内，但时刻渴望着与自然认识与接触，并相信在那个名为学校的地方可以帮助他们更好甚至是更快速地认识世界。他们是真正想要去狩猎的猎手和勇士，因为自然是一切教育的源头和归宿，孩子们伫立在窗边不过是天性对自然的呼应。

窗的错位

较之墙而言，窗通达了许多，它虽然不像门那样可以自由地出入，但毕竟也是一个让内外通透的所在。但在这里，窗变成了一个将孩子拦在自然之外，又可以观看到自然的设置，就好像我们目前相当多的学校教育，虽然负责向孩子传授知识，给予孩子固定的学习场所，将过去的文化与经验在这里系统地整合并传授给孩子。但是却把孩子们牢牢地困在学校之中，关闭了那些通往自然的窗和门，出不去，也看不见，就算是开着窗的夏天，也要"两耳不闻窗外事，一心只读圣贤书"。

如果窗不能让空气自由地流动，不能让我们可以从窗里望向窗外，那它是否还是窗？

如果学校的教育与知识的传承不是为了让我们的孩子更快地认识并掌握外部世界，并最终进入自然与社会，那么这种教育最终起到的作用又是什么呢？

显然在常规的教育体系中，一个丝毫不懂得规矩的孩子，总是搞不懂学校和家庭的区别、学校和其他场所的区别，许多教育者甚至还会对家长的日常教育产生怀疑：这孩子一定是在平时缺乏约束，没有规矩，被溺爱坏了。

但什么是规矩呢？

孩子懵懂的心里一开始是不知道的，慢慢地规矩变成了一个大大的"不"

字;是语气中带着命令与严厉的声音,是表情中带着紧锁眉头、微动鼻翼的大人的脸;是一个摆满了许多好玩好看的东西却不容他欣喜、好奇地触碰的房间;是举手投足间要博得大人赞许的少年老成……

有一些孩子大概很早就懂得了这些规矩,所以在有窗的时候,知道要老老实实地待在窗的里面,并且不可以随意将目光投向窗外,即便窗外有着多么缤纷灿烂的变化,都要按捺住一颗孩童的心,去做一个合乎规矩、不断克制着内心的好奇的"小大人"。如此,才是值得成人称颂和赞许的。于是一颗赤子之心,滚烫的、热情的、充满生气和敏感细腻的心灵就这样慢慢地沉寂,变得和所有其他麻木的心灵一样,渐渐失去感知美好与善良的能力……

当窗不再是窗,而变成了一种框定、一种衡量、一种规矩、一种限制,那它就不再是窗,而变成了一堵墙,没有窗的房间里的人除了碰壁、压抑,就是横下一条心闯出去,无论多大年纪也要重新摔打进自然中,才能让心灵有不枯竭的可能。

窗的复位

黑柳彻子女士当然不是这样讲她的小时候的,在那个有着澄澈目光的小豆豆的心里,虽然敏锐地感觉到了自己被排斥的现状,但所幸她的人生中还有一位宽容耐心的母亲和一位深谙孩子天性与心理的小林宗作校长。这使得她能够有一天站在世界的舞台上,真诚地讲起自己的故事,没有那些艰深的文字,只有平铺直叙地通向内心的讲述,只是这些讲述却足以激活一颗颗日渐沉寂的心灵,让久已麻木的大脑重新运转,让人们再次回到窗边,让孩子们可以站在窗边。

初看《窗边的小豆豆》,它是黑柳彻子女士记述自己小时候的成长经历,让人们得以窥见儿时的自己。

再看《窗边的小豆豆》,似乎这位善良的女士在提醒人们应该关注站在窗边的孩子,不要让感知世界的心灵失去灵性。

细看《窗边的小豆豆》,那些浅近的描述中,无不饱含着对孩子的尊重、引领……

关于教育,黑柳彻子女士并没有长篇大论地提出什么理念,她只是记述着自己作为孩子的体验、家庭的影响,以及惠及一生的小林校长与巴学园的教育。但她却给了人们这样的一种认识,教育应该是这样的一扇窗,让孩子们可以心情平和地站在窗边,呼吸到自由的空气,看到窗外的蓝天、草地、碧海,充分认识自然,只有如此才能懂得经验的可贵,也才能真正地定下一颗心去习得智慧。这是巴学园和小林宗作校长的努力方向,这也正是我们应有的教育理念。

另外,《窗边的小豆豆》只是黑柳彻子女士为此迈出的第一步,此后的作品有的是围绕着小豆豆的进一步分析与剖白,有的则是她在儿童心理与教育领域的进一步思考与探索,可贵的是黑柳彻子的母亲黑柳朝女士也有相关的论述,让人们得以窥见家庭教育对儿童的影响。

看过《窗边的小豆豆》的人,大概一千个人里有一千个人在慨叹自己没有碰到一个巴学园。但其实值得企盼和期许的却是,一千个人里能有一千个人在为有一个巴学园去努力。这或许是一个梦想,但只要我们坚持回到窗边,坚持让孩子们埋在书山题海的头颅抬起来望出去,我们的梦想就有希望实现。

窗,应该是窗,是孩子认识自然与社会的通路,是孩子由内至外的观照处。因为窗的存在,孩子要了解窗的界限,明确窗内与窗外,能够踏实于窗内求知,又能看到窗外,看向未来。教育本应如此。

前　言

即便是现在,仍然有许多年轻人会在提及儿时印象深刻的书时,提到《窗边的小豆豆》。这部作品并不厚重,也非魔幻,甚至也没有太多的想象力,语言浅显直白,完全是孩童般的喃喃自述。但也正是这样的一部作品,却为年幼也好成熟也罢的人们,提供了一种对理想家庭生活与校园生活的想象与向往。

作者黑柳彻子女士,在媒体称谓中,拥有诸多头衔。人们乐于将其称作著名女作家、畅销书作家、NHK(日本放送协会)著名电视节目主持人、日本最受欢迎的电视人物,等等。而她也有一系列社会组织的头衔:联合国儿童基金会亲善大使、社会福利法人小豆豆基金理事长、社会福利法人小步的箱子理事、日本文学俱乐部会员、世界自然保护基金日本理事、岩崎画册美术馆馆长等。其中,最为大家津津乐道的便是她在 1984 年被任命为联合国儿童基金会亲善大使一事。据悉,一位联合国官员在阅读了《窗边的小豆豆》的英文版之后,颇为动容,认为"这个人这么了解孩子的心理,再也没有比她更合适的人选了"。

成功的畅销书作家

《窗边的小豆豆》最初是黑柳彻子为日本讲谈社旗下的《年轻女性》杂志所写的小文章的连载,经过 1979 年 2 月到 1980 年 12 月近两年时间的积累,最后成书。单行本在 1981 年出版,一年后在日本便卖出了 450 万册,在 1984 年出文库本(以普及为目的的小型书,便于携带,售价低廉)的时候,已经接近 600 万册的销量。黑柳彻子在文库本发行时所写的《文库本后记》中提到,有人评价"在日本的出版界,还是第一次出现这样的盛况",但对于对数字没有什么概念的黑柳彻子来说,只有读者来信可以让她感受到这本书多么地受读者的欢迎。给她写信的读者,上至百岁的老人,下至五岁的幼童,每一封信都情真意切地让她感动和幸福。

日本社会对于黑柳彻子和这部作品的肯定则体现在方方面面。她得到了天皇和首相的接见，不断获得各种组织颁发的荣誉和奖项，《窗边的小豆豆》被以各种形式为学校的教材采用。《朝日新闻》还为此发表了系列报道《小豆豆综合征》，调查了该作品对日本社会的影响。甚至有出版社还出版了《小豆豆畅销故事》，来分析为什么会畅销的问题。

对于黑柳彻子来说，虽欣喜，却冷静。在教育界引发的巨大反响，并没有让她以教育者自居，甚至在此后的回顾中，还特意提到自己并非是怀揣着教育目的而写作，仅仅是书籍的出版赶上日本社会教育的问题期，才会使得大家如此关注，并将作品打上了教育书的烙印。于她而言，在扉页上题上"谨将此书献给已逝的小林宗作老师"才是真正的初衷。尽管如此，她对于小林宗作先生的教育理念的认同与尊崇，以及她对于母亲黑柳朝教育子女的记述，还是成为人们所向往的理想教育的典范。

黑柳彻子的语言浅显率真，没有任何华丽的辞藻与修饰，而人物的形象却鲜明生动。小豆豆，小豆豆的母亲，小豆豆的学校巴学园，巴学园的校长小林宗作老师和其他老师们，以及小豆豆各有特点的同学们，共同构建起小豆豆自由而快乐的小学生活。顺应天性的教育理念，丰富充实的校园生活，宽容耐心的母亲，教导有方的老师，真诚友爱的同学与朋友，让读者既可以找到自己童年的影子，同时又对巴学园自由、随意和创意多多的学习与生活氛围神往。毫无疑问，作者对于孩童心理的把握，对于儿时生活的描摹，都深深地唤起读者的共鸣，而她对巴学园校园生活的真诚记录，又足以让这所在战争中被摧毁的小学校成为日本乃至世界儿童教育值得研究与纪念的碑石。这也是作品一经出版便迅速俘获各个年龄段读者，并引起教育界巨大反响的原因。

《窗边的小豆豆》出版后的第二年（1982年）就出现了英译本。英译本在日本国内一经发行便创下了40万册的销量，一举成为国内最畅销的英文版书籍。在美国发行以后，也随即得到了美国媒体的关注，著名的《纽约时报》周日书评专栏刊载长文，对该书进行了评论与关注。黑柳彻子还受邀参加了美国电视谈话节目《今夜秀》的专访。此后，作品得到了各国出版界的广泛注意，很快在亚洲和欧洲传播开。

《窗边的小豆豆》是黑柳彻子的第一部作品，也是最成功的一部。在她看来无心插柳柳成荫的写作，为她赢得了巨大的声誉，她此后也写了多部作品，但多以对话录为主。显然，她并非以写作为生，她原本是一个演员和一个成功的电视节目主持人。

长盛不衰的电视节目主持人

黑柳彻子女士在日本家喻户晓，除了她是《窗边的小豆豆》的作者，也因为她所主持的长盛不衰的电视访谈节目《彻子的部屋》。如今，85岁高龄的黑柳彻子仍然活跃在电视节目中。在这档节目中，她每期都会采访一个或一些文化娱乐界的名人，有德高望重的长者，也有新鲜出炉的年轻人，有日本国内的明星及团体，也有各国红极一时的演艺圈人物。她的访谈与她的写作一样清新自然、率真又不鲁莽，让被采访者能够很快地进入放松、自然的状态。迄今为止，这档节目1976年2月开播以来从未间断过，2015年5月27日播出10000期时，刷新了她自己以前创造的同一主持人所主持节目的最多播出期数纪录。而黑柳彻子自主持这档节目开始，就一直梳着一成不变的洋葱头，但却每期都会变化打扮与装束。她总是亲切自然，语调快而柔和，有时候会浅浅地开个玩笑，有时候又有如孩童般天真。洋葱头是她的个人标志，而她独特的主持风格也无法模仿和超越。她还始终坚持不多加编辑的直播风格，以随意自然的谈话为主，她的面前摆放采访提纲，随时掌控节目的节奏和话题的走向。在2017年3月的一期节目中，访谈对象是日本即将上线的热门电视剧改编的电影中的主角。彻子邀请了主演日本著名男艺人反町隆史，在访谈中，彻子说到嘉宾昨天刚过了生日，让反町隆史一时错愕，然后才意识到彻子说的是剧中男主角的生日，进而十分佩服彻子事先做的采访的功课，让作为后辈的他也深感惊讶。这就是黑柳彻子对待工作的态度。这一年，她已然是个84岁的老人。尽管在她的书中，她常常把自己描绘成一个丢三落四、鲁莽和随意的人，但在工作中，她却是一个从未中断过节目录制、从未请假或者找人代班过的节目主持人，她也成了日本电视节目制作史上难以超越的典范。

很多接受过黑柳彻子访谈的人,会不止一次地再次接受她的邀请,光临她的节目,因为她的真诚善良、善于倾听与引导,使得每一个接受采访的人都由衷地感受到被尊重、需要,并且认为有责任和义务向朋友彻子、阿姨彻子和婆婆彻子报告消息,倾诉人生。黑柳彻子的电视节目像她的作品一样颇受欢迎。

四处奔走的社会活动家

黑柳彻子在著书和制作电视节目之余还积极组织和参与了许多社会活动。她在写作《窗边的小豆豆》之时,便决定要用它的版税,设立日本第一个聋哑人的专业剧团,并且为了未来的打算,从建立之初,就将这个聋哑人剧团性质定位为"社会福祉法人"。在书籍成为畅销书之后,她的愿望得以实现,日本聋哑人剧团不但建立,还开办了手语学习班。剧团准备的节目参加了1983年的世界聋哑人大会的戏剧节,并取得了成功。

1984年,51岁的黑柳彻子成为第四位联合国儿童基金会亲善大使。这一年她开始了作为亲善大使的社会活动,当年八月她便奔赴坦桑尼亚去探访那里的儿童生活状况。后来她又去过战火不断的科特迪瓦、安哥拉、索马里、埃塞俄比亚、阿富汗、喀布尔……甚至还在卢旺达大屠杀之后的数月去了卢旺达——她总是去那些孩子们最需要帮助的国家,哪怕那里危机四伏,她一到当地便立即去了解当地儿童的情况,并把那里的情况迅速地传达给日本民众以及亚洲各国人民。

她为此积极奔走,募集资金。在她担任亲善大使的时间里,足迹遍布23个国家……在这个过程中,她继续用笔记录下这些日子,记录下自己的体验与感悟,并将这些和着泪与痛的文字与经历,以各种方式呈现给世界。她是一个亲善大使,是一个知名的节目主持人,但更是大家喜爱的率直真诚的小豆豆,人们在她的文字中可以迅速地感受到她所看到和经历的一切,这是小豆豆的方式,不矫饰,不做作,真实真诚真挚,这也是她作为一个社会活动家能够获得大家的信任,并真正地为慈善与公益事业做出贡献的原因所在吧。

真诚向善坚持努力的小豆豆

黑柳彻子终身未婚,把自己献给了热爱她的读者、喜欢她的节目的观众和需要她的人群。她始终像她笔下的小豆豆一样自由烂漫地生长着。她热爱自己的工作,对工作始终充满热情,对生活充满希望,有坚定的信念和坚韧的性格,对自己的既定目标会毫不动摇地追求直至实现与到达。她怀揣着果敢与勇气,去到最黑暗和绝望的地方,即便力量微薄,但也要试着去改变糟糕的世界,也要坚持不懈努力去做。这是黑柳彻子的信条,是她还是小豆豆的时候就从小林宗作先生得到的肯定——"你是一个好孩子!",是从先生那里习得的信条——"大家一起!"从小时候帮助残疾的泰明爬上树顶去眺望远处的风景,到用新书的版税创立聋哑人剧团,并将其作为基金,乃至到最危险与困难的地区去帮助那里的孩子,她都是抱着一颗向善的心,和"大家一起"的信心。无论艰难困苦,"在一起"就是一种温暖和希望,"在一起"就是要一起努力,努力地去给予帮助,努力地走出困境。这是小豆豆,也是黑柳彻子不断地要通过她的书,她的节目,她的亲善行为,去向外传播的理念。

回到黑柳彻子最成功的作品《窗边的小豆豆》来看,小豆豆与巴学园是以黑柳彻子最为深切的童年记忆为蓝本,是最为真诚的记录与书写。这本书被定义为自传体小说,因其体验的独特和真切著称。黑柳彻子真实地记录了她个人成长中的格格不入和所遭受到的歧视,但也凸显了母亲黑柳朝对孩子的不放弃、宽容与耐心,以及小林宗作先生和巴学园的个性教育为她的人生带来的丰盈与欣喜。她本人是小林宗作先生与母亲在顺应自然与天性的教育理念的共识达成下的结果。她对于此也深表肯定和认同,这种深刻认同下的写作,感情充沛与自然,格外容易打动人心。唯其真、善,方可达至纯美之境。这种美不是辞藻华丽的语言之美,不是曲折跌宕的情境之美,而是最为素朴的语言和盘托出的最为真实的生活,完全是毫无矫饰的孩童般的心思和发声,是小豆豆为所有的孩子向世界的质问,是小豆豆对世界的亲身尝试与碰撞后的体验,是小豆豆受过伤、流过泪、看过生与死以及经历过悲欢离合之后的感悟。是黑柳彻子的这个小豆豆,也是每一个读者心里的那个像小豆豆一样的自己,是大家共有的童年。

教育,本应顺应孩童的天性,并在天性施展的基础之上进行有益引导与塑造,孩童才会得以快乐、自由、烂漫而健康地成长。这是巴学园的小林宗作先生与母亲黑柳朝女士对教育的共识,是小豆豆得以成长为今日的黑柳彻子的前因。黑柳彻子仍然在以她的作品与人生散播着这种教育理念的效果,《窗边的小豆豆》会让更多的人知道小豆豆与巴学园。尽管我们很难寻回巴学园最初的样态,在当下社会也很难去普遍施行个性化的教育,但对于天性的尊重与保护从来不晚。愿每一个教育者的内心都能有温柔与宽容,愿教育能够真正地为孩童的未来着想,引导他们去寻找自己的人生旨趣,并最终获得人生的快乐与幸福。

第一编

第一章　从理想说起　　　　　　　　　　1

　　第一节　我想当……　　　　　　　　3

　　第二节　理想的生成　　　　　　　　9

第二章　天生爱玩　　　　　　　　　　19

　　第一节　真好玩　　　　　　　　　21

　　第二节　不喜欢我贪玩的他们　　　25

第三章　好奇心与喜欢　　　　　　　　33

　　第一节　我很好奇　　　　　　　　35

　　第二节　我喜欢　　　　　　　　　40

　　第三节　好奇与喜欢的背后　　　　45

第四章　人群中的孩子　　　　　　　　47

　　第一节　我和"许多人"　　　　　　49

　　第二节　和"许多人"一起　　　　　53

　　第三节　从"许多人"那里获得满足　57

第五章　冒险与收获　　　　　　　　　63

　　第一节　大冒险　　　　　　　　　65

　　第二节　冒险与收获　　　　　　　69

第六章　与恐惧面对面　　　　　77

第一节　认识恐惧　　　　　79

第二节　化解恐惧　　　　　83

第七章　再见与不见　　　　　91

第一节　别离　　　　　93

第二节　孩子在别离中成长　　　　　97

第二编

第八章　从前有个巴学园　　　　　103

第一节　儿童与教育　　　　　105

第二节　与众不同的巴学园　　　　　107

第九章　巴学园的课堂与课程　　　　　119

第一节　从兴趣出发　　　　　121

第二节　求知欲的养成　　　　　125

第三节　巴学园的自由与自律　　　　　129

第十章　巴学园的体验式教育　　　　　135

第一节　在体验中学习的巴学园　　　　　137

第二节　在体验中感悟的巴学园　　　　　140

第三节　巴学园的启发　　　　　145

第十一章　倾听的教育　　　　　149

第一节　想说的话，说个够　　　　　151

第二节　倾听的教育　　　　　156

| 第十二章 | 你是一个好孩子 | 163 |

    第一节　孩子需要肯定与鼓励　　165

    第二节　肯定与鼓励的方法　　170

第十三章　孩子的观念　　177

    第一节　观念的产生与树立　　179

    第二节　观念的影响　　185

第十四章　艺术教育与天性的引导　　191

    第一节　韵律操　　193

    第二节　音乐课　　199

第十五章　特殊的孩子　　205

    第一节　特殊的孩子　　207

    第二节　特殊的孩子不特殊　　211

第三编

第十六章　爱的结合　　219

    第一节　小豆豆的父母　　221

    第二节　爱的结合　　225

第十七章　积极的母亲黑柳朝　　229

    第一节　达观果敢　　231

    第二节　独立坚强　　234

    第三节　幽默风趣　　237

    第四节　生活情趣　　239

第五节　乐善好施　　241

第十八章　黑柳朝的宽容与耐心　　245

　　第一节　退学事件　　247

　　第二节　破衣烂衫　　249

　　第三节　咬了耳朵　　252

第十九章　孩子眼中的母亲　　255

　　第一节　多面手　　257

　　第二节　麻烦解决者　　261

　　第三节　生活与精神的引导者　　264

第二十章　黑柳朝与孩子们　　267

　　第一节　给孩子自由　　269

　　第二节　为孩子等待　　272

　　第三节　不要让孩子悲伤　　274

　　第四节　不要居高临下地对待孩子　　277

第二十一章　亲子之间的问题　　279

第二十二章　理解、指导与解放的亲子关系　　287

第二十三章　家庭与学校的关系　　297

　　第一节　认同与理解　　299

　　第二节　影响教育合作的家庭因素　　306

结　语　　313

　　第一节　黑柳彻子的教育理念　　315

　　第二节　我们与黑柳彻子的教育期待间的距离　　321

第一编

第一章

从理想说起

我们的理想就是源于现实,并为我们的头脑综合概括出来的一切美好形象的集合体。正是这个集合体成为我们行为的动力,推动着我们自身向它不断地靠拢。

每个孩子从小就被教育要有理想。但现实的状况却是,孩子们的理想不属于孩子,而是被社会、家庭的种种影响框定成为被膜拜却远离现实的摆设。

我们应该把理想还给孩子,让孩子去更多地参与体验,让他们在了解与体验中,逐步确立起自己的生活目标和为之奋斗的理想。这样的理想才是有价值的理想。帮助孩子完成理想的树立也是教育的目标之一,这也是一种理想的教育。

第一章　从理想说起

第一节　我想当……

在自由冈车站走下大井町线的电车，妈妈拉着豆豆的手朝检票口走去。

一、小豆豆要当检票员

妈妈们不知多少次这样带着小家伙们通过各种检票口走在生活的洪流中，只是在通过时那些短暂的对话让我们的生活甚至是未来产生了许多微妙的差异。

在这以前，小豆豆几乎没坐过电车，所以她一直小心翼翼地握着车票，一看到要把票交出去，非常舍不得。于是，她对检票的大叔说：
"这张票，我留下来行吗？"
大叔说了声"不行啊"，就从小豆豆手里把票拿走了。小豆豆指着检票口的盒子里的满满的车票问道：
"这些，全部是叔叔的吗？"
大叔一边把其他出站乘客的车票抓过来，一边答道：
"不是叔叔的，是车站的。"
"哎——"小豆豆恋恋不舍地看着盒子，说：
"我长大了呢，要做一个卖车票的人！"

从对车票的好奇，再到对检票员职业的认识，黑柳彻子的这段描述既出自自身对生活体验的记忆，也恰恰是对每个人成长过程中的必经阶段的记述。在产生"我想要做什么？"的想法之前，一个让孩子产生好奇与渴望的职业大概是对孩子最原始的启蒙了。

不过，对这种稚嫩的想法，早已脱离孩童世界的成人如何应答，让启蒙的程度和对未来的影响产生了千差万别的变化。

在黑柳彻子的描述中，当小豆豆对未来的想象从这样的一条轨迹展开时，她幸运地碰到了一个善意的检票员，他给了这个对检票员工作充满好奇的小姑娘一个温暖的回应。

"我家儿子也说想在车站工作，你们一起工作也不错。"

还有母亲黑柳朝女士的耐心和理解。

"我打算做一个售票员！"妈妈却一点儿也没有吃惊的样子，说："不过，你不是说要做间谍吗？这可怎么办才好呢？"

……

"哎——本来是个间谍，但装作售票员的样子，怎么样？"

……

"嗯——我还是两个都不做了，我要做一个宣传艺人！"

在小豆豆成长的轨迹中，自然地长大是她非常显著的特征。在若干作品中的讲述中，这个儿童时代眼望窗外的孩童，在巴学园和母亲的呵护下，在自然之中自然地长大，她亲历并体验着自然与社会，有了不凡的事业和生活，并一直为自己所热爱和喜爱的事业奔波并不辞劳苦，最终成为一个独一无二的自己。

在人们的认识中，但凡成功的人士，小事也多半是一以贯之、持之以恒，从小或许就是少年老成、胸怀大志的少年才俊，像小豆豆这样的行径怕是嘴上不说，心里早就被无数人划到胸无大志、反复无常、难成大器的顽劣之徒的行列里去了。

小豆豆碰到的检票员大叔是充满了慈爱的父性并充满温情的。

小豆豆的母亲在她此后的描述中也充分显现出她作为母亲的宽容，尤其难得的是对孩子的理解。小豆豆的成长环境与教育环境，甚至是生活环境确实与我们多有不同,那么对未来的设想方面,这种差异究竟有多大?又究竟差异在了哪里呢?

让我们回到我们可以追溯的一般的现实环境中,用我们比较熟悉的认识来重新面对这个有关职业的设想,以及有关未来的最初想象。

二、要当检票员的小朋友你

"等我长大了,也要当个检票员!"
你碰到的同样是一位充满善意的检票员大叔,但他可能是这样回答的:
"呵呵,小朋友,你可别像大叔这样没出息,你长大了得当个科学家!"
对你充满期望的母亲也许会在通过检票口以后拉紧了你的手,接着大叔的话说:
"是啊,大叔说得对,你长大了得当个科学家!"
当然也可能会在走到大叔听力所不及的地方说:
"要是不好好学习,将来你也得像那个没出息的大叔那样一辈子站在那儿检票!"
……

如是,曾经要当检票员的小朋友你会做何感想呢?你对人生最懵懂的一场规划,就这样在襁褓中被扼杀了。

检票员的职业在你尚未了解体验之时,便被外界的认识与理解先入为主地确定并传达到你的心里:这个职业是很没出息的,如果一辈子做这样的一份工作是很悲摧的一件事情,只有像科学家那样的职业才足够伟大,足够为人敬仰……

且不说,检票员这个职业究竟有没有悲摧到要每每被人念及为"没出息",但对一个对一切都充满好奇,尤其是对生活充满渴望的孩童来说,是不是一句"我长大了要当个检票员"就可以定了乾坤,成为这个孩子未来的职业呢?

当然不是，可是望子成龙望女成凤的父母却是很不愿意听到这样的言辞从稚嫩的孩子口中说出来的，似乎一说出来就会伤及孩子美好的前程。于是，以往差不多每个孩子在说出某个在父母眼中上不得台面的职业的渴望时，都会遭受或多或少言语上的打击，或被回以一个非常明显的憎恶的眼神和表情。于是，孩子那颗正激动着的小心脏就会受到猛烈打击，回到无精打采、按部就班的节奏里去，那些对生活的渴望与想象也被拖到了既定的轨道里，失去了刚才跳跃的精彩。当然，孩子总会不时地出现各种各样在父母看来脱离轨道的状况，而父母则会责无旁贷地一次又一次将他们拖回到认定的常规中……

于是，作为孩子的你就这样慢慢长大了……

小学时写作文，写《我的理想》。你有限的经验告诉你，检票员的工作是"没出息"的，科学家才是"有出息"的，当然也可以是歌唱家、舞蹈家、画家，或者是解放军、医生、工程师、教师、宇航员……

光鲜的职业那么多，尽管你对那些光鲜的职业只知皮毛，甚至完全是空穴来风的想象，但你知道这些职业是可以写在纸上不会被嗤之以鼻的。

你究竟会怎样勾画你的未来？你还没有想过。其实，直到小学毕业，你也只被告知一定要保持好的成绩，要上一所重点初中，然后是重点高中，然后上一所好的大学，再找一份好的工作……至于什么是好的工作，你仍然很模糊。

在填写高考志愿时，你离未来越来越近，这是你最应该为自己做一个现实的职业规划的时候，你反而不知所措了。因为你从来就没有仔细地考虑过，想要做什么，什么是你热爱并擅长的，做什么会让你更好地协调自己的生活……当这一系列的问号纷至沓来的时候，你的自我便习惯性地躲藏到父母的背后。

有多少孩子在填报高考志愿的时候，将本应掌握在自己手中的未来推给了父母，而父母却依据着上一个时代的经验决定着下一个时代的孩子的未来。

孩子为什么在我们认为他们已经长大了，或者该长大了的时候，却失去了一个成熟的人应具备的主动选择和主动行为的能力？这是一个值得思考的问题。

三、被遗忘的理想

托尔斯泰说："幸福的家庭都是相似的，不幸的家庭各有各的不幸。"这是一句事关幸福的判断，但其实里面提到了一个差异化的问题。幸福也好，成功也好，都有一些相似的轨迹，而不幸与失败却各有各的不同。

知道自己做什么和不知道自己做什么，会将人引向何方？有目标去努力的人和无目标混迹人生的人究竟孰盛孰衰？这应该是一个不难做出判断的问题。

但我们是不是遗忘了一些什么？怎样去定一个目标，为了什么去定一个目标？为什么要定这样的一个目标？

在目标确立之前，是不是应该有一个认识、了解、体验、理解、思索、判断，乃至决定的过程？是不是不应用太多的经验去说教，太多的理念去框定？在对未来的设想过程中，如何去判断一个职业的好坏，如何去判定一个人在职业的框定下有出息或是没出息？职业对人生来说，究竟意味着什么？

作为父母和教育者，我们是否在开始教育之前已明确以上问题，我们是否能够在教育的过程中将自己对上述问题的正确认识贯彻于教育始终？

让我们从我们的目标谈起。

在孩子的成长过程中，想要成为什么样的人是一个极其自然的想法。"想要"与"成为"之间有一段距离，有些"想要"的想法短暂到说出口就被瞬间遗忘了，而有些"想要"却好像一颗种子种在心里，直到有一天实现为"成为"。我们把后一种"想要"称为理想。

在心理学的范畴内，我们把人所向往的、力求实现而又有实现可能的想象，叫作理想。从其形成过程来说，理想属于想象。

换句话说，我们在想象中产生了属于我们自己的理想。不过，理想毕竟不是幻想，也与一般想象不同，理想的形象是一个人自己所向往的，作为努力奋斗目标的形象。它源于现实，甚至是一个非常具体的形象，或者是非常具体的某种职业或工作。它在现实的土壤中生根发芽，与现实紧密相依。如果不是如此，那便是一种空想、幻想，或者干脆就是白日梦了。理想是从现实出发，并且如果努力就会在现实中实现的具体的目标。

所以，如果我们向往某个人物或某个社会，就会希望这个人物的品质能在自己身上得以体现，或者力求这个社会能成为自己的生活现实。当然，理想的形象不一定是某一个人、某一种工作，它可以是一个美好的综合体，即把现实中几个人物或几个社会综合起来，成为一个自认为完美的，但很可能当前并不存在的形象。理想的形象还可以是概括性的形象，那就是根据社会行为准则和社会发展规律对现实进行筛选，舍弃其中被认为是假、丑、恶的因素，提取其中被认为是真、善、美的因素，加以强调甚至夸大，重新构成一个为自己所向往的并为之努力奋斗的形象。

我们的理想就是源于现实，并为我们的头脑综合概括出来的一切美好形象的集合体。正是这个集合体成为我们行为的动力，推动着我们自身向它不断地靠拢。

人不能没有理想，没有理想的人，就会漫无目的地在这个世界上虚度年华，一事无成。所以，每个孩子从小都被教育要有理想。但现实的状况却是，孩子们的理想不属于孩子，而是被社会、家庭的种种影响框定成为被膜拜却远离现实的摆设。孩子的理想于是和社会的观念有关，和孩子们无关。

父母和外在的环境把孩子们的理想完全架空成了一个空壳，连幻想或者白日梦都算不上。有的时候，甚至只是父母的一种寄托，沉重地背负在孩子稚嫩的肩上。如此，这理想已经不属于孩子，更别提会产生动力，会起到推动孩子前进的作用了。

第二节　理想的生成

理想不是凭空想象出来的,虽然它出自我们的大脑,但不是空穴来风,而且理想的产生需要一个过程。每个人在成长的过程中都会有谈理想的记忆,可我们似乎都记不起来,究竟是自己有了这个理想,还是成长过程中的某个人给了自己这个理想。但在小学的作文题目中,《我的理想》向来是赫然在册的。

我们常常在追求结果的驱使下忘记了过程。黑柳彻子只是很真诚地记录了这个过程,并且很珍惜成长本身带来的记忆,这种细致入微的记录,给了每一个已经忘记这个过程的人们一个提醒。

我们是怎么长大的？我们的理想是怎么产生的？

一、回到"我想当……"的时代

回到"我想当……"的时代,我们需要理解孩子说出这句话的意味所在。

(一)"我"时代的开始

人类的自我意识是从什么时候开始出现的？心理学家做过这样的实验:婴儿熟睡时,往婴儿的鼻子上抹上胭脂。当婴儿醒来后,让他照镜子,结果发现:有些15个月大的婴儿会看着镜子,摸自己抹了胭脂的鼻子;但大部分婴儿要在21个月以后才出现这种行为。可见,什么是自我意识呢？从学理上说,自我意识就是对自己身心活动的觉察,也就是自己对自己的认识,具体包括认识自己的生理状况,诸如自己的高矮胖瘦;认识自己的心理特征,诸如兴趣爱好、能力、气质、性格等等;认识自己与他人的关系,诸如自己与周围人们相处的关系,自己在集体中的位置与作用等。正是由于人具有自我意识，才使人对自己的思想和行为进行自我控制和调节，使自己形成完整的个性。

自我意识在人的发展中有十分重要的作用。

首先，自我意识是认识外界客观事物的条件。一个人如果还不知道自己，也无法把自己与周围相区别，他就不可能认识外界客观事物。

其次，自我意识是人的自觉性、自控力的前提，对自我教育有推动作用。人只有在意识到自己是谁，应该做什么的时候，才会自觉自律地去行动。一个人意识到自己的长处和不足，有助于他发扬优点、克服缺点，取得自我教育的积极效果。

再次，自我意识是改造自身主观因素的途径，它使人能不断地自我监督、自我修养、自我完善。

可见，自我意识影响着人的道德判断和个性的形成，尤其对个性倾向性的形成更为重要。

如此看来，当和小豆豆一般年龄的你我同小豆豆一样脱口而出"我想当……"的时候，第一个值得成人们注意的应该就是，作为孩童的孩子的自我意识已经确立，这个小小的"我"在阐发自我对人生和未来的最初的设想。

我是谁？

在"我"对未来进行阐发之前，"我"对自己的认识正在逐步地确立起来。美国社会心理学家库利的"镜中我"理论认为，每个人对自己的意识是在与他人交往过程中，根据他人对自己的看法和评价而发展起来的，这个过程在人的一生中一直进行着。库利的语言十分生动，"人们彼此都是一面镜子，映照出对方"，而我们从镜子中看到的那个样子就构成了我们的自我。

我们把别人的看法作为镜子达到认识自己的目的，在我们对自我进行判断的时候，我们想象着自己是如何出现在别人的意识之中，并从他人的认识中看到自己并且评价自己。我们在人生的大多数时间里，是通过想象自己在别人眼中的样子来评价自己的形象的，并且会借此形成与自我感觉相联系的带有情感和评价性质的观念——自尊。

从孩童的角度来看，小孩子一般缺乏描绘自我形象的手段和经验，但他会观察别人尤其是成人对他的行为的反应，然后根据反应做出自我认识与判断。因此，父母、老师等与孩童有着亲密并频繁接触的人群就是儿童摄取并建立自我形象的重要参照。

"我"时代就这样在他人的眼中拉开了自我认识与确立的序幕。

(二)"我想……"——我思故我在

"我想……"是人思考并表达意见的最常见的句式。当这两个字脱口而出的时候，这意味着一个自我意见形成并发表的过程。

笛卡尔曾经说过："我思故我在。"抛开人们对唯物与唯心的辩论，我们了解到的是，人在认识世界的过程中，不但在客观世界中确立了自我的存在，也在运用自己的全部感官体验和感知着世界，而主观的认识与思考的过程使人一再地确立起自我，并且是独一无二的个体的存在感。

从3岁开始，孩子的自我意识发展从生理层面进入社会层面，他们开始从外貌、性格、人际交往等方面认识和评价自己。孩子不但在认识世界的过程中认识自己，也在认识自己、确立自己的过程中，思考自己与他人、社会以及世界的关系，在体察内在的同时，形成对外界的认识与评判。

"我想……"是一种源于自我、表达自我、输出意见的重要的表达方式，是孩子迈向世界的重要的过程。在表达自我、表达意见的过程中，孩子也在确定着内与外的关系、自我与世界的关系，以及作为一个小的个体在外在环境中的位置和作用，从而逐步形成孩子最初的自信心。

（三）"我想当……"——"我"的未来

"我想当检票员！"是一个小小的关于未来的决定。

在人们做出某个决定的时候，意味着在决定前要有一定的认识与了解，然后会根据各种情况进行综合考量，最后做出一定的取舍，最终做出决定。

对像豆豆这么大的孩童来说，与其说是一个决定，莫不如说只是对职业的一种最初的认识，是她初识人生的观感之一。

因为对检票工作充满好奇，既而产生了兴趣，在粗略地认识之后，判断并决定长大以后要做一个检票员。黑柳彻子很生动地记述了这个过程，孩童的天真憨态跃然纸上，而最令人着迷的是，每一个人的内心都被这份天真唤醒，仿佛一下子也回到了与小豆豆一般的年纪，想起那时自己最初的那个决定。

小豆豆当然没有成为一个检票员，甚至也没有成为间谍，更别说广告宣传员了。但在这一系列的孩童的决定中，我们看到了一个认识与思考的过程。认识检票员的工作，好奇—观察—思考—琢磨—喜欢—决定，孩子在以自己的方式体验检票员的社会角色，他会在这种体验的过程中体悟自己对这种社会角色的理解，并从中寻找到快乐。这个过程才是孩子成长过程中弥足珍贵的地方。

不是每一次职业体验都会形成一个理想，但确实是在多次的体验之后，理想才会真正确立起来，并且发挥着强大的作用，促使一个人为这个想法行动起来。

二、理想背后的蝴蝶效应

美国气象学家洛伦兹 1963 年提出蝴蝶效应理论，其大意为：一只南美洲亚马孙河流域热带雨林中的蝴蝶，偶尔扇动几下翅膀，可能在两周后引发美国得克萨斯州的一场龙卷风。其原因在于蝴蝶翅膀的运动，导致身边的空气气流发生变化，并引起微弱气流的产生，而微弱气流的产生又会引起它四周空气或其他气流产生相应的变化，由此引起连锁反应。

这位气象学家对气候现象的形象比喻，如今被广泛应用于社会的各个领域。按照学理上的解释，所谓蝴蝶效应，是指在一个动力系统中，初始条件下微小的变化能引起整个系统长期而巨大的连锁反应。此效应说明，事物发展的结果对初始条件具有极为敏感的依赖性，初始条件的极小偏差，将会引起结果的极大差异。

蝴蝶效应在社会学界用来说明：一个坏的微小的机制，如果不加以及时的引导、调节，可能会给社会带来非常大的危害，被称为"龙卷风"或"风暴"；一个好的微小的机制，只要正确指引，经过一段时间的努力，就会产生轰动效应，或称为"革命"。

西方有一段非常著名的民谣，为蝴蝶效应做了另外一种生动的注解。

> 丢失一个钉子，坏了一只蹄铁；
> 坏了一只蹄铁，折了一匹战马；
> 折了一匹战马，伤了一位骑士；
> 伤了一位骑士，输了一场战斗；
> 输了一场战斗，亡了一个帝国。

马蹄铁上一个钉子是否丢失，本是初始条件的十分微小的变化，但其长期效应却是一个帝国存与亡的根本差别。

蝴蝶效应的复杂连锁效应，每天都可能在我们身上发生。著名心理学家、哲学家威廉·詹姆士说："播下一个行动，你将收获一种习惯；播下一种习惯，你将收获一种性格；播下一种性格，你将收获一种命运。"这种从行动到命运的变化，是给人的一生作注脚的。

如此，我们便不难理解，在理想的形成过程中，一定有许多体验会使得孩子们逐步接近他们的理想，并最终确立它，而这其中也一定有一些我们无意中的忽略、漠视，或者简单粗暴，对理想的形成产生了不可小觑的破坏力。

(一)被忽略的"我"

在孩童形成"我"的最初,除了感官式的体验,便是以成人世界的反应作为参照的镜像来形成自己对自我和外界的认识。

我们都有照镜子的经验,如果镜子能够很清晰地照出我们的影像,我们就会清晰地看到自己,并进而做出正确的行为;如果不能,我们就会犹豫,或者干脆放弃这面不清晰的镜子,或者会一再地努力站在镜子面前反复地比量,希望能够确认自己行为的正确性。

而成人的反应对幼小的孩童来说,就好似一面镜子。孩子在成人面前的行为是以成人的反应为标准来决定是否要继续进行的。如果成人不能对孩子的行为做出正确的反应,孩子将对自己的行为无所适从。这正是年轻的父母和教育者应当不断审视自己的地方,作为孩子的镜子,是否发挥出了应有的作用。

在这个过程中,我们常常犯下从过于在意孩子到完全忽略孩子的错误。

在孩子逐渐确立自我的过程中,他努力地认识世界,并且渐渐明白自己作为一个独立的个体与你有许多不同,但他也有一些迟疑,还有许多的不明白。对幼小的孩子来说,在确立自我的过程中,多是以探索为主,在对肢体越来越熟练的操控建立之后,我们会发现他们活动量骤增,对一切外在都充满好奇。这个时期的家庭教育与环境就出现了一个过于在意以致不能让孩子有正确认识的扭曲的镜像。比如,有些家长怕孩子接触到电和水,就把孩子所及的电和水试着完全同孩子剥离,但不幸的是,百密而有一疏,孩子可能因为不知道电插头和热水的危险,最后导致受伤。从本质上说,这种过于在意也是一种对孩子的忽略,忽略了孩子作为一个智慧的不断成长的个体的存在。孩子需要在体验中成长,他需要了解周围的世界,我们不应让他同危险隔离,而应该让他知道什么是危险,并且能够正视危险,正确地应对。

而另外一种忽略则发生在孩子渐渐长大的过程中,在学龄前后孩子的环境中出现,是成人镜像中最为普遍的行为。当孩子开始兴致盎然地要与你攀谈幼儿园里的种种,学校里的种种,或者是自己看到了某件事,看了某本书,因为兴奋,他甚至带着某种躁动想要一吐为快的时候,你下班回家急急忙忙地接了他,便盘算着买什么菜做什么饭,或者脑子里还在想着工作上没有完结的一些事情。于是,母子两个的对话就会呈现出如下的样态:

"妈妈,今天学校里……"
"晚上想吃啥?"
"随便!我们班……"
"那就吃……"
"妈妈,你说有意思不?"
"哪有工夫听你说这些没用的事,回家赶紧写作业!"
……

生活中这样的场景具有一定的普遍性,孩子的兴高采烈就这样在母亲的镜像里完全被忽略了。母亲的行为反应给孩子的认识就是:妈妈对我学校里的有趣生活不关心,这是生活中很没有意思的事。晚上吃饭、回家写作业是妈妈认为很重要的事……

孩子感受到的生活中的幸福与美好,在母亲的镜像中没有得到接受与认同,反而被完全忽略。孩子不会因为母亲一次的忽略与漠视就失去生活的趣味,但长时间的忽略势必会对孩子此后的生活产生影响。他会在父母不断提供给他参照的镜像中,塑造自己对趣味、对生活、对幸福,乃至对理想的认识,那么在这样的回应中,我们的孩子会为自己塑造什么样的未来呢?

(二)被压抑的思考与表达

常常听到一些父母抱怨自己的孩子,这些抱怨呈现出两极化的样态。一些父母抱怨自己的孩子过于争强好胜,而另一些父母抱怨孩子做事情畏首畏尾,没有主见。但父母在抱怨孩子的同时,是否省察到在孩子出现他们口中所说的问题时自己的某些做法已经失当。

在生活中经常出现这样的场景:在两个成人聊天的时候,一旁玩耍的孩子突然就成人聊天的话题插话。孩子的家长会立即呵斥孩子:"玩你自己的去,大人说话,小孩儿插什么嘴!"孩子讪讪地离开。

这是生活中再常见不过的一种情形,几乎每个中国孩子都在幼年时接受过这样的批评和教育。但这句话中的"大人"与"小孩儿"的对立却被我们大大地忽略了。这句话对孩子发表意见的漠视甚至是严厉的批评,从一开始就把孩子意欲表达的愿望打压了下去。

当孩子从自我感觉、自我观察和自我分析乃至自我批评的自我认知与体验的阶段跃升到想要表达、想要与周边的人群交流或者交换意见的时候,我们的父母和教育者忽略了他们正在蓬勃生长起来的独立思考的意识,以及勇于表达的愿望,在我们呈现给孩子的镜像中,这成了一种不受喜爱的方式,孩子们在几经试探并被不断打压的结果面前,终于接受了这样的一种行为模式:不要轻易在成人面前发表意见,这不是可以被接受甚至是鼓励的行为,这是不恰当的举动,一定会受到批评;做不发表意见的乖孩子,会得到成人的赞许。

能够主张自己的意见,具有自主意识对孩子的成长来说是一件非常重要的事情。但我们的教育者一旦碰到自主意识强的孩子,就将其视为异类,指责这样的孩子"别扭"。而不喜欢父母买的玩具,不照父母要求去做的孩子,就被说成是找别扭,反驳父母意见的孩子则被批评"不听话""胡说八道"。甚至当孩子与朋友的意见不一致时,有些父母会批评孩子"不合群""惹人讨厌",父母的这种反应传递到孩子的头脑中,就形成了"随大流会得到成人的认同,不必有其他的意见,其他的意见会惹人讨厌"的认识。而一旦形成这种认识,孩子的自我发展以及创造性就完全被遏制,难以再得到发展。等到那时候,再去抱怨孩子"胸无大志""毫无主见",这究竟是该埋怨孩子,还是该埋怨孩子的教育者呢?

(三)缺失体验的理想

人的自我意识是一种多维度、多层次的复杂心理现象,它由自我认识、自我体验和自我控制三种心理构成。这三种心理相互联系,相互制约,统一于个体的自我意识之中。

自我意识是一个个体社会化的结果。在形成"我"的过程中,我们经历了三个阶段：生理的自我、社会的自我和心理的自我。

生理自我的阶段比较好理解。是人对自己身体的认识，包括占有感、支配感和爱护感。心理学家大都认为儿童到 3 岁时自我意识中的生理自我才能形成，同时也开始更多地使用人称代词"我"。在孩子成长的阶段中，有不少孩子有一段使用"你""我"称谓的混淆期，孩子会搞不清一些行为的发出者究竟应该在表达中使用"你"还是使用"我"的称谓。这正是孩子自我意识形成过程中的自然反应。这时候孩童所表现出来的行为，大都是以自我为中心的，所以有些心理学家称这一时期为"自我中心期"。

第二个阶段被称作社会自我时期。这个阶段大约是从 3 岁到青春期之前，这段时间是孩童接受社会影响的重要时期，也是人实现社会自我的最关键的阶段。这期间孩童玩的游戏，往往是成人社会生活的缩影，孩童在游戏中扮演某种社会角色，也是他们学习角色行为的一种方式，在游戏中孩童揣摩着角色的心理状态，体验着角色与角色间的相互关系。特别是通过学校中的社会化生活，更加速了他们社会自我的形成过程。

黑柳彻子女士在《窗边的小豆豆》中描写的小豆豆，正是处于成长中的这个阶段，对社会角色的认知是这个时期孩童最主要的目标。如前所述，小豆豆对检票员工作的认知，得到了检票员大叔和母亲的正确回应，既没有对某个社会角色的贬斥，也没有对孩子要成为某个社会角色的不屑。孩子得以正确认识一种社会角色，而没有产生扭曲的心态。反之，像我们之前所描述的那样，检票员大叔自怨自艾，父母也显现出对某个职业的鄙夷，进而对孩子的这个想法进行打击。那么产生的就不仅仅是让孩子羞于表达的问题，而是让孩子的职业体验受到了一次打击，并且对职业产生了高低贵贱的认识。在中国家长的普遍认识中，虽然明知"万般皆下品，唯有读书高"的观念在当今社会已不适应时代的发展，但这种根深蒂固的认识却仍不同程度地在孩子的教育中呈现，并发挥着影响。教育者职业观念的扭曲对孩童的成长十分不利。职业是人谋生的手段，不同的职业在不同程度地为社会创造着价值、发挥着作用，有着正确的职业理念的人在从事职业的过程中会实现自己的价值，并从中体会到快乐。

黑柳彻子眼中的理想教育

孩童成长过程中的职业体验,是孩童产生理想、并最终确立理想的必经阶段,是一个过程性的因素。正确的职业体验会促使孩子正确地树立理想,并能够真正地为自己的理想付诸行动。在孩子逐步走向心理自我的青年阶段,这种效力才会真正地发挥出作用,并且带着摧枯拉朽的强力冲向未来。

无论是我们的学校教育还是家庭教育,常常忽略孩子在形成理想前的体验过程。我们强加给孩子一种对理想的认识,对孩子们仅有的一些体验横加指责。在一些大中城市兴起的儿童职业体验基地,兴办者多是东施效颦效仿国外的这种经营模式,虽然打着职业体验的旗号,但最终仍然追求的是赢利的目的。而中国的家长对于带孩子去这样的地方,往往抱着娱乐的态度,并不是从孩童的职业体验或是社会认知的目的出发,这也导致这些儿童职业体验基地为了迎合这种纯娱乐的心态而调整设置。

缺乏体验的理想不是孩子真正的理想,也就不会产生推动孩子进取的动力。而孩子要么仍然退缩在父母的羽翼下,依靠父母为其设计好的人生规划生活,要么仍然混沌着不知所往,做什么都提不起兴趣,碌碌无为地在某个职业里颓唐过活,没有任何的趣味和幸福感……

职业体验与认知是理想生成过程中的一个微妙的认知,在理想生成的过程中,需要积累更多的认识,但正如我们提到的蝴蝶效应,就是在这些对体验的微妙的反应中,我们的孩子走上了不同的发展道路。

在黑柳彻子女士后续的作品《小豆豆的频道》中,她详细地讲述了自己是如何考取音乐学校,并最终几经考核进入NHK电视台的过程。

虽然黑柳女士青年时代也不确定自己未来的职业,但她想要成为一个女高音歌者却是她最终确立的理想,并且为了这个理想,她十分坚定地考取了东京音乐学院。考取NHK电视台的过程虽然几经波折,但她始终坚持着自己有一天会在舞台上呈现自己的愿望,一路走下去。

体验是孩童对生活的认识,是接触生活、认识生活并最终了解生活的方式。充分的体验才会有助于他对未来生活的选择做出理性并且更为现实的判断。

第二章

天生爱玩

黑柳彻子眼中的理想教育

　　每个孩子从诞生的那一刻起,就是一种温暖的存在。新生命带着最纯粹的姿态来到这个世界,然后慢慢地成为世界的一员。每一个初始状态中的孩子,都有着最澄澈的眼睛和最纯真的心灵。作为教育的环境和教育者本身,我们是否能在这个纷繁芜杂的世界中了解孩子的天性,致力于在顺应孩子天性的同时引导孩子,并在保有孩子的澄澈和纯真的前提下引领他们成长,让他们在成长的过程中既能够保持自我,又能够不断汲取更新且不沾染恶习,这是一个非常现实的命题。

第二章 天生爱玩

第一节 真好玩

一、孩子们的天性

很多人都喜欢看《窗边的小豆豆》，喜欢黑柳彻子。如果从文学鉴赏的角度去看这部作品，它没有那么多美丽曼妙的语言，也没有跌宕起伏的情节，也谈不上多么巧妙的结构与叙事，一切看上去都是极尽浅白，描写的又实在是生活中较为平常的事。虽然巴学园本身是一个不太寻常的教育机构，对人们有着很强大的吸引力，但那些置身于其中的人们却又都是再普通不过的人群中的一员。那么，这部作品的魅力又是怎么在如此浅近的描写和叙述中展现出来的呢？

从一个阅读者的心理出发，我们不妨都问一问自己，为什么喜欢小豆豆？又是如何在阅读中感受到其中的美好的呢？

有时候，我觉得小豆豆做的事情，就好像是我自己在那个年龄里也会做的。我和小豆豆做过同样的事情，我和小豆豆一样也曾经那样想过。虽然有些事我没有像她一样可以经历，可是确实是那个时候非常想经历的事！有时候，我会觉得小豆豆就是我，我就是小豆豆！

再具体一点说。

我们在小豆豆身上看到了好奇，她对一切都展现出了认识的渴望，对车站售票工作的好奇，对学校书桌盖子的好奇，对巴学园里的一切好奇……

我们在小豆豆身上看到纯真与热情，她招徕街头艺人的热忱，对巴学园的无限热爱与维护，对喜欢的老师的信任与依赖，对学校活动的积极参与……

我们在小豆豆身上看到孩子们才会犯的那些错。她会把心爱的钱包、帽子掉进厕所,她会不小心跳进粪坑、水泥坑,她会带着身体残疾的泰明去爬树屋……冒失、冒险、肆意妄为的小豆豆和我们一样。

我们还在小豆豆身上看到许许多多属于孩子的爱、悲哀、思考、怅惘……

小豆豆好像与年幼时的我们如出一辙。对正值童年期的小读者来说,更是如此,他们常常会在阅读了作品之后,发出极尽怅惘,或者十分期待的啧啧之声。

其实,我们喜欢《窗边的小豆豆》是因为黑柳彻子为我们描画了一个真实的孩子,一个顺应着天性自然生长起来的孩子。她那么真实而自然地记述了孩子拥有的许许多多的天性。当然,值得我们继续探寻的还有父母和师长在她的成长中为了保有她这种自然的天性所做出的巨大的努力和引导。但在这一部分里,我们需要明确的是我们对孩子天性的认识和了解。

天性是指人先天具有的品质或性情。那么当我们成长为自认为成熟的大人时,我们还了解孩子们的天性吗?

二、我很贪玩

贪玩是一种天性。小动物一生下来,就会玩。它们相互追逐,甚至相互撕咬。在奔跑中,笑闹中,试探性地互相厮打中,习得后天的本领,而这些本领事关生存。人则是动物性和社会性的综合体,但究其天性,还是爱玩。我们通常把玩称为"游戏"。而游戏的过程,本质上其实就是成长的过程。因为很多游戏有时候就是一种生活的模拟,孩子们其实是在通过这种模仿生活的游戏有意识地接触和学习如何去应对真实情境。如果没有这样的一个玩的过程,孩子很难得到成长的锻炼。

拿小豆豆来说,在她的每一段讲述中,都为我们描摹着一个爱玩甚至贪玩的孩子的形象。

小豆豆想当售票员,转眼间又想当宣传艺人,看见学校里的书桌和家里的不一样就反反复复地开开关关,看见经过窗前的宣传艺人就要求他们为大家演奏,和窗前的燕子说话,盒饭里那些"山的味道"和"海的味道"勾起来的兴趣,吃饭前唱的《饭前歌》,和老师一起去散步……每一个段落的描写中都透着"趣儿",能够写出平凡事情中的趣味儿来,这是黑柳彻子写作的功夫,更在于她的内心中有着深刻的对童年生活中那些好玩的瞬间的记忆与品味。她熟悉孩子们爱玩的天性,她记得自己曾经这样在游戏中习得生活的诸多本领,能够把这些记述下来,其实是对爱她的母亲和师长的一种纪念,更是对这种理念的一种推崇和传承。最重要的是,在成书出版以后,这是对所有成人世界的一种提醒,提醒我们不要忘记,我们曾经都有这样贪玩的天性。

这也正是我们喜欢她的一个很重要的原因。因为论及根本,我们每个人骨子里都似乎爱玩甚至是贪玩的,并且潜意识中仍然希望能这样一直玩下去。

三、小豆豆觉得好玩的事儿

小豆豆最喜欢的游戏,是钻别人家的或者围野地的篱笆。如果可以不必担心弄坏衣服,对小豆豆来说,正是求之不得呢。那时候的篱笆,一般是用带刺儿的铁丝围在栅栏的周围,其中很多篱笆的铁丝一直拉到地面,总被孩子们称为"铁丝网"。这样的篱笆怎么能钻过去呢?还是有办法的。那就是先把脑袋钻到篱笆下面,然后往上顶铁丝网,挖出一个洞,钻过去,就和狗的钻法一样。

让小豆豆乐此不疲的游戏,原来是这个样子:当她看到一大片围着长长铁丝网篱笆的空地时,就从一头开始钻,抬起带刺儿的铁丝,掏一个洞往里钻去,先说打扰了,然后钻过去;接着抬起下一根铁丝,再掏一个洞,这时该说再见,向后退去。向后退的时候,屁股先出来,裙子被卷起来了,里面的短裤就钩在了铁丝网上……

小豆豆觉得一大座沙山好玩,就扑通一声跳进去……
小豆豆觉得路上铺了一张报纸好玩,兴奋地跳过去……

小豆豆喜欢和小狗洛基一起玩游戏……

　　小豆豆觉得做饭很好玩,去等等力溪谷野炊的时候,为大家做饭……

　　小豆豆喜欢玩的这些游戏,对大人来说,实在看不出有什么趣味儿来,可是小孩子就可以玩得这么高兴。黑柳彻子在这里描述的是一个真实的孩子在自顾自地沉浸在游戏中。她白描般的记述,让我们重新找寻到如同儿童般纯澈的心灵,并且从她的讲述中重新寻找到了儿时那些简单游戏所带来的快乐和体验。就像我们看到一个没有玩具的孩子,会把玩手边的塑料袋或者矿泉水瓶,或者是掰着自己的手指头玩得不亦乐乎。在儿童的世界中,他们会在自我创造的游戏中忘我地投入,从中获得的不仅仅是快乐,还有自己无穷无尽的想象力所带来的成长。

第二节 不喜欢我贪玩的他们

一、他们不喜欢我这样玩

（一）不学习

我们讨论得最多的恐怕就是玩和学的关系。在当下的中国，玩和学习因为应试教育的关系变成了一对矛盾体，玩和学习被极端地对立起来。很多机构和家长甚至把玩也转化成了学习的一种方式，将本来有趣味的玩中学，变成了一种功利性和目的性极强的学习。美其名曰是在培养孩子的兴趣和爱好，实际上却将本应是自主性的兴趣和爱好培养变成了硬性的学习，彻底将孩子的兴趣用压力式、填鸭式的教学消解掉了。更有一些极端的例子，干脆剥夺了孩子玩耍的权利，将孩子完全异化成了学习的工具。最终的结果，不是在成就孩子，而是酿成人生的悲剧。

读过一篇报道，讲的是一位 44 岁父亲的惨痛教训。在他的儿子刚满 3 岁时，他带儿子去测智商，测出的结果令这位父亲非常兴奋。因为刚刚 3 岁的儿子已经达到了 5 岁 2 个月大的孩子的智商水平，于是他便产生了让儿子成为"神童"的想法。为此，他为儿子制订了一个"神童培养计划"：要让孩子 3 岁开始学习小学知识，7 岁上初中，11 岁参加高考，预计用 4 年的时间拿到本科文凭，然后 15 岁考研究生。

此后，他每天清晨 6 点叫醒 3 岁的儿子读 1 个小时的早读。8 点半，正式开始一整天的课程。晚上，还为儿子请了一位大学生教习英语。孩子没有正常上小学，有的只是父亲管制下的家庭教育。

经过 4 年的时间，孩子确实学完了小学课程。但在孩子 7 岁生日妻子带孩子去游乐场玩的时候，问题显现出来了。孩子并没有在游乐场中找到缺失的快乐，而是早早回到了家。为什么会这样呢？因为他什么也不会玩,玩什么都感到恐惧,游戏在孩子的眼中不再是有趣的,而变成了未知与恐惧。

从那以后,这位父亲发现孩子话越来越少,并且经常发呆。他常常将书仔细地撕成一点一点的碎片,然后很小心地将碎片装进一个塑料袋里,像收藏宝贝似的将塑料袋压在枕头底下。他的床上都快被碎纸占领了,但他不允许清理,只要别人动一下,他就歇斯底里地哭,哭得让人害怕。

当这位父亲意识到问题的严重性时,他去咨询心理医生。毫无疑问,孩子已经患上了严重的心理疾病。解决的方法,只能是慢慢地恢复孩子失去的天性……父亲无论如何也不会想到,一片苦心竟然变成由自己亲手导演的一幕悲剧。

这位父亲没有意识到:人只有充分地玩游戏,身体和心理才能发育好。跟动物一样,很多的本领,只有通过游戏才能习得。游戏,或者说玩,是人成长过程中不可或缺的环节。

（二）不卫生

生活中我们不难看到这样的场景:某个孩子穿着干净整洁甚至是崭新的衣服出来玩耍,他看上去帅气漂亮,也对自己的装扮很满意。可是一旦他在环境中碰到了自己喜欢的玩伴或者游戏,很快就忘记了自己穿着的衣服,甚至会十分干脆地坐在地上,玩到兴起,还会和玩伴像两个小动物一样扭打在一起,根本不管地面上是尘土还是水坑……

一旦看到这样的场面,作为成人的我们会有何反应？

也许许多母亲都会蹙起眉头,更有性急又爱干净的母亲会立刻跳过去,除了给这个不知干净埋汰的孩子一巴掌不说,还要边数落他不讲卫生,不懂得母亲洗衣的辛苦,边斥责他立即停止这种不讲卫生的行为。更有甚者还会把孩子领回家去,或者拿着早已备好的衣服,当着众人的面,让孩子重新换上一套干净的衣服,方才作罢。

从母亲的角度来看,孩子弄脏了、弄坏了衣服,是不珍惜母亲劳动的表现,完全有理由指责孩子不懂事、淘气。另外，很多母亲会拒绝孩子在外面玩堆沙土、泥巴，踩水坑等。在她们的认识中，玩沙土和泥巴，会让指甲里存留大量的泥土，如果洗不干净，会将脏东西吃进肚子里，或者在玩耍的时候，弄进眼睛里造成眼疾；而踩水坑中的水会弄湿孩子的脚和鞋袜，着凉了会生病的担忧也是这些谨小慎微的母亲竭力避免的。如今的母亲们因为既要工作，又要兼顾家庭，"孩子千万别生病"几乎成了她们最重要的一个带孩子的标准。

可是孩子的游戏被中断，孩子遭到了呵斥，他就会因此放弃他的游戏吗？可能母亲在场的时候，他会有所收敛，但一旦母亲不在，他还是会尽情地玩耍。当然，如果母亲十分严厉，孩子可能会放弃这样的游戏。结果是，这种情况下的孩子将痛恨自己的母亲，而比这更糟的是，他还会痛恨生活。因为父母给了他太多的规矩，阻碍他去认识自然、社会、朋友，甚至自己。

（三）不安全

像小豆豆那样，因为好玩一次又一次地跳进沙堆、厕所，但幸好又得救的孩子，其实有很多。每个孩子都曾经因为好奇贪玩闯过祸，有一些祸事，也确实是过去之后，很让成人担心、后怕。比如，小豆豆和宠物狗洛基的那一次玩耍。

事情是从玩笑开始的，小豆豆和洛基在她的房间里玩"狼游戏"的时候，意外发生了。

在玩狼游戏之前，小豆豆和洛基像平时那样，各从屋子的一角骨碌骨碌地滚过来撞在一起，然后像是相扑那样厮缠了一会儿，接着就"啪——"地分开，重新开始。玩着玩着，就想稍微"玩得难一点儿"。其实，这也只是小豆豆一方的决定——当骨碌骨碌滚过来撞在一起的时候，小豆豆说："我们看看谁更像狼，谁就赢了。"

对牧羊犬洛基来说，装成狼并不是什么难事，只要把耳朵"啪"地竖起来，把嘴巴张大露出锋利的牙齿，眼中再闪出凶光，就变得很吓人了。可是，小豆豆要装成狼却很费事。她总是把两只手放在头顶，装成耳朵的样子，把嘴尽可能低地张大，眼睛拼命地睁大，一边"呜——呜——"地叫着，一边做出要咬洛基的样子。

洛基一开始装得非常的好,可是,它毕竟还没有长大,玩着玩着,渐渐分不出开玩笑和动真格的界限了。突然,它不是闹着玩了,而是真的咬了下去……

小豆豆的这一次游戏着实危险,半边耳朵几乎被咬掉。相信很多家长对这样的游戏一定是恨不得要在生活中坚决避免和拒绝的。但我们也发现,危险的游戏对孩子仿佛有一种天然的吸引力,有时候你越是告诉他危险,他就越是想要尝试着做上一次。

二、爸爸妈妈可以和我一起玩

(一)双生子爬梯试验的启示

在教育心理学中,有一个非常著名的试验,是由一位叫格赛尔的美国心理学家完成的。这个试验叫作"双生子爬梯试验",研究的是双胞胎在不同的时间学习爬楼梯的过程和结果。

格赛尔选择了一对双胞胎,他们的身高、体重、健康状况都一样。让哥哥在出生后的第48周开始学习爬楼梯,48周的小孩刚刚学会站立,或者仅会摇摇晃晃勉勉强强地走,格赛尔每天训练这个孩子15分钟,中间经历了许多次跌倒、哭闹、爬起的过程,终于,这个孩子艰苦训练了6周后,也就是到了孩子54周的时候,他终于能够自己独立爬楼梯了。

双胞胎中的弟弟,基础情况跟哥哥完全一样,不过格赛尔让他在52周的时候才开始练习爬楼梯,这时的孩子基本走路姿势已经比较稳定了,腿部肌肉的力量也比哥哥刚开始练的时候更加有力,并且他每天看着哥哥训练,自己也一直跃跃欲试,结果,同样的训练强度和内容,他只用了两周就能独立地爬楼梯了,并且还总想跟哥哥比个高低。

一个是从48周开始,练了6周,到了54周学会了爬楼梯;另一个是从52周开始,练了2周,也是在54周时学会了。后学的尽管用时短,但效果不差,而且具有更强的继续学习意愿。

格赛尔原来认为这只是个偶然现象,于是他就换了另一对双胞胎,结果类似,又换了一对,仍然如此。如此反复地做了上百个对比试验,最终得出的结果是相同的,即孩子在52周左右,学习爬楼梯的效果最佳,能够用最短的时间达成最佳的训练效果。

于是,格赛尔据此提出了两个支配孩子心理发展的因素:一个是成熟,一个是学习。两者权衡,成熟更为重要。不成熟就无从产生学习,学习只是对成熟起一种催化作用。无目的地提前训练,可能给孩子带来生理和心理上的负担,影响孩子对学习的兴趣、对人和事的兴趣,甚至影响他们对生活和未来的态度。

作为孩子的引导者和教育者,我们要尊重孩子的实际水平,在孩子尚未成熟之前,要耐心地等待,不要违背孩子发展的自然规律,不要违背孩子发展的内在"时间表",人为地通过训练加速孩子的发展。

在促进孩子心理发展方面,人为加速孩子的发展,同样会对孩子心理的健康发展产生危害。比如幼儿期的孩子天然地处于"游戏期",这个时期的教育应以游戏为主,在游戏中发展孩子的感官,激发孩子的心智,培养孩子的社会能力。不少家长错误地认为游戏浪费了孩子的时间,因而提前教导孩子学习知识(如读、写、算)或才艺(如绘画、弹琴、舞蹈),将孩子提前置于不成功便失败的压力之下,会使孩子养成以后遇事退缩与事后内疚的不良个性。

在认知发展方面,皮亚杰理论认为,学前期儿童正处于前运算期,只能借助于表象进行思维活动,常常从自己的角度理解事物。在思考问题时,往往注意到某一方面,不能顾及其他。而小学阶段知识的学习,需要学生具备一定的抽象和概括能力,而这些能力是学前期儿童不具备的。同样,信息加工理论认为,学前期儿童无意注意、无意记忆占优势,以形象记忆为主,在他们当前的认知条件下进行硬性的、超出接受能力的知识灌输的话,无异于牵牛上树,事倍功半。

(二)爸爸妈妈请带我们这样成长

曾经在媒体上看到过对德国幼儿教育的有关报道。大意是这样的:

孩子们参观警察局,学习了如何报警,如何处理遇到坏人的情形,了解了警察是做什么的;参观了消防警察局,跟消防警察们一起学习灭火知识、躲避火灾的常识;他们参观了邮局,看到一封信是如何从家里到达邮局,又被投递出去的;参观了市政府,认识了市长,看到这个为他们服务的市长是什么样子的。他们拿着钱去自由市场,学习怎样买东西,区别自由市场跟商店的不同;他们每周都跟教师去超市买东西,学习付钱、选择货物;他们去花圃,参观花木的种植,学习分辨花草植物;樱桃收获的季节,孩子们跟老师去采摘;南瓜收获的时候,孩子们跟老师一起做南瓜汤。他们去看戏、儿童歌剧和魔术;去参观图书馆,学会了如何借书、还书;他们去坐有轨电车,学会记住回家的路线;圣诞节是他们最激动的日子,他们焦急地等待圣诞老人的来临以及那份神秘的礼物;圣马丁节,他们跟教师一起糊纸灯笼、游街来纪念这位骑士圣人……

三年过去了,孩子学会了自己修理玩具,自己管理时间,自己体会,自己制订计划,自己搭配衣服,自己整理东西,自己找警察,一个6岁的孩子,生活能力很强。而看看我们自己的孩子呢?无非是关注会背多少首诗歌,会讲多少个故事,会写多少个字,会数多少个数……

在这篇报道中,我们看到的是一个个在快乐的、犹如游戏般的体验中成长起来的儿童。对于对世界充满好奇的儿童来说,生活本身的鲜活犹如游戏一般,既生动又有趣。在这种真实的生活体验中,他们逐渐成长为有生活能力、判断能力和行为能力的独立的个体。

孩子有其自身的成长规律,他们在相应的阶段要做相应的事情,而幼儿阶段"唯一的任务"就是快乐成长,因为孩子天性如此。不要用生硬的死抠书本的方式去逼迫孩子学习,不要用怕脏怕冷怕湿的训诫阻碍孩子对自然的接触与探索,不要用危险去吓退孩子探索世界的雄心壮志。作为成人,了解孩子的天性,顺应并加以正确的引导,让孩子们去接触、去面对,才是我们可以教给他们的去独立生活的要义。

下文这位父亲的心得很值得我们汲取。

他说:"只有我们体验过了,我们的智力才会发展。"他讲述他的父亲在他小时候带着他钉钉子、刨木头,从不用吓唬的方式带他认识危险,因此许多危险的动作他是在父亲的带领下亲自去尝试和体验的。这种对所谓危险游戏的体验,不但让他真正地体验了危险,而且确实让他知道了如何去把握这些看似危险的游戏,了解但不恐惧,并且在父亲的指导下习得了某些经验,无形之中还增强了自信。

其实,孩子天然地有保护自己的潜意识,在许多对婴幼儿的观察中,我们都可以看到,当孩子碰到可预见的危险时,往往能够天然地去规避它,孩子不会故意去寻找伤害。有的时候,作为孩子的看护者过于威胁或者吓唬孩子,反而会激发孩子的好奇心,甚至是逆反心理,让他想要去尝试,或者为了挑战看护者的权威而以身试险。

这位爸爸提供了这样的一种方式,让孩子去体验危险。小孩爱玩刀,我们可以跟他一起去摸刀,慢慢地去摸它,慢慢达到伤害的临界状态,让孩子自己去体验这种感觉。有过摸刀体验的孩子,外出时被绳子缠住,他才会寻找类似刀子的尖锐物品去割断绳子,这就是智力发展。而只学习过刀子很危险这个结论的孩子,是没有能力自救的。

父亲通过这样的方式让孩子体验危险,并且是在成人的可控范围内与孩子一起去面对并体验。了解危险,知道危险,才知道如何躲避危险,而不是对危险一无所知或者一味恐惧。孩子来到这个世界上,对世界充满好奇和探索的渴望,我们不能让他们觉得探索世界是一件恐怖的事情,一旦碰到新的事物率先想到的是危险,而不是认知。只有真正地了解,才会冷静地面对,才能学会真正地应对。知道不可以应对,自然就知道在生活中躲避,一旦遭遇危险,也不会手忙脚乱,而会选择理性并冷静地处理。这才是我们真正应该教会孩子的技能。

不要让你的控制与约束扼杀了孩子爱玩爱探索的天性,让孩子在管束和制约下生活无异于让他成为不能自主的奴隶,而这会让他因为被奴役而痛苦的。你如果管他吃饭,他觉得吃饭就是痛苦的。你如果管他学习,他觉得学习就是痛苦的。你如果管他的生活起居,他觉得生活起居就是痛苦的。你管他的地方越多,他越缺乏自主的意志,一切唯你是从。没有自我,他小的时候,你觉得他懂事、听话、安静,他服从、礼貌和恭顺。可是等到了他该独立的时候,他什么事情都没有主意,事事都要你来做主,常常会六神无主地等着你为他做决定,或者别人替他做决定,不能担当责任,这时,痛苦就会蔓延开去。

放手让孩子去玩,去接触自然、接触社会。如果可以的话,和他们一起,不要让他们在孩童时期就被弄得毫无生气,不要让他们受到的教育就是拒绝生活。不要让他们年轻的生命变成一个漫长的否定,不要动不动就对他们命令:不要吵闹,不要顽皮,不要说谎,不要不守规矩等等。当然不是不可以对他们说不,只是作为教育者和引导者,我们需要给孩子们玩耍嬉闹的空间。习惯的养成和危险的告知也是一个逐步确立和摸索的过程,让他们在游戏中了解并知晓养成良好习惯的必要性,明白危险的后果。试着让他们自己去养成习惯,知道危险,懂得面对危险,那才是教育真正应达成的效果。

第三章

好奇心与喜欢

黑柳彻子眼中的理想教育

　　小豆豆用两只手握住门上的拉手，往右一拉，车门立刻就打开了。小豆豆的心怦怦跳着，悄悄地把头伸到门内，向车里望去。

　　好奇，是人类的天性，是人类与生俱来的本能。喜欢，是自然的情感，是一种无法言表的吸引力。孩子的好奇与喜欢就是兴趣的生长点。他们会被好奇牵拉到一切新鲜事物中去，又会因为喜欢付出与努力。

　　在好奇与喜欢的背后，是孩子们难能可贵的创造力和迸发出来的生活的热情。请善待孩子们的好奇与喜欢，那是帮助他们创造和发现生命意义的途径。

第一节　我很好奇

一年级的小豆豆被勒令退学了。老师在向母亲述其原因时,讲述了下面的这段场景:

> 先是上课的时候,她把课桌的盖子开了关,关了开,足有上百次。我对她说:"没有事的时候,不要总是把书桌开开关关。"于是,您家的小姑娘就把笔记本、文具盒、课本等等一样一样地全部放到书桌里面,然后又把它们一样一样地拿出来。比如说,听写的时候吧,她先打开书桌的盖子,取出笔记本,然后立刻"啪嗒"一声关上盖子。接着,马上又打开盖子,把头钻到里面,从文具盒里取出铅笔来写"a"字,匆匆关上盖子,写了一个"a"字。但是,可能写得不好,或者写错了吧,只见她又打开盖子,再次把头钻到里面,找出橡皮来,关上盖子,飞快地擦起来。然后,又匆匆地打开盖子,把橡皮放进去,再把盖子关上。接着,她又把盖子打开,原来她只写了一个"a"字,就把所有的文具一样样地全部放回书桌里面。先放回铅笔,关上盖子,再放回笔记本,再关上盖子……就这样。然后,接下来写"i"字的时候,她又如法炮制,取出笔记本、铅笔、橡皮……每写一个字,桌子盖子都在我的眼前开开关关,看得我眼花缭乱,我的头都晕了!可是,她每一次开关,都是有事要干,我也不能说"不许那样"。

这一段描述可是足够精彩,老师眼中的小豆豆就是一个十足捣蛋的孩子,没完没了地玩着开关书桌盖的游戏。不但让老师看得眼花缭乱,言外之意,身旁的其他孩子也一定备受影响。

但在小豆豆的认识里,这一系列让人头晕目眩的行为背后,只有一个简单的理由。

哎，学校就是了不起！家里桌子的抽屉，是这个样子往外拉。可是学校的桌子，却是把盖子往上提，就像垃圾箱的盖子那样，不过要光滑得多。桌子里装得下好多东西，棒极了！

在小豆豆的眼里，学校的书桌和家里的桌子完全不一样，装文具的地方不是向外拉的抽屉，而是像垃圾箱的盖子一样可以上下打开！奇怪的书桌，真有趣！小孩子的好奇心一下子被新奇的书桌所激发，既而一发不可收拾，一定要玩个够才行。

如果我们放下身为成人的身段，如果我们试着闭上眼睛回到我们还是孩童的时光，我们是不是就可以理解孩子对新鲜事物的这种好奇探究的行为和心情？

可是，我们确实不能否认，在初识小豆豆，看到小豆豆被劝退的这个段落时，我们是很为这个小小的孩子捏了一把汗的。因为，凭着我们对学校的认识和理解，凭着我们的经验，这样的孩子势必要被学校这样的机构和场所所排斥。小豆豆实在是一个不合规矩的孩子，她甚至不懂得规矩，自然便不会遵守规矩。这便是她势必会成为"窗边的小豆豆"的原因，也是她势必会被边缘化的原因。

在后来的追忆性文章中，黑柳彻子女士提到自己当时的行为其实就是多动症孩子的一种典型表现，虽然这给小豆豆那些不合规矩的行为画上了一个出自医理的解释，但多动症的孩子从来不是不可救药的孩子，其中一些甚至在成年后，反而成为对世界举足轻重的人物，比如爱因斯坦，比如黑柳彻子本人。

所以，从这个并不美好的开篇开始，老师所代表的成人世界实在是有许多值得反思的地方。

也许，让我们试着在小豆豆的带领下，回到孩子的世界，也回忆一下童年时光的种种，重新审视儿童的生活以及我们自身，会让我们更好地理解孩子，进而正确地引导孩子，与孩子一同成长。

一、好奇是天性

碰到没有见到过的东西,你会好奇吗?看到马路上一群人在围观的时候,你的心里会不会发出一些疑问:怎么了?发生了什么事?有些人会在这个念头的驱使下走过去,看一看,有些人则会在这个念头之后,产生不屑的评价:有什么好看的,一群闲人!但不管怎样,你总会发出前面的疑问吧?

如果是孩子,他多半不但会想,还要大声地说出来,甚至在还没说出来的时候,就一溜烟地跑过去看个究竟。只是有很多孩子现在也好似大人一般,被许许多多的嘱托叮咛钉在大人身旁,压抑着那颗雀跃的小心脏和灵活的肢体,老老实实地站在那里,或者跟着大人人云亦云……

殊不知,这种对天性的压抑正把我们推向无聊和沉寂的生活中……

好奇心是人类的天性。心理学认为:好奇心是个体遇到新奇事物或处在新的外界条件下所产生的注意、操作、提问的心理倾向。好奇心是个体学习的内在动机之一,是个体寻求知识的动力,是创造性人才的重要特征。对幼小的孩子来说,一旦面临新奇的、神秘的、自相矛盾的事物,就会产生三种形式的探究行为:感官探究、动作探究、言语探究。正是通过这些探究行为,幼儿有选择性地了解周围事物,并积累大量生活经验。

0—3岁的婴幼儿会经过一个在心理学上被称为"口腔期"的阶段。在这个阶段,婴幼儿会执着于用嘴巴去探寻一切能够接触到的物品。只要是他感到好奇的东西,就一定要将其放在口中,好好地吮吸一番,甚至对手指和脚趾的感知也要通过这样的方式来认识。其实,这不过是人类初识世界的一种体验方式,而这一方式的原初动力正是受难能可贵的好奇心的驱使。

从眼耳鼻口的感官探究,我们看到、听到、闻到、尝到我们身旁的世界,从我们的行为和动作的接触中,从语言的交流和沟通中,我们感觉到身旁的世界如此立体而鲜活地存在,并且世界是如此的广阔磅礴,心底的那份好奇被愈发激出来,驱使着我们进一步去认识和体验,也使得人类能够去创造和改变世界,这是多么自然的过程……

孩子就应该在好奇心的驱使下去感受世界！

二、好奇的小豆豆

很庆幸，《窗边的小豆豆》为我们的孩子留下了一个有关好奇的生动记录，可以提醒我们在成人的阶段不要忘记曾经作为孩子的我们也这样好奇，甚至"淘气"过。

> 从学校回家的路上，快到家的时候，小豆豆在路边发现了一堆好东西，那是一大座沙山。不在海边，却有这么一大堆沙子，听说过这么好的事吗？简直像做梦一样！小豆豆立刻兴奋起来，"腾"地蹦起老高，然后用尽全力向前冲刺，"嘭"的一声跳到了沙堆的顶上。但是，小豆豆立刻发现自己错了，这并不是一堆沙，沙子下面是灰色的抹墙的泥，已经搅拌好了的。
>
> 只听"扑哧"一声，背着书包、拎着鞋袋的小豆豆陷到了灰泥里面，一直没到了胸口，像是铜像一样动弹不得。

以前也有类似事情发生：

> 那是一次学校午休的时候，小豆豆在礼堂后面的小路上溜达，看到了路的正中间放着一张报纸。"真有趣！"小豆豆心想，于是"哇——"地欢呼一声，像平时那样稍微后退了一点，然后"嘭"地向上弹了一下，朝着报纸的正中间全力冲去。谁知道，这里竟然是小豆豆上次掉落了钱包的那个厕所的掏口！好像是校工叔叔在工作的时候有什么急事走开了一下，为了挡住臭气，就在取下了混凝土盖子的掏口上盖了一张报纸。所以，小豆豆就这么"扑哧"一声掉进了厕所！

作为读者，看到这一段简直是忍俊不禁，几乎会咯咯地笑出声。我们在这段描述中看到了一个好奇胆大又因为自己的好奇倒霉的小孩子的形象,倒霉蛋总是让人觉得可笑,但在我们的笑声中,在小豆豆跳进水泥堆和厕所的窘态中,有没有看到自己童年依稀的影子?看到那些好奇,以及那些好奇背后的丰富的体验和成长的痕迹?

在黑柳彻子女士的讲述中,我们看到小豆豆对"山的味道"和"海的味道"的好奇,对电车教室的好奇,对可以从自己最喜欢的课程学习的好奇,对电车教室如何运输过来的过程的好奇,对打手语的孩子的好奇,对朝鲜妈妈呼唤孩子的凄凉声音的好奇……在这一系列的好奇中,小豆豆一步步地认识着身边的世界,熟悉着周围的人群。这何尝不是我们成长的过程之一呢?

第二节 我喜欢

喜欢是一种很自然的情绪,我们常常会在某个心仪的人或者物品面前脱口而出,或者暗暗在心中为其加分,这种自然的情感引导我们向我们所喜爱的人或者物品靠近。喜欢犹如好奇一般吸引着我们,愿意为了心底的这份喜欢付出我们的努力。

一、那么的喜欢与欢喜

(一)喜欢的教室
当看到电车教室时,小豆豆伴随着"哇"的欢呼声向电车教室跑去。

当妈妈说一定要得到校长的同意才可以去,她听话地"嗯"了一声,并且急忙加上一句"我非常喜欢这个学校"。

刚刚退学的一年级小学生豆豆,在老师的眼里是一个没有控制能力、肆意妄为的孩子,但当她看到巴学园的电车教室时,由衷地发出了"哇"的欢呼声,并且努力地压制住了自己兴奋的情绪,听话地"嗯"了一声,还急忙地强调自己对学校的喜欢。在终于可以进到电车教室里上课之后,"小豆豆心花怒放,暗暗决定:'这么好的学校,我一定不缺课,每天都会来的。'"

因为喜欢,一向信马由缰的小豆豆却暗下决心要成为一个不缺课,每天都来的好学生。

(二)喜欢的课程
"下面开始上课,从你喜欢的那门课开始吧。"

于是,小学生们就从自己喜欢的那门课开始学习,先上语文也行,先上算术也行,都是可以的。所以,喜欢作文的小学生在写作文,后面的位子上,喜欢物理的学生点起了酒精灯,把烧瓶烧得"咕嘟咕嘟"冒泡,或者做着什么爆发实验。每个教室都可以看到这样的风景。

……

对于学生来说,能从自己最喜欢的科目开始一天的学习,会觉得非常开心。

小豆豆彻底地为学校所折服了。一般的学校都是按照每个时间段有顺序地上课。比如第一节课是语文课的话,就上语文;第二节课是算术课的话,就上算术,可是这个学校却完全不一样。在第一节课开始的时候,女老师就把当天要上的所有课,还有每一节课所要学的所有问题点,慢慢地写在黑板上,然后悠然地说出:"从你喜欢的那门课开始吧。"能从自己最喜欢的科目开始学习,孩子们非常开心。

当然这种由着孩子从自己喜欢的科目学习的方式,并不是放任自流。这样上课的话,随着小学生们年级的升高,老师就能够逐渐掌握每一个学生的兴趣所在,以及他感兴趣的方式、对问题的思考方法等。由此,老师能够清楚地了解每个学生的个性。对老师而言,在了解学生的基础上因材施教,是最有效的上课方式。

(三)喜欢的校长

如果说,初次与小林宗作校长见面,是出于对巴学园与电车教室的好奇与喜爱,那么在四个小时的促膝长谈,更确切地说是小豆豆对小林校长的倾诉后,小豆豆不但对巴学园充满了渴望,更是深深地喜欢上了小林校长。

校长先生把椅子拉到小豆豆跟前,面对小豆豆坐了下来,说:
"好了,你跟老师说说话吧,说什么都行。把想说的话,全部说给老师听听。"
"想说的话?"
小豆豆本来以为校长先生会问些什么问题,让自己回答。当听到"说什么都行",小豆豆开心极了,立刻开始说起来。说话的顺序、说话的方式,都有点乱七八糟的……

　　说完之后,小豆豆绞尽脑汁想啊想,这回却是真的找不到什么可说的了。小豆豆不禁有些伤心,这时,校长先生站了起来,用温暖的大手摸摸小豆豆的头,说:

　　"好了,从今天起,你就是这个学校的学生了。"

　　这个时候,小豆豆感到生平第一次遇到了自己真正喜欢的人!

　　……和这所学校的校长先生在一起的时候,她觉得非常安心,非常温暖,心情好极了。

　　"能永远和这个人在一起就好了!"

和自己喜欢的人在一起,快活地交谈,心里当然会满溢着欢喜。在喜欢的教室里学习自己喜欢的课程,在喜欢的老师的陪伴与引导下,学习当然也是一个充满了欢喜的过程。那么,为自己所喜欢的一切有所付出也便不是什么令人痛苦的事情了。

二、为我所喜欢的付出与努力

我们总是被教导要爱学校、爱老师、爱学习,但其实似乎总是很难像小豆豆那样发自内心地去热爱。对于所爱的要付出与努力的道理是人人都懂得,却又不是人人都能做到的事情。有时候,我们嘴巴里说着喜欢的话,行动上却泄露着我们内心的排斥甚至轻视。当我们真正喜欢某样东西或者某个人的时候,那些发自内心的情绪会驱使我们乐于付出并努力,就像小豆豆把她心爱的钱包掉进厕所里的那次那样……

(一)失落的钱包

　　对小豆豆来说,可是一个大大的辛苦日。因为她把自己最珍爱的钱包掉进了学校的厕所里。虽说钱包里一分钱也没有,但这个钱包本身却是小豆豆的心爱之物,是连上厕所也舍不得放下的宝贝。

　　钱包掉进厕所里后,小豆豆的反应:

　　她没有哭泣,也没有干脆放弃,不要那个钱包了,而是立刻跑到校工叔叔放工具的库房里,扛了洒水用的长把舀子出来。小豆豆还很矮小,舀子的长把足有两个小豆豆高,但这没有关系。……于是,小豆豆开始了她的浩大工程……

……

结果,地面上堆起了一座挺高的小山,便池几乎被掏空了,但那个钱包仍然无影无踪。也许钱包紧紧地贴在了便池的边上,或者是落在池底了吧。但是,这时小豆豆已经觉得"即便钱包没有了,也挺满意的",因为自己干了这么多活儿。

我们为我们所爱的付出并努力过,这个过程本身让我们的身心得到了充分的满足。有时我们在一番付出与努力之后方懂得,爱的过程其实比爱的对象更能满足我们这种对爱的需求。

(二)校长的请求

一天,小豆豆戴着姑姑送给她的漂亮蝴蝶结在巴学园的操场上碰到校长,校长问她蝴蝶结从哪里买的。听说是外国货,校长对小豆豆提出了一个请求。

小豆豆,美代(校长的女儿)总是吵着要这样的蝴蝶结,你上学的时候,可不可以不戴这个蝴蝶结呢?如果这样,就太谢谢你了。实在对不起,拜托了。

小豆豆思索了一会儿,就爽快地答应了。虽然有点儿遗憾,但一想到自己特别喜欢的校长,在蝴蝶结店里拼命寻找蝴蝶结的样子,感觉怪可怜的。

第二天,小豆豆上学后,妈妈发现豆豆居然没有戴她心爱的蝴蝶结,而是把它戴在了心爱的大熊娃娃的脖子上,感觉很奇怪。她不知道原因。

但豆豆知道,她为的是自己喜欢的校长可以不必窘迫地在蝴蝶结店里为女儿找蝴蝶结的初衷……

为了我们喜欢的人,我们愿意接受他们的请求,就算知道这种请求有时需要

黑柳彻子眼中的理想教育

压抑我们心底的某些愿望，我们也情愿如此。我们是以这样的方式既保有自我，又为我们所喜欢的人付出我们可以付出的努力的。但不要忘记的是，我们所有的付出与努力也有着一个非常明确的原因，那就是我们真心喜欢与爱。

第三节　好奇与喜欢的背后

　　黑柳彻子就是用这些近乎白描的手段,生动地记述着一个孩子的成长过程。在潜移默化中,提醒着人们:每个人的成长轨迹虽然不同,但属于人的天性却是共同的。在好奇与喜欢的背后,是我们难能可贵的创造力和迸发出来的生活的热情。

　　因为好奇,人们得以不断地发现,不断地发明与创造。对孩童来说,好奇心就是成长的推动器。如果没有一双探寻的眼睛和一颗充满探求的心,就很难体会到生活的热情,更难以抓住生活的目标。好奇心是一个帮助人类创造或发现生命意义的途径。

　　在远古流传至今的故事中,燧人氏对火好奇,进而教习钻木以取火;神农氏对百草好奇,进而尝百草以入药救人。我们在漫长的历史过程中,在好奇心的引领下,不断地认识着周边的世界,这使得我们得以进化为更为智慧的生物。

　　只是,我们在成长之后又受到太多的经验告诫,不要好奇,"好奇心害死猫",强盗蓝胡子那些妻子们都是因为好奇所以不得善终,总有人在告诉你,不要打开那个盒子,不要做潘多拉……

　　但好奇是人的天性,它伴随着人呱呱坠地时响亮的哭声而生。尽一切可能地想要了解陌生而新鲜的世界就是一种天性的驱使,而这种天性驱使我们去探寻未知、填补空白,甚至是创造新的世界。有无数科学人物都是在好奇之举的促使下,成就了自己,也开创了新的领域。无须多言,我们经常看见一双双好奇的手叩开通往科学的大门。

　　我们要了解我们自己,了解我们的孩子,了解孩子们对世界的好奇,在他们被一颗好奇的心引领前行的时候,身为父母和教育者的我们千万不要用太多的线条和框架去过多地约束他们。很可能你的过分保护和"前车之鉴"正毁损着他们未来的发现与发明。顺应孩子的好奇,恰当地引导孩子,如果有危险,请提醒,但不要恐吓;如果是错误,请清晰地指明。孩子感知世界的方式就是最直接地亲身体验,去看见、听见、闻到、尝到、触摸、感知,无论是酸甜苦辣,还是喜怒哀乐,他要一样一样地去经历。经历得越多,他便越可以掌控好内心与外物间的关系、自己与世界的距离,并更好地规划自己的生活,制订自己的目标。

如果说好奇是人的天性,那么喜欢则是一种需要激发的情绪,这是一种情感方面的体验。我们会喜欢某样物品,喜欢某个人,甚至会喜欢某种职业、某个习惯。这种自然的情感在生活中导引出我们的兴趣,有了兴趣,我们的生活因此变得充满个性化和趣味。对父母和教育者们一再关心的学习来说,兴趣也无疑是一种有效地促进学习进步,甚至是加速学习进程的药剂。

从心理学的角度来看,兴趣是以需要为基础的。而对需要来说,有精神需要和物质需要之分。兴趣的基础更基于精神方面的需要,比如对科学的向往,对文化知识的渴求,等等。就我们的经验而言,人们若对某件事物或某项活动感到需要,他就会热心于接触、观察这件事物,积极从事这项活动,并注意探索其中的奥秘。另外,兴趣又与认识和情感相联系。若对某件事物或某项活动没有认识,也就不会对它有情感,因而不会对它有兴趣。反之,认识越深刻,情感越炽烈,兴趣也就会越浓厚。

第四章

人群中的孩子

黑柳彻子眼中的理想教育

我在人群之中,不在人群之外;
我在他人的眼中看见自己的存在;
我看见我自己在人群中的苦痛、欢愉、挣扎与幻灭;
我看着我,知道我在做什么,或者不知道……
但我知道,我就是我,不是别人,却生活在许多别人之中……

降生到这个世界之初,每一个孩子都是一个独立而独特的存在,只是在后来无数个他或者她彼此交融,组成了世界中的大多数。我们都是人群中的孩子,有的人熟知这一点,融入人群又保有自我,有的人渐渐忘记了自己,完全混迹于人群……

小豆豆被她所接触的第一个人群排斥在窗边,但幸好她的生命里出现了巴学园,她得以在这个人群中成长,并很幸运地保有了自我。

第四章 人群中的孩子

第一节 我和"许多人"

在大多数人的意识中,自己仿佛从来就没有孤独地存在过。我们从一出生就生活在家庭之中,吸食着母亲的乳汁,得到家人的关爱。但真正使我们成长起来的,除了家庭,还有家庭之外那个更为纷繁丰富的人群与世界。

孩子间最初的交往,从上幼儿园、小学、中学、大学及至踏入社会,这个小小的"我"一步步地接触着身外的世界,那个由许多个个体组成的世界,学会适应、抗拒、接受、拒绝,学会爱与被爱,甚至学会仇恨和宽恕……在这许许多多之中,上演着"我"和"许多人"的故事。

属于小豆豆的故事,黑柳彻子是这样讲述的。

一、不被接纳的孩子

因为在最初的学校里异于常人的表现,比如:没完没了地开关书桌、招来宣传艺人为大家表演、和小鸟说话、把国旗从纸上一直画到桌子上……这无异于为难老师,这样的孩子从一开始就会成为老师眼中的异类也是不争的事实。因为一己进而影响到许多人,恐怕是一般的学校都不可以容忍的吧。

因此,小豆豆在面对第一个"许多人"时,就碰到了难题。

在懵懂的年纪里,隐隐地感受到了被排斥的滋味,这也成为黑柳彻子女士把这本看起来妙趣横生的书籍定名为《窗边的小豆豆》的初衷。

被"许多人"排斥,让小豆豆第一次敏感地体验到了"窗边"的感觉,一种游走在许多人之外,不被喜爱,不被赞赏,甚至有可能被嘲弄、排挤的滋味,虽然非常少见地出现在黑柳彻子女士的行文中,但正是因为这么少见的出现,更映射出这种影响的深远。在《窗边的小豆豆》一书中,只在后记中提到了一句:"在第一所学校中,实际上,我隐隐约约地总有一种被排斥感。所以我选择了这样的书名。"

在孩子天真和似乎满不在乎的外表下,成人常常一厢情愿地认定,孩子对训斥是"左耳朵听右耳朵冒"一般的免疫。因此常常会口不择言,甚至是非常不审慎地面对孩子毫不遮掩地"爱恨嗔痴怨",殊不知每一个因都连缀着相应的果。前文所述的镜像就这样形成,孩子不知不觉中在呵斥和训教中塑造了自我。

对于不被接纳的孩子,那些不接纳他的"许多人"成了另一个与其对立的世界,如果不能很好地更正这种观念,孩子极可能形成对群体以及社会的扭曲认识,从"不被接纳的我"到"不接纳许多人"。从别人的厌倦中,厌倦别人,又厌倦自我,形成这样的一种循环之后的人生,就再也体会不到人在群体与社会中的欢愉。即便有温情的靠近,也不懂得去接受和适应。

这是黑柳彻子女士没有去强调,却深深体会并且又有些讳莫如深的事情。但幸运的是小豆豆得到了小林校长与巴学园的接纳,小豆豆迅速地找到了属于自己的、也喜欢自己的"许多人"。

二、孩子面对的"许多人"

黑柳彻子女士在描述小豆豆被学校婉拒的桥段里,极其生动地描述了老师向妈妈讲述小豆豆怎样搅扰到了全班同学、影响到学校和班级正常的教学秩序的过程,因此,老师是非常有理由劝退刚刚上学的小豆豆的。在黑柳女士的描述中,作为读者的我们一方面为小豆豆对一切好奇的行为忍俊不禁,一方面也为小豆豆一上学即被劝退而担忧,甚至对劝退小豆豆的老师也报以同情,如果谁的班上摊上这么一个孩子,也够受的!

瞧,我们就是这"许多人"中的一员,在黑柳彻子那里,写了小豆豆的她,如今也是"许多人"中的一个,正和大家一起回头看当时的小豆豆呢。

这么看来,"许多人"也不是持同一种意见的"许多人"啊。

(一)说"不"的"许多人"
学校是大家共同学习的地方,又不是给你一个人开的,你怎么会这么没有规矩,大家都学习的时候,你在那儿开开关关书桌,别人还要不要学习,老师还要不要讲课?上课不听讲不说,还跑到窗前去召唤宣传艺人,你说你有多可气!一个宣传艺人还不够,你还守着窗子,说一个宣传艺人都不能落掉!简直是可恶透顶!上课溜号也就罢了,居然还大声地和外面树上的燕子聊天,你简直是无法无天到了极点!哪个学校愿意碰见像你这样的学生!你们老师对你可真是仁至义尽了,劝退你真是对你够客气的了,我看把你开除都不为过!

(二)同情心泛滥的"许多人"
哎呀,不管怎么说,小豆豆也是个小孩子呀,也没上过幼稚园,平时在家里自由散漫惯了,不懂得学校的规矩也是常有的事,大概还需要慢慢适应吧。没见过学校的书桌,觉得很好玩也是人之常情,只是召唤宣传艺人唱歌的事、和燕子说话的事是有些过分了。不过,总得给小孩子一些机会吧。真让这么小的孩子退学,挺残酷的啊。当然,老师确实是很难办,碰上这么难缠的学生,总是搞出各种状况,大概也不是老师们愿见的,会生气、会付出额外的许多辛苦怕是一定的了,能够准备要跟家长约见并谈谈孩子这样的事,并且还要劝退这个孩子,大概也是考虑了之后才这么做的。

总之,各有各的难处吧。

(三)真心接纳并理解的"许多人"
毕竟是孩子,毕竟是刚刚走进校门从未受过约束的自然的孩子。接受和认识一切都需要一个过程。也许我们应该让孩子更为自然地长大才是。等待她,给她时间,让她认识,让她对一切好奇的自然亲身去体验,和她一起去看世界。不把自己和孩子对立起来,而是试着从她的角度思考,并能够真正地把她放在孩子的位置上去审视她、引导她。不要把孩子按在某个既定的模式里去比较,符合某种规矩和模式的,就是好孩子;不符合或者打破了某些规矩和模式的,便是坏孩子。其实,孩子从不分好坏。小豆豆的天真可爱需要的是引导而不是排斥。

还有什么样的"许多人"呢?你又是其中的哪一种呢?孩子们又需要其中的哪一种呢?

第二节 和"许多人"一起

在"许多人"中,孩子们最先要融入的是和他们一样的"许多孩子"的群体,这是一个相对平等并比较容易交流的群体。在这样的群体里,孩子们会在相互接触中,学会与人交往、协作,发生争吵;学会妥协,也学会抗争;会接受,会拒绝;会喜欢谁,会厌恶谁;会体验相守的快乐,也会体验离别的痛苦。孩子开始在孩子的群体中,对未来社会中的种种产生最初的体验。这些生活中的碰撞与火花,使他形成对人与人关系的最初认识。在群体中成长是孩子成长过程中最重要的一个阶段。

一、自由与归属

小豆豆终于坐进了电车教室,在她开心地唱着自己不成调的曲子的时候,有人上车来了……

那是一个女孩子,她从书包里取出笔记本和文具盒,把它们放到桌子上,然后踮起脚尖,把书包放到行李网架上,再把装鞋的袋子也放了上去。小豆豆赶紧止住唱歌,学着女孩子的样子做了一遍。

当我们进入一个新的群体时,群体的规范其实是不用费太多的口舌的,我们会自觉地依照群体中的人的行为进行自我调整以适应群体的要求。这是一个再自然不过的过程。但前提是,个体有着非常强烈的希望融入群体的愿望,正像小豆豆迫切地渴望上巴学园,渴望坐进电车教室去开始自己的新生活那样。这样的群体,是很容易让个体产生强烈归属感的。小豆豆心花怒放,暗暗决定:"这么好的学校,我一定不缺课,每天都会来的。"

接着又上来一个男孩子。他站在电车门口,像投篮球那样,把书包向网架上投去。网架上的行李网剧烈地抖动了一下,把书包反弹出来,落到了地板上。男孩说了一声:"失败!"又从原地把书包向网架投去。这一次,书包稳稳地落在了网架上。男孩喊了一声:"成功!"但立刻又喊了一声:"失败!"一边爬到桌子上,打开网架上的书包,取出文具盒和笔记本。他一定是因为忘记拿出来这些东西,才说"失败"的吧。

这个男孩子的行为是多么的让小豆豆释然啊。她刚刚跟前面的女孩子一样规规矩矩地摆放好自己的东西,因为觉得这样会让自己能够留在这所喜欢的学校里。然后,又立刻看到了仿佛和自己一样的那个不合规矩的男孩子,那么率性而为地将书包投掷向行李网架。一切都是那么的自由而自然,完全是孩子的行为。那一刻,小豆豆虽然没有说出自己的感受,但她很快就从心里接受了这样的学校,也感觉到自己身处其中再没有窘迫和尴尬,再不会被置于窗边。隐隐感觉到被外界排斥的孩子立刻就认同了这个群体里的许多人"是同乘一辆电车'旅行'的伙伴们"了。

二、"许多人"的力量

小豆豆是那么自然地就融入了巴学园,就好像孩子在自然中孕育又必然回归到自然一样。她烂漫自由的个性在巴学园宽松的环境中似乎没有遭受到任何阻压,但这还不是全部。小林校长还组织大家一起去旅行。

巴学园的孩子们今天准备好了去温泉旅行的用品,集中到了学校里。当大家都来到校园之后,校长先生说:

"准备好了吗?我们要坐火车,还要坐船,千万不要迷路啊。好了,出发!"

校长先生的嘱咐只有这么一句。不过,大家从自由之丘车站乘坐东横线的时候,却安静得让人惊讶。没有人跑来跑去,即使要和身旁的同学说话,孩子们也是安安静静地小声说。在巴学园,孩子们从来没有被教导"排成一列规规矩矩地走路"或者是"在电车中要安静""不许乱扔果皮纸屑"之类的话。但是,在日常生活中,孩子们不知不觉地就知道了很多,比如:欺负比自己小的、弱的人是可耻的事;看到乱糟糟的地方,要主动打扫;尽量不要妨碍别人……这些观念已经深深地植根在孩子们的心里。就在几个月之前,小豆豆在课堂上,还站在窗边和宣传艺人说话,使得整个班的同学都没办法上课。但自从小豆豆来到巴学园的第一天起,她就开始安静地坐在自己的位子上学习,想想真是不可思议。

黑柳彻子在娓娓道来的讲述中,极其自然地道出了自己对儿童教育的一点看法:环境与群体对个体的影响不见得是教导或者训诫达成的。"在巴学园,孩子们从来没有被教导'排成一列规规矩矩地走路'或者是'在电车中要安静''不许乱扔果皮纸屑'之类的话。但是,在日常生活中,孩子们不知不觉地就知道了很多,比如:欺负比自己小的、弱的人是可耻的事;看到乱糟糟的地方,要主动打扫;尽量不要妨碍别人……这些观念已经深深地植根在孩子们的心里。"群体的相互影响,环境中的示范作用,让一向散漫如小豆豆一样的孩子,也为之自觉地约束住了自己。这种力量是潜在的,然而却巨大。

这"许多人"构成的若是一个良性的、充满着宽容和理解的群体,它自身所散发出来的温润的力量,对置身于其中的个体必将产生良好的促进作用。就像黑柳彻子女士所描述的巴学园的氛围,对个体的吸引与感召,不是语言的重复、行为的约束达成的,而是学校对孩子们充分的信任,并且充分地任其自然地生长,不断地发挥自我判断的方式,促使孩子们去面对问题,自我提升。一起出行,该怎样和群体保持一致,在路上如何行走,在电车上如何行为,果皮纸屑又该怎样处理?校长并没有一一嘱托,他充分地给了孩子们,或者说给了这个群体中较大的孩子一种发挥示范作用的机会,并带动了稍小一些孩子的观察、理解和遵从。于是,许多语言是省略的,是无须反复地强调、重复,乃至唠叨的。学校本身其实就是一种氛围,孩子会在看到其他人的行为时调整自己,只是有的孩子会适应得快一些,而有的孩子则会慢一些。

但我们大部分的学校已不是松散的群体,而是较为严密的组织,这种组织过度的严密性在某种程度上破坏了教育中的自由、博爱以及宽容的精神。这使得置身于其中的孩童在其中感受不到教育自身本应具备的温润的力量,反而是机构所带来的强力与重压,让孩子们在冰冷的规则中禁锢了天性与自我。小豆豆初次入校经历的惨败，不能不说有着以上因素。

但如何在群体中，或者说在已成为组织的学校中充分发挥人群的力量，其实是一个非常值得琢磨的问题。

人生来是自由的，在成长过程中会在自由的指引下感性地认识与理解，并上升为理性的思考与判断。这种自我意识的培养、发挥，让人得以成长并成人。一个由"许多人"构成的群体是个体认识自我、认识外界必然要面对的环境，它有框定和约束的作用，但却绝不局限于此。黑柳彻子在小豆豆的行为的转变中指明了这一点。

第四章 人群中的孩子

第三节 从"许多人"那里获得满足

　　生活在人群中的孩子不但会从人群中习得生活的智慧,还会从人群中获得强烈的满足感,如同小林校长带领大家去温泉旅行时,孩子们在外面的良好的表现。

　　其中,大一些的孩子所起的示范作用对其本身也是一种鼓舞。为年幼者瞩目且尊重,被崇拜的目光追随,可以对年幼者如长者或师者般关怀和引导,对这些大一些的孩子来说,本身就是一种满足。这种满足源于从教育者处收获的知识、从长者那里习得的生活智慧,也是自我成长中生发出来的骄傲和自豪。

　　对年幼的孩子而言,他们从年长者那里受到感染,在不知不觉中学习,最初是模仿,慢慢是接受与习惯,文化与传统以这种长幼相传的方式得以继续,而幼小者在年长者那里获得的知识,要远比机械地灌输或者强力地命令来得更自然,也更易于理解。如果在学习或者因袭的过程中表现良好,来自年长者的赞许和关注,会更好地激发年幼者学习的热情。这种鼓舞也是巨大的并充满着无穷尽的力量,会对年幼者形成魔力,鼓励他继续向着所希望和关注的方向行进。正如小豆豆渴望并最终去参加等等力溪谷的野炊一样,黑柳彻子如是说。

一、满足感

　　小豆豆因为十分向往野炊,也十分希望自己能够在野炊中有好的表现,努力地跟在妈妈的身后,想要学习厨房里的活计。

　　从这天起,每当妈妈在厨房里忙活的时候,小豆豆总是紧紧地跟在妈妈身后,研究妈妈怎么使用菜刀,怎么端起锅来,怎么盛饭等等。看妈妈做饭,真是很让人愉快。小豆豆特别喜欢妈妈的一个动作,那就是妈妈拿起锅盖

之类烫手的东西时,就会一边叫着"噢呦呦呦呦……",一边赶紧把手放到耳垂上。妈妈告诉小豆豆:

"因为耳垂是凉的。"

小豆豆觉得,这个动作太有大人味儿了,而且一看就是厨房里的专家才会做的动作。所以,小豆豆暗下决心:

"在等等力溪谷野炊的时候,我也要这么做。"

怎么使用菜刀,怎么端起锅,怎么盛饭……如此热心,如此耐心,并且努力地想要成为厨房里的专家那样的人……一切都是为了等等力溪谷野炊的时候,自己也可以像妈妈一样,像个大人一样那样做……

这其中没有丝毫的命令与灌输,一个孩子想要向母亲学习家务的动力,仅仅是来自一次野炊,一次需要自己动手的活动。而这种生活技能的提高,远不是母亲教习女儿要学习家务的强制,完全是一种自然而然发自内心的向往,并变成一种主动学习的渴望,一种孩子为了在自己的群体中能够有所表现而产生的动力。

小豆豆自告奋勇去切菜,做肉汤。还有一个比小豆豆高两年级的男孩子也担任切菜的工作,那个男孩切的菜,有的大有的小,形状歪歪扭扭,非常好笑。他的鼻子上满是汗水,却仍然再接再厉地奋斗着。小豆豆学着妈妈的样子,把大家带来的茄子、土豆、大葱、牛蒡等切成大小适中的块儿,切得非常均匀,漂亮极了,而且切着切着,小豆豆灵机一动,还把黄瓜和茄子切成薄薄的片儿,用盐腌上,细心地做成咸菜。时不时,她还指教一下正在勉力奋斗的高年级男孩,说"这么切怎样",所以,不知不觉间,仿佛自己也变成了妈妈那样的专家。大家都非常佩服小豆豆,居然能够做出这么好的咸菜。

因为有了之前有意的学习,在等等力溪谷的野炊中,小豆豆的表现不但让自己满意,也让大家对她十分佩服,而且在真正的实践中,豆豆不但可以自己操作,还指导了比自己年长的孩子,小豆豆心里的自豪感和满足感是不言而喻的,这进一步让她有了更大胆的举动——腌咸菜。得到了大家认可和肯定的小豆豆,不知不觉间仿佛变成了妈妈那样的专家。这其中展示出来的过程,是一个得到认可的孩子的成长过程：主动地学习—积极地实践—获得了肯定—快乐地成长。

等等力溪谷的野炊，让孩子们得到了许多方面的锻炼。黑柳彻子女士在这里感慨道："孩子们体会到了自己做饭的乐趣，同时也知道了做饭是多么不容易，还知道各种食物从生到熟会发生好多变化。这些对孩子们来说，都是了不起的新发现。"

黑柳彻子对孩子的这种心理的描述，来自自己成长的体验，她努力通过自己的体验在向孩子们传递着要主动学习的观念，提醒家长要给予孩子实践的空间，适时地鼓励和肯定，只有这样我们的孩子们才会真正快乐地成长。这其中，充满了"许多人"的集体应该是一个积极的环境，让孩子能够置身其中，感受到作为其中一分子的价值，并且在这个集体中孩子可以充分地展示自我，并从中感受到自豪与满足。

二、喜乐会

在黑柳彻子的描述中，在她到巴学园以后的每一天，她的生活从来都没有孤独过。那些美好的记忆中，总是有着"许多人"，和"许多人"中的"每个人"的活动。因此，在"许多人"中的生活是如此的丰富和美妙，值得回忆和记述。

大家一起学习、吃饭、散步、唱歌、画画、游泳、开运动会、野营、迎接电车教室的到来……

小豆豆的生活中从来不乏"许多人"的存在，而她也从中感受到快乐。

暑假开始了，小豆豆的集体生活并没有结束。校长给家长的信中，提到要搞一次野营，还要求大家带上帐篷。多么新奇又有那么一点让人担心的活动啊！直到到了学校，小豆豆才知道，原来不是去外面野营，而是在学校的礼堂里搭上帐篷，这是一次礼堂里的大聚会啊！

校长教会了大家搭帐篷,还让大家到各人的帐篷里去做客,而临睡前,大家围坐在校长的周围,听他讲周游世界的故事……

那一晚……

每一顶帐篷大约可以睡三个人。小豆豆匆匆忙忙换上睡衣,在好多帐篷口钻进钻出,玩得心满意足。大家也和小豆豆一样,纷纷去拜访别的帐篷。等所有人都换上睡衣之后,校长先生坐在正中央,以便每一个孩子都看得到自己,然后给孩子们讲起他在外国旅行的故事来。

孩子们有的躺在帐篷里,从帐篷口伸出半个脑袋,有的端端正正地坐着,有的把头倚在高年级的哥哥姐姐们的膝盖上,听校长先生讲他的故事。那些遥远的地方,孩子们不要说去过,连听都没听说过。先生的故事非常新奇,有的时候,孩子们甚至觉得,在遥远的大洋彼岸生活着的孩子,简直就像是自己的朋友一样。

就是这么简单的一次露营(在礼堂里搭起帐篷,睡觉……),对孩子来说,却是一生中难以忘却的开心记忆,是非常宝贵的经历。

这不过是校长为大家提供的一次集体活动机会,谈不上一次真正的野营。只是,这却让参加的孩子感到是一生中难以忘却的开心记忆。因为,这是一次离开父母,和自己的伙伴们一起真正地融入集体的活动。尽管黑柳彻子并没有详细地描述这一次礼堂野营的种种有趣,但可以想见的是,住在一个帐篷里的孩子会成为一个临时家庭,然后非常开心地去另一个帐篷中去拜访另外一个临时家庭。在不同的帐篷里钻进钻出,可以是恭敬拜访的客人,可以是殷勤招待的主人,可以是正襟危坐的大人物,可以是四处捣乱的调皮鬼,孩子们在帐篷间的嬉戏玩耍,可以是一种小社会的实践,也可以是一场情境游戏。想象力与人情味儿的结合,既是玩乐,也是体验。

而校长先生的睡前故事,让孩子们在喧嚣之后回归到平静的状态。"孩子们有的躺在帐篷里,从帐篷口伸出半个脑袋,有的端端正正地坐着,有的把头倚在高年级的哥哥姐姐们的膝盖上,听校长先生讲他的故事。"大家自由自在,其乐融融地聚集在一起,不管刚才是多么的喧闹,不管刚才怎么疯癫地玩耍,在"许多人"一起做的氛围下,大家迅速地安静下来,进行下一个活动。

先生的话说完了,礼堂的电灯也熄灭了,大家纷纷钻进帐篷里。
从那边帐篷里传来笑声,从这边帐篷里传来窃窃私语,接着,对面帐篷里又有人扭成一团……渐渐地,礼堂安静了下来。
既没有星星,也没有月亮的露营。但是孩子们在小小礼堂里的露营,却使他们从心底感到满足。
那天晚上,天上繁星闪烁,月光如水,温柔地包裹着礼堂,那光辉仿佛永远在闪耀。

许多人可以一起度过的夜晚,是孩子在父母身边完全体验不到的一种感受,是离开家却又可以依靠的一种感觉,是在许多人中间感受到的另一种温暖。和人群在一起,即便不是生命中最亲密的人,至少让孩子觉察不到孤单。没有星星,也没有月亮,不是真正的野营,不是一次冒险,只是一种融入,一种和大家在一起笑、闹、说悄悄话,孩子们可以想见的一切可以孩子们一起做的事,在这里得到了满足,找到属于孩子的一个空间、一种氛围,这大概就是小林校长值得孩子们喜欢的原因吧。

黑柳彻子女士记述了这个谈不上野营的礼堂聚会,乍一读时,怎么感觉好像麦兜故事中的光头校长囿于情势骗小朋友。可是小林校长是不是也担心野营实际上的麻烦不肯带孩子们出行呢?前后读来,孩子们经常出去散步,还会去温泉旅行,要说麻烦和危险,说出来怕是不比野营少多少。后来,渐渐领悟到,这一次礼堂里的野营实在是小林校长的一次谋划,孩子们需要体验的不仅仅是实际的野营生活,孩子们更喜欢那种和彼此在一起的感觉。孩子们喜欢和孩子们一起做事情,孩子们喜欢在孩子们当中,这是一次孩子们在一起的喜乐会,只要和孩子们一起,他们就是高兴的、放松的,被自己的群体所接纳、喜爱、承认和肯定,对孩子们来说,就是最幸福的事。当然,能够在这个群体中,有着像校长一样的长者可以依靠,可以倾听,并且适时地给予指导和校正,没有过多的苛责和唠叨,对孩子而言,还有什么比这更让他们快慰的事呢?

第五章

冒险与收获

冒险尽管危险，却是人类乐此不疲的行为，是人类的天性之一。因为险，冒险更多地被我们视为洪水猛兽，但冒险也是人生的体验之一。冒险不只是鲁莽的勇气，它还有穿越危险之后的获得——成功的喜悦、经验与教训。

喜欢冒险不是不知道危险，是明知危险而为之，有准备、有计划，并且很努力，渴望冒险成功。这样，成功之后的心理满足感是巨大的。就像小豆豆邀请天生残疾的泰明爬上"小豆豆的树"那样。

第五章　冒险与收获

第一节　大冒险

一、泰明与小豆豆的树

泰明是个患过小儿麻痹症的孩子。小豆豆这样描述泰明：泰明走路的时候需要拖着腿，每迈出一步，身体都摇晃得非常厉害，连坐下去都要比别的孩子费力。不仅仅是腿，他的左手手指也扭曲地蜷缩在一起。在巴学园，虽然泰明得到了足够的尊重和照顾，但毕竟身体上的残疾阻碍了他像正常的孩子一样跑跳攀爬。小豆豆的冒险偏偏就是要与泰明一起做常人看来泰明不应该做的事情——爬上一棵树。

孩子就是这样，明知道不应该、不可以，但却仍然充满了信心和勇气要做下去。

黑柳彻子女士很生动地记述了这个过程。一棵小豆豆的树和勇敢的泰明与小豆豆，组成了这个故事的全部。

小豆豆先把泰明领到自己的树前，然后跑向校工叔叔的工具房，这是她昨晚就想好了的。从工具房里，小豆豆拖来一把梯子，把梯子架在大树分叉的地方，然后自己嗖嗖地爬上去，在树上按住梯子，冲着下面喊道：

"好啦！你也上来吧！"

但是泰明的手和脚都没有力气，一个人怎么也登不上梯子的第一级。于是小豆豆又飞快地转身下了梯子，从后面托着泰明的臀部，使劲地把他往梯子上推。可是小豆豆毕竟太瘦小，从后面拖住泰明就很吃力了，哪还有力量再去按住要滑动的梯子？泰明把脚从梯子上挪下来，默默地站在梯子前，低下了头。小豆豆这才发现，事情比自己想象的要难得多。

想到一个小姑娘要把一个患小儿麻痹症的孩子鼓捣到一棵树上,所有老师和家长都会被吓一跳吧。这不是开玩笑吗?简直太危险了!

别忘了,所有冒险的孩子都不认为"危险神圣不可侵犯"!从孩子的角度来看,没有危险不可以冒犯,只要想得到,就能做得到!小豆豆希望好朋友山本泰明可以登上属于自己的那棵树,不是恶作剧,而是真诚地希望泰明可以像她一样看得到树上的风景。

二、美好与危险

愿望很美好,过程很危险。

对于泰明来说,这是一次真正的大冒险。对于提出这个计划的小豆豆来说,她事后一定会被定性为一个鲁莽至极的家伙,并且会被毫不留情地狠揍一顿。但即便如此,即便想到了可能出现的后果,即便明知道这是一种鲁莽的行为,明知道可能会出现危险……孩子也会因为愿望的吸引,而努力地做下去。

> 无论怎么做,一定要实现泰明的心愿,让他爬上自己的树。……小豆豆又跑向工具房。一边想着"有没有什么好办法呢",一边把各种工具都拖出来看一看。终于,她发现了梯凳。
> ……于是,小豆豆把梯凳拖到了大树跟前。小豆豆从来没有发现,原来自己竟有这么大的力气!把梯凳支起来一看,差不多正好到大树分叉的地方。……泰明担心地看了看梯凳,又看了看满头大汗的小豆豆。这个时候,泰明的身上也被汗水湿透了,他抬起头来,看了看大树,然后下定决心,抬腿向第一级迈去。

小豆豆的想法简单而执着,让泰明可以爬上自己的树,实现泰明的愿望。因此,她为了这个想法努力地想办法,尝试各种工具,直到找到适合泰明的梯凳。沉重的梯凳在愿望的笼罩下不再是障碍,而是愿望达成的桥梁之一。即便是瘦小的小豆豆,也仿佛在她小小的身体里迸发出了强大的力量,所以笨重的梯凳就不在话下了。对于拥有自己的树的小豆豆来说,爬树实在不是难题,难的是要帮助不能爬树的泰明爬树,无论如何对于泰明来说,这都是一次真真切切的大冒险。拖着不灵便的身体和使不上力气的手和脚,攀附着梯凳,努力地爬上去,就算不考虑危险的因素,光是这份艰辛就可想而知。

　　从第一步到泰明登上梯凳的最高一级,总共用了多少时间,泰明和小豆豆都不清楚。在夏日阳光里,两个人什么都不想。总之,只要泰明登上梯凳的最高一级就行了。小豆豆跟在泰明的后面,用手抬泰明的脚,用头顶住泰明的屁股。泰明也用尽了全力,一点儿一点儿地,终于爬到了梯凳的顶部。

三、冒险中的冒险

　　看似努力的结果却仅仅是这次冒险的一个小小的开头,真正让人担心的还在后面:怎么样让梯凳顶端的泰明像小豆豆一样越过正常孩子只需一跳的悬空距离?泰明不会跳,泰明能爬上梯凳本身已经是一次大冒险,这难道还不够吗?在所有大人的眼中,孩子们一定是疯狂了!但此时的小豆豆却已经不是疯狂,而是有些抓狂了。最真挚的邀请,最诚心的努力,最卖力的主人,如今却"几乎要哭出来"。让人惊喜的是,小豆豆却从抓狂中迅速地冷静下来,"小豆豆没有哭,因为她想,如果自己一哭,泰明一定也会哭的"。小豆豆的脑子就是为一切疯狂的想法预备的。为了让泰明能够像她一样在树上看风景,她付出了自己的全部心力、脑力和精力。

　　"你就像睡觉那样躺下来,我来拉拉看。"两个孩子在树杈与梯凳间摇摇欲坠,但他们终于面对面地站到大树上了。

　　顶着汗淋淋、乱糟糟的头发的小豆豆,对第一次来树上看风景的泰明一边鞠躬一边说:"欢迎光临。"而终于可以倚在大树上,却有些羞涩、微笑着的泰明答道:"打扰了。"这种克制了巨大喜悦的问答,让刚才惊心动魄、让所有阅读者都在手心里捏了一把汗的冒险,就似乎这么接近了尾声。两个人在树上待了好久,说了许多话。

黑柳彻子眼中的理想教育

周围传来阵阵的蝉鸣。两个人都感到惬意极了。而对泰明来说,这是他的第一次,也是最后一次爬树。

在泰明短暂的生命中,爬树这件事如果是在有大人在身旁的情况下,想必是绝对不会允许的。在《大冒险》这一章节里,黑柳彻子女士并没有提及大人们是否知道这样的事情,或者知道了这样的事情后有没有对他们进行批评。她仅仅讲述了小豆豆和好朋友泰明之间的这一次大冒险,在阵阵蝉鸣中感到惬意的结局,让我们几乎忘记了成人世界对儿童世界的种种担忧和反对。这便是黑柳彻子女士想要传达的理念。

冒险是带着鲁莽的勇气,怀揣着实现梦想的疯狂,是充满着不顾一切的蛮力下的最大胆的行为。泰明和小豆豆攀上树顶那一刹那的满足感便是这一次冒险的最大收获。儿童在冒险中没有对危险的考虑,没有对现实情境的估量,只有一个简单的想法,并且会为了这个想法付出努力。这便是儿童,敢于冒险的儿童,他们会在冒险中体验到无与伦比的快乐与满足,当然也有经验和教训。

第二节　冒险与收获

一、保护一次冒险

必须承认冒险是人类的天性。黑柳彻子女士是怀着那么一种怀念的笔触记叙了小豆豆和泰明的大冒险这个事件。作为阅读者,我们在阅读的过程中从细腻的描写中仿佛眼见年幼的小豆豆和身有残疾的泰明是如何有惊无险,却也是百般艰辛地经历了整个过程。可是,在玩味中,我们又会惊讶地发现,在黑柳彻子女士整个的记叙中,没有添加任何一点作为成人的观感和评价,仿佛成年后的黑柳彻子女士完全隐遁在这个孩童的世界中,无影无形。恰恰因为如此,我们才能完完整整地在她的文字的引领下完成一次童年冒险的回归,回味了整个过程,不仅仅是小豆豆和泰明的,还有自己那些被唤醒的冒险经历。

这是黑柳彻子女士从不言明,但却实实在在身体力行的事情。她在用自己的方式告诉我们,请为我们的孩子保护一次冒险。

网络上流传着一个经典的实验,有网友将其称为"湿猴理论"。

把五只猴子关在一个笼子里,笼子顶上挂一串香蕉,在笼子顶上同时安装了一个喷头,只要有猴子试图摘香蕉,喷头就会喷出水来。因为猴子都喜欢吃香蕉,因此几乎所有的猴子都试图去摘香蕉,但是无一例外都会被喷头喷出的水淋得浑身湿透。过了一段时间后,似乎所有的猴子都明白了这个"道理"——只要试图摘香蕉就会被水淋,于是没有任何一只猴子去摘挂在笼子顶上的香蕉,尽管它们都非常喜欢吃。后来,实验人员用一只新猴子(简称A猴子)换出原来的一只猴子,这只A猴子看到笼子顶上的香蕉,也和原来的猴子刚开始一样试图去摘,这时,所有原来的猴子都不约而同地冲上去把这只A猴子暴打一顿,以后只要这只 A 猴子想去摘，就会遭到其他猴子的暴打，如此经过一段时间，A 猴子也和原来的猴子一样放弃了摘香蕉的企图。实验人员又用另一只新猴子（简称 B 猴子）换出另一只原来的猴子，发生的情况与 A 猴子刚进来时一样，只要 B 猴子试图摘香蕉就会遭到暴打，而且 A 猴子打得最重。就这样，经过很长一段时间后，原来的猴子都被换出去了，笼子里的猴子已经更换了几个轮回，顶上的喷头也已经取消了，但只要有新进来的猴子试图去摘香蕉都会遭到其他猴子的暴打，至于为什么会遭到暴打，没有一只猴子知道原因，但每只猴子都很自觉地养成了这样的习惯。

这个实验被不同领域的学者进行了各种解读。从教育的层面来看待这个理论，我们不难在猴子的角色中进行了相应的确认。

冒险的天性有如猴子爱吃香蕉，是一种先天的存在，但也有赖于后天的培养。爱吃香蕉的猴子因为每次试图吃香蕉的时候都被水淋湿，而克制了自己以香蕉为食的天性，并且还在群体中形成了规则，进而不惜用暴力去打压新来的成员。有形的笼子仅仅是明确了一个界限，但在猴子中已形成的新的规则，成为一种无形的禁锢。

在教育的氛围中，作为父母或者是教育者的成人是否也经历过猴子所遭遇的这种境遇，并且成为压抑环境中的一员，从一个冒险者变成了一个压制者或者是施暴者？问题是，在这个过程中不会仅仅像打压猴子吃香蕉的欲望那样简单。我们当然不会阻止孩子们去吃那些他们爱吃的东西，我们却会按照我们的认识与经验试图去防止或者阻止孩子们去接触那些危险，这一向是作为成人对幼小个体的看护的本能。但我们必须承认的是，在越来越忙碌的当下，许多年轻的家长正把这种责任毫无保留地转移给了年迈的父母，而年迈的父母往往不再是看护，而上升到了防护的层面，尽可能地去除孩子周围的一切会造成危险的可能，我们身旁的各种产品也都在尽一切可能地满足着这种防护要求。

以幼儿为例，有幼儿的家庭里，我们不难看到家具的各种尖角、圆角、夹角，都被用各种材料包裹起来，门上也添置了防夹手的装置，所有幼儿所及的电插板都有相应的装置封堵，在靠近床的位置会搁置防止幼儿从床上滑落的隔板或者是地上铺上厚厚的海绵垫,来防止幼儿跌落……

以上这些设计和准备都是为了防止幼儿受到不必要的伤害。但与此同时,我们是不是也需要反思一下,如果孩子不曾有撞到桌角而疼痛的经验,他是否能够明白在没有保护装置的地方去有意识地躲避尖角?如果不被告知插板中有电不能触碰,他是否能够不去触碰没有封堵的插孔?……有许多并不是真正危险的"危险"是需要亲身体验才能够牢记的,对真正的危险的认知则是建立在此前的体验和遭遇"危险"的预演之中,如此这般再加上有关经验与他人教训的告知和反复的强调才能够避免在未知环境中真正地遭遇不幸。

对于日常生活中这些小危险,我们有时候防范得太多,反而让孩子失去了体验危险的可能和得到经验和教训的机会。我们的过多防范让孩子不知道什么是危险,这其实才是最可怕的事情。而知道危险,并且想要去挑战危险,这是一件需要勇气,甚至为了冒险还需要计划和技巧的事情。"明知山有虎,偏向虎山行。"有的人是鲁莽,有的人却是为了征服。

冒险从本质上来说,是一种体验。冒险的人需要通过冒险来获得普通状态下得不到的满足感甚至是幸福感。

比如泰明,他作为一个患了小儿麻痹症的孩子,能够和正常孩子一起上课和玩耍已经是一件不太容易的事情。但在巴学园这样的环境下,可以得偿所愿,并且还能够在小林校长的关照下,尽可能像正常孩子一样被对待,无论对泰明还是泰明的家人来说,这都是极难能可贵的事。而这背后的责任也十分的重大。因此,泰明在巴学园能够正常地生活和学习已经超出了一般意义上的小学教育。这让泰明有足够的勇气敢于向自己身体上的残疾挑战。但去爬上一棵树,对于泰明来说,却是一件十分危险的事情。

残疾的泰明有太多想做却不能做的事情,尽管他能够和正常的孩子一起上课、学习、野餐和散步,但像小豆豆他们那样有一棵自己的树,并且可以相互攀爬,对于泰明来说是那么可望而不可即。除了小豆豆,恐怕没有人会那么大胆而又真诚地想要邀请泰明去爬自己的树。这对于泰明来说,犹如一把黑暗中燃起的火炬,让泰明内心深处隐秘的火苗一下子找到了可以相互辉映的光芒。

与小豆豆可以一起做许多事情,这在巴学园是再普通和正常不过的事情,因此泰明希望可以做得更多,就像和小豆豆一起爬上一棵树,从树上看风景……像所有正常的孩子一样。

泰明的冒险是一种证明,是一种对自我的超越与征服。但却又是成人根据自己的经验在眼见的范围内不能够允许的。黑柳彻子女士描述泰明与小豆豆爬树的这一段,确实没有提及任何一个成人,哪怕是小林校长。也许在黑柳彻子女士的认识里,这实在是一件不会被成人所允许的事情,正像题目所概括的那样,这是一次大冒险,是泰明的大冒险,也是小豆豆的大冒险。

二、收获丰富人生

黑柳彻子在她的描述中保护着小豆豆和泰明的这一次冒险,她全神贯注地讲述的姿态让人在细细品读之后深深感受到冒险后的幸福与满足。"周围传来的阵阵蝉鸣"和心头难以名状的惬意,虽然笔墨不多,但却是如此平静又贴切地描摹了他们当时的心态。冒险之后,就是此后一遍又一遍地回味了。但这回味却深刻地镌刻在心灵之中,并不时地会从记忆深处跳出来,抚慰心灵。这便是丰富的人生与乏味的人生最大的区别。就像《一千零一夜》中的辛巴达,经历了七次航海,每一次航海的过程都是九死一生,可是每一次出海却又是豪情万丈勇往直前。从心理学的层面上来看待冒险心理,我们不妨用动机心理学理论来分析。

美国心理学家亚伯拉罕·马斯洛认为,人类的行为乃是受需要的驱动。他提出了"需要—动机—行为"的动机心理学模式,从分析人的需要出发,找到了剖析人类动机和行为的一把钥匙。在他的需要层次理论中,把人的需要像阶梯一样从低到高,分为五种,按层次逐级递升,分别为:生理上的需要、安全上的需要、情感和归属的需要、尊重的需要、自我实现的需要。自我实现是需要层次中的最高层次,同时它也成为人们追求的一种终极目标。其中,冒险带给冒险者的自我实现感可用马斯洛的"高峰体验"来概括。

马斯洛认为:"高峰体验是人最美好和幸福的时刻,人有一种返归自然或与自然合一的欢乐情绪。"这种"高峰体验"可概括为:最充分地发挥自己的潜能;主动精神和创造力的最佳体现;最大限度地摆脱了阻滞、抑制、谨小慎微、畏惧、疑虑、自责、制动;行动时更具有自发性、表达性、纯真性;纯粹的精神欢悦;有彻底的释放、宣泄、大功告成、登峰造极、完美极致之感;经历过高峰体验的人常有一种源承神恩、三生有幸的特殊感怀。

用马斯洛的需要理论重新看小豆豆与泰明的这一次大冒险,我们对两人在树上耳听蝉鸣,心怀惬意的描画就感同身受了。在一个看似不可能完成的任务面前,两个孩子极大限度地挖掘了自身的潜能。无论是身有残疾的泰明,还是在他人眼里自不量力的小豆豆,他们都大胆地去行动,没有畏惧、疑虑、自责……一切阻碍他们实现目标的可能都被两个人精神上的强大力量抹去了。小豆豆想要泰明到她的树上去做客,而泰明内心渴望能像正常孩子一样去爬一棵树。两个人的愿望在这时一拍即合。尽管冒险的过程困难重重,危机四伏,但显然在冒险成功之后,一切艰辛困苦、抓狂与焦灼都在泰明成功"登顶"的一瞬间把两个孩子的心理推向了"高峰体验"中。两个孩子都在自我实现中获得了极大的幸福与满足。

当然,在极大的心理满足之后,在此后经年的回忆当中,他们会一遍又一遍地回味个中种种,那其中的艰辛和困苦、抓狂与焦灼会一点一滴地浮现出来,哪里险境环生,哪里百转千回,哪里柳暗花明,哪里挥汗如雨,哪里百爪挠心……就像黑柳彻子以"大冒险"为题铺陈在纸上的那样,其中的每一个细节,每一处心理都无一不在心里反复出现许多次,才能让我们读起来栩栩如生,而这件生活中看似平常的小事,也让人体验到其中那如箭在弦上般的紧张。这样的事,在小豆豆这样的孩子那里还会有许多,因为每一次冒险后,得到的不是经验就是教训,因为她在不断地经历,在经历之后习得了什么可以,什么不可以,什么即便有危险但仍可以尝试,要在哪些方面多加注意……这种尝试本身就是一种冒险。

鲁迅先生在儿童教育方面曾经发出过"学会尝试"的呼唤。他说:"孩子学步的第一步,在成人看来,的确幼稚、危险,不成样子,或者简直是可笑的。但无是怎样的愚妇人,都是以急切希望的心,看他跨出这第一步去,决不会因为他的走法幼稚,怕要阻碍阔人的路线而逼死他,也决不至于将他禁在床上,使他躺着研究能够飞跑时再下地。因为她知道:假如这么办,即使长到一百多岁也还是不会走路的。"

我们要孩子们勇敢地去尝试,勇敢地去做,在尝试和行动中收获经验与教训。这比任何说教和书本都来得真切,也会记忆深刻。

但我们也必须明确无误地向孩子们说明他们可以冒险,可以冒合理的风险,但千万不要盲目地去做"草莽英雄"。

孩子们要试着去评估自己所要冒的险是否值得。当可能的收益大于可能的损失时,这种风险就是合理的风险。收获需要有相应的付出,甚至付出某些沉重代价,但我们的精神因此获得了极大的满足,远超我们所失,那就是值得我们去尝试甚至冒险的。当然,这需要孩子根据自己的意愿来决定,必须要由他们自己决定。作为教育者,我们应该像鲁迅先生所倡导的那样,去做"指导者、协商者",而不是"命令者"。

比如,我们可以在某些情境中,试着跟孩子探讨这样的问题:

"冒这个风险,你有多大把握?"
"你知道你面对的是什么吗?"
"你从这次冒险中有什么收获?"
"如果这么做,会让你付出……代价,你会觉得值得吗?"

其实,我们在通过这样的问题,让孩子养成一种思考的习惯,也在帮助他们形成预先考虑的机制,这样才会避免莽撞行事,当然也就会规避一些风险。另外,这也会让孩子们在行动的过程中不会因为碰到某些挫折而轻易放弃。因为预先的思考已经使他们想到了可能会出现的一些问题,以及粗略的应对办法,一旦遭遇突发状况,他们不会手足无措,而是会按照预先想到的办法让冒险计划得到补救,从而增强孩子的自信。

对于敢于冒险,并且擅长冒险的孩子来说,我们需要注意的是不要让他们鲁莽行事,而对于胆怯和过于谨小慎微的孩子来说,鼓励他们去冒险,则显得十分必要,但又需要谨慎为之。

胆怯的孩子最大的问题其实是源于心理上的不自信,以及教育环境中过多的抑制因素的存在。在父母和其他教育者的语言中一定有太多的"不许、不准、不行……"存在,而这样的孩子往往是绝对的服从者,或者是被打压的对象。在许多的"不"的框架中,他们的行为已经被牢牢地锁定在有限的区域内,当他们想要做什么的时候,想到的往往不是自己,而是他人是否给予他们"行"的指示。长此以往,孩子失去了自我支配的能力,凡事都依赖他人,很难形成独立人格,做事情也畏首畏尾,生怕听到一个"不"字。对于这样的孩子,他们需要更多的鼓励,而不是否定。在合理风险前,我们要和他们一起讨论可能遭遇的危险和解决的方案。和鲁莽的孩子不同的是,他们更需要面对,而他们显现出来的对风险的估计也会更细致,对解决方案的讨论也会更缜密。对他们而言,更需要去亲身经历和体验,去体会冒险带来的巨大的幸福感与满足感,甚至是成就感和征服感,从而增强自信,变得更积极和主动。

我们可以和这样的孩子讨论下面的问题:

"你担心这个过程中的哪些环节呢?"
"如果你成功地克服了那个问题,而且还做得很好,你会感觉如何?"
"要是你失败了,你会怎么样?"
"如果这一次放弃了,以后你回想起来,会是什么感觉?"

我们和孩子们讨论为了回避危险而放弃了某个活动会帮助他们认识到,有些时候不是因为我们不喜欢而放弃,而是因为我们选择了恐惧而让我们错失了很多有趣的事情。一旦孩子们能直面他们内心的胆怯,并且勇敢地去行动,那么他们的行为就会变得果断和坚决,处理问题的能力和自信心也便随之增强了。

冒险的收获除了自我实现的高峰体验和得到的经验和教训,那种亲历之后的记忆会因时间的累积而变成生活中的财富。就像黑柳彻子所记述的那些小时候的故事一样,它们成为她每段人生中不可磨灭的一部分。而冒险的章节会是其中最瑰丽和奇幻的部分,因为它属于对一些貌似不可能的事情的挑战。无论是成功还是失败,她都努力地尝试过,并且经历了其中的曲折。这些曲折磨砺了她的心,也不断地丰富着她的人生。

第六章

与恐惧面对面

黑柳彻子眼中的理想教育

我们对事物的恐惧,看似来自事物,实际上却来自我们自己的内心。与其逃避恐惧不如直面它。

每个人小的时候都会有那么一些恐惧,怕毛毛虫、怕一切毛茸茸的动物、怕黑、怕影子、怕背后的脚步声、怕楼梯的拐角、怕巷子的深处、怕盆里不断晃动的水、怕窗外随风晃动的树影……

后来,有的人长大了不再害怕这些,有的人一直怕,但学会了掩饰。掩饰是另外的一种压抑,这种压抑会迫使人寻找其他的出口释放,否则就会积压在心里。恐惧的那些东西一旦住在心里,就根深蒂固地长在那儿,如果我们自己不去设法将它拔除,它就总会在那些我们最不希望它们出现的时候跳出来,搅乱我们的心。我们其实应该在小的时候学会化解恐惧,学会释放自己,我们应该让我们的孩子从小就认识自己心中的恐惧,面对它,打败它,不让它跳出来噬咬我们的心。

第六章　与恐惧面对面

第一节　认识恐惧

一、九品佛寺庙里的妖怪

《窗边的小豆豆》在《试胆量》那一章里讲了巴学园搞过的一次有趣的活动。

在礼堂里搭帐篷露营的那个晚上,校长先生说:
"晚上要在九品佛寺庙里做一个试胆量的活动,想做妖怪的人请举手。"
顿时大约有七个男孩争着当妖怪。结果当天傍晚,大家集中到学校里的时候,要当妖怪的男孩们拿出各自做的妖怪衣服说:
"这回可要吓你们一跳啦。"
然后妖怪们就埋伏到九品佛寺庙里的某个地方了。剩下大约有三十个孩子,五个人分成一组,大家错开时间,一组一组地分别从学校出发,到九品佛的寺庙和墓地里转上一圈,再回到学校来。校长先生解释说:
"这是为了试一试大家能够忍受多大的恐惧,虽说是'胆量'活动,但如果害怕了,中途回来也没有关系。"

在寺庙里玩试胆量的游戏,还有吓唬人的妖怪,而且还是在晚上。乍一听很有趣,可是仔细想一想,却有点吓人。黑漆漆的晚上,就算有月光,在满是泥像的寺庙里,那些惟妙惟肖的泥像伫立在空荡荡的神殿里,菩萨也好,护法也好,就算看上去很慈祥,还是会让人觉得可怕。还有那些不知道会从哪里蹦出来的妖怪,他们是一门心思地要吓人的,真是越想越觉得可怕啊。但是,有大家在一起,应该也会很有趣。于是,

小豆豆从妈妈那里借来了手电筒,妈妈说"不要弄丢了"。男孩中有的说"要抓住妖怪",带来了捉蝴蝶的网;有的说"要绑住妖怪",带来了绳子。

大家非常兴奋，叽叽喳喳地跑出校门。接着，一组一组地终于轮到了小豆豆他们这一组了。

"虽然老师说过，在去九品佛寺庙的路上不会有妖怪出现，可是真的不会出现吗？"

大家提心吊胆地走着，总算到了庙的入口处，看到了哼哈二将的塑像。晚上的寺庙里，虽然有月亮但也显得很昏暗。平时寺庙宽阔的院子让人觉得心旷神怡，可是今天晚上，不知道会从什么地方钻出妖怪来。孩子们一想到妖怪，不由得心惊胆战，却又不知该怎么办。风轻轻地吹动一下树梢，大家就被惊得"啊"一声大叫，脚下踩到一个软绵绵的东西，也大叫："妖怪来了！"最后，连手拉手的同伴们也互相怀疑："是不是妖怪呢？"小豆豆决定不去墓地了，因为妖怪一定会在那儿等着，而且现在已经充分了解了什么是"试胆量"，还是回去为好。很巧的是，同组的伙伴们都是这个想法，小豆豆松了口气，暗想"太好了，不光是我自己想回去"。于是大伙儿一溜烟儿地跑了回去。

带上了能够驱赶黑暗的手电筒，带上了可以捉妖怪的网和绳子，看上去信心满满的孩子们在鼓足勇气去面对躲藏在黑暗中的妖怪。可是，那一句"在去九品佛寺庙的路上不会有妖怪出现，可是真的不会出现吗"是多么活灵活现地表现出孩子们忐忑不安的心理啊！

这是一个积蓄恐惧的过程，我们的恐惧就是在面对未知的状况时一点一滴地累积而成。这样提心吊胆了一路，终于走到了庙的入口。这时候，平时祥和幽静的寺院已经在孩子们头脑中那个恐惧空间里变得阴森恐怖了，过去印象中的心旷神怡完全消失殆尽，如今那些不知会从哪里钻出来的妖怪已经占领了孩子们的心，并且不时地从头脑里跳出来狰狞地笑出声。黑柳彻子的这一段描写简单而直接，风过树梢、脚下的绵软全部都变成了可怕的征兆，孩子们不时地尖叫，仿佛就响在耳边。就连刚才还手拉手的同伴也仿佛成了妖怪的一部分。

二、妖怪也害怕

黑柳彻子描述的是小豆豆和朋友们对恐惧的感受和面对恐惧时的表现，但其实这何尝不是我们每个人面临恐惧时的状态。每个人心里都藏着一个妖怪,如果不能将它拔除,它就会被我们的恐惧喂养大,并且在足够强大的时候跳出来啃噬掉我们的理智。黑柳彻子却并没有止步于对恐惧的描述,后面的发展看似平常,却好像打太极拳一样,四两拨千斤地解决了问题。

哭咧咧与撞疼了的妖怪

大家都因为太害怕了,几乎没有人敢走到墓地那里。

这时候,一个头上缠着白布的男孩呜呜地哭着,被老师领了进来。这个男孩装成妖怪,蹲在墓地等着大家,等啊等,可是谁也没有去。渐渐地,他自己也害怕起来,终于忍不住从墓地里跑了出来,站在路上呜呜地哭,被巡查的老师发现,领了回来。大家正在安慰这个男孩时,又走进一个"妖怪"和另一个男孩。原来装成妖怪的孩子发觉有人走进墓地,急忙奋力跳了出来,正要大叫"妖怪",谁知正好和迎面跑来的一个男孩撞了个满怀。两个人都吓了一跳,加上又撞得好痛,于是呜呜地哭着,一起跑了回来。大家觉得很好笑,加上终于不必害怕了,都安下心来,嘻嘻哈哈地笑了起来。装成妖怪的孩子一边哭,一边却又忍不住笑了。

被蚊子咬的妖怪

这时候,和小豆豆同班的右田君戴着报纸做成的鬼脸,也跑回来了,一边还说着:

"太过分啦,我还一直在等着你们哪!"

说着,他不停地挠着被蚊子叮了的手脚。看到这幅情景,不知谁说了一句:

"妖怪被蚊子吃啦!"

自己也害怕的妖怪

大家又笑了起来。五年级的班主任丸山老师说:

"好了,我去把剩下的'妖怪们'都带回来吧。"

说着,丸山老师走了出去,不一会儿就把"妖怪们"全部带了回来。原来有的"妖怪"正在外面的路灯下,慌里慌张地四处张望,有的"妖怪"则被吓得往家里跑。

从这天晚上以后,巴学园的小学生们就不再害怕妖怪了。因为,他们知道了,妖怪自己原来也害怕呢。

这一段看下来让人忍俊不禁。扮演妖怪打算吓唬别人的孩子们一个个败下阵来。在墓地里等久了,一颗想要吓唬人的心渐渐被自己心里的妖怪吃掉了。偶尔有胆大的,像右田君那样的,也成了墓地蚊子的美餐。黑柳彻子解决的问题是,我们所怕的妖怪其实自己也会害怕的。

孩子们恐惧的妖怪被具象成了装扮成妖怪的伙伴,所以一切有关妖怪的想象都有了所指和所托,虽然对妖怪的未知仍然让孩子们恐惧,但校长早先的那一句"如果害怕了,中途回来也没有关系"却可以帮助孩子们毫无负累地放下压力。"我承认我害怕",并且当大家做出了一个共同的选择,"我们都很害怕",让害怕的个体变得更易于接受自己害怕的事实。集体的恐惧本身造就了恐怖的氛围,但也让集体中的个人可以感受到自我的恐惧只是其中的一部分,倒放下了对个体怯懦的关注和自责。在孩子的世界里,有许多恐惧是自身的原因,但如果解决不好,就会抑制自我并且会不断放大,成为自我成长的障碍。

第六章　与恐惧面对面

第二节　化解恐惧

黑柳彻子不只是像某个联合国官员所描述的那样，仅仅是熟悉孩子的心理，她所描述的经历都是孩子生活中极具代表性的事件和生活。就比如《试胆量》一章中，她所描述的孩子们在恐惧下的表现，以及又是如何化解恐惧，并成长起来的故事。

恐惧，是人类情感表达中一种极具个性的情感类型。当我们遭遇惊吓、威胁、未知、神秘……我们就会产生恐惧的心理。从本质上来说，恐惧本身也是人对外界反应的一种自我保护机制，它让人们懂得趋利避害，但它也抑制了人挑战与冒险的天性。一个完全没有恐惧情绪、无所畏惧的人，可能要比别人更多地处于危险的境地。因此，有恐惧情绪并不都是不好的。但如果这种恐惧情绪影响到一个人的行为和社会适应能力，那就会成为一种病态。

心理学上将恐惧心理定义为一种在可怕情景影响下产生的十分紧张的情绪反应。但实际上，"可怕情景"并没有绝对的标准，是因人而异的。比如，孩子们一听到妖怪，就会唤起自己对妖怪形象的各种想象，可能是图画中的，也可能是影视剧中的，这些具体的形象加上某些氛围，就像九品佛寺庙的晚上，决定并且强化了恐惧本身，"可怕情景"往往是具体情景和心理想象交织在一起构建而成的。我们不去探讨病理上的恐惧及其症候，仅仅是将其作为一种正常人的反应去加以探讨，探讨恐惧在孩子成长过程中所占据的位置，以及该如何正确地面对孩子的恐惧，并能够正确地引导孩子面对恐惧，疏导情绪。这也正是黑柳彻子女士在她的作品中所彰显出来的意义。

一、我们心里的妖怪

那么，孩子们面对的恐惧是什么呢？小林宗作校长出了一个题目：

妖怪!

妖怪又是什么呢?每个孩子都是怕妖怪的。可是真的要说清楚什么是妖怪又是一件很难的事情。在每个孩子的脑海里,妖怪大概都不一样。

如果非要给妖怪一个说法,黑柳彻子在这篇文章的开始说了一个词——"可怕"。

可是,总会因为什么可怕吧? 妖怪都是很丑的,长得很狰狞的。可是丑和狰狞也不是最可怕的,最可怕的是不知道妖怪会从哪里钻出来,而且是在黑漆漆的夜晚中的寺庙的某个角落里,或者是从墓地的某块墓碑后面,甚至是在去往寺庙的路上。而身旁的伙伴也可能随时会被妖怪占据了心,忽地变幻了模样跳了出来……

"可怕"就是孩子对妖怪的印象,对妖怪的描摹。孩子把妖怪带给自己的心理感受即当作妖怪本身。但妖怪本身也只是可怕的一部分,妖怪出现的地点和时间的未知性紧接着把妖怪的可怕无限地放大了。

每个人都有过恐惧的体验,成人大多能从容对待,而对于孩子来说,有时就会有些困难。儿童恐惧的内容也会随着年龄和知识的增加有所不同。

有资料表明,6—10个月的婴儿害怕陌生人,陌生的面孔会使婴儿感到不安。8—12个月的婴儿最怕被遗弃,他们并不明白消失的父母很快会回来。所以这一阶段父母应避免长时间与孩子分开或忽然不辞而别。2—3岁时,孩子很可能害怕黑暗和蒙上黑布的脸。这时的孩子已能观察他人的面部表情,当这些表情变化消失时,他们就会感到不安。4岁左右的孩子感情特别脆弱,稍有不舒服便会大惊小怪。到了学龄阶段,各种害怕心理都可能产生,如:怕打针吃药、怕雷电、怕流血、怕凶恶的动物、怕恐怖的电影镜头等。

可是当孩子们一点点地长大,有一些他们曾经恐惧的事情便不再恐惧。原因其实很简单,随着经验和知识的增长与积累,孩子们学会了应对。但这不是孩子单方面的提升,需要成人在孩子成长的环境中给予一些有益的配合和指引。这样,才能使孩子尽快适应,并且学会应对的有效方式。

在生活中,我们不难看到这样的情景。因为孩子怕老虎,一旦他哭闹时,看护的大人就会说:"你再哭,就让大老虎来吃你!"孩子生病怕吃药,又会威胁说:"吃药怕苦就给你打针!"孩子有时候确实是在无理取闹,无论你怎么哄、怎么跟他讲道理都不管用,这时很多妈妈都会说:"你再不听话,妈妈就不要你了!"

事实上,这样的吓唬对那些2岁左右的孩子是会奏效的,但这样的后果父母们却很少思考。

孩子形成胆怯的性格。恐吓会给孩子幼小的心灵罩上恐怖的阴影,使孩子形成认识世界的错觉,误以为他的四周真的潜伏着青面獠牙的魔鬼、张牙舞爪的豺狼虎豹。他们在夜晚睡眠中噩梦不断,经常惊醒啼哭、尿床,白天醒着时也常常恐惧不安、心惊肉跳,终日小心翼翼,唯恐自己不听话,就会被大老虎或者恶狗,以及妖魔鬼怪捉去。孩子企图依赖成人,寻求保护。这样的孩子长大以后很可能成为谨小慎微、胆怯多疑、郁郁寡欢的人。

孩子产生自卑心理。自卑心理产生的主要原因是认为周围的一切事物都比自己强大,自己随时都有被毁灭的危险。家长恐吓孩子的结果,正是给孩子造成这种可怕的印象,使孩子觉得自己是个可怜虫,周围的妖魔鬼怪随时随地都可能吞掉自己。这种自卑心理会影响孩子的一生,使他丧失自信心,一事无成。

孩子变得行为迟钝。恐吓使得孩子不敢想、不敢说、不敢问、不敢做,思维停滞僵化,行为呆板木讷,时间一长,孩子也就变得行为迟钝,对什么事物都不敏感了。

若孩子时常有恐惧感,精神就容易受创伤,可能会引起口吃、遗尿、失眠、智力发育迟缓,甚至患精神官能症,影响孩子心理的正常发展。孩子受过恐吓会形成条件反射,加重恐惧反应,乃至影响到孩子的健康成长。

孩子在有限的经验内所产生的恐惧心理，家长和教育者非但没能帮助孩子有效地祛除，或者是合理地运用，反而加重了孩子的心理负担，成为可怕的"妖怪"的帮凶，这大概就是我们作为成人始料不及的事情。

二、与恐惧面对面

（一）减少未知，直面恐惧

未知在孩子的成长过程中是一种经常遭遇的情景，对未知的恐惧是一种自然的情绪，但如何处理这种恐惧，孩子的不同应对方式对未来和自我的形成产生了深远的影响。

于是，巴学园的校长小林宗作先生为孩子们安排了"试胆量"的活动，按照他的话说："这是为了试一试大家能够忍受多大的恐惧，虽说是'试胆量'的活动，但如果害怕了，中途回来也没有关系。"

小林宗作校长对活动的安排和说明就是为了让孩子们明确自己所要经历的事情和所要面对的情景。九品佛寺庙和夜晚是孩子们平时熟悉的地点和时间，在那里进行一场和"妖怪"面对面的游戏，是孩子们可能在那里遭遇的事情。让人害怕的事情被明确无误地加以事先说明，对于孩子们来说，这就不是一次未知的恐怖之旅了。孩子们清楚地知道自己要去做什么，并且还有可以不去面对的选择。这种看似轻描淡写的说明，骨子里却是在尽可能减少孩子们对妖怪这种未知而神秘的东西的恐惧。

面对恐惧，首先要在心理上承认自己的恐惧，不要轻易地逃避或者回避恐惧。知道自己恐惧的是什么，就可以在心理上有所准备。

比如在雷雨季节，一阵闪电过后，跟着一声巨响，隆隆的雷声大有炸平屋宇之势。很多孩子都会对此感到恐惧，他们会慌张地寻求大人的陪伴。作为成人，我们应该做的不是一把推开孩子，斥责他的胆小，或者让他独自去面对，而是应该给予孩子足够的拥抱，让他在需要帮助和安慰时得到一种依靠，这首先是生理上的宽慰,进而是心灵上的安慰。然而,给予孩子依靠仅仅是一种对自然恐惧的缓解,对于孩子来说,他们人生中的第一次雷雨需要人陪伴,但此后的雷雨则需要他们勇敢面对、独自经历,我们需要让他们尽快地了解关于雷雨的知识与经验,才能让他们更好地面对。因此,在这样的时候,抱着孩子,对他恐惧的自然现象做一些科学的解释,普及一些雷雨天气的安全常识,让孩子知道这不过是大自然中司空见惯的场面而已。当孩子仰着脸看见父母或者教育者泰然自若的神态,他内心的恐惧和慌张也便被驱散了许多。就像小林宗作先生对孩子很平静地交代,"如果害怕了,中途回来也没关系"。孩子们觉得自己的恐惧有人分担,便会自然地面对恐惧,并且因为自己拥有强大的支持与后盾而敢于去做一些尝试和挑战。

(二)寻找同伴,降低恐惧

独处的时候,往往是恐惧滋生的时候。一个人去面对陌生环境,或者陌生人群,无论是孩子还是成人都会在内心产生一种孤独感和恐惧感。这种恐惧本身是一种对社交的恐惧。因为感觉到个体与环境和人群的对立,进而产生自我不被接纳,甚至会被排斥的恐惧。

孩子们在童年时的自我化解方式非常简单。就如黑柳彻子所描述的那样,寻找人群中的共识。通过观察人群,寻找到和自己有相似想法的人。

"不光是我自己想回去。"

恐惧不再是一个人面对的问题,而是许多人一起承担的问题。个体的压力在无形中减轻了,无形中也会增加一起面对的勇气。黑柳彻子通过小豆豆的所思所想,无形中为所有的读者提供了一个依靠,一种分担。有人和我一样害怕,就比只有我一个人害怕,更让人觉得宽慰。

其实,在面对恐惧时,应该让孩子们学会寻找伙伴、寻找集体,从他人那里寻求帮助与安慰要比独自一人面对问题有效得多。学会找一个人倾听自己的恐惧。父母也好,教育者也好,当发觉孩子的恐惧时,不要用简单的"不要害怕"或者是某些忠告来代替倾听,应该鼓励孩子把内心的恐惧说出来,一方面是了解孩子真实的想法，另一方面也可以让孩子的恐惧通过诉说得到一定程度的释放。在他的诉说中，帮助他找到应对的方法来消除恐惧。

父母和教育者是陪伴孩子成长的人。对于怕黑的孩子，我们可以和他一起去面对黑暗。拉着他的手，或者抱着他走过黑暗的房间，同时告诉他黑暗并不可怕。经过一两次，等孩子渐渐适应了和我们一起经历黑暗后，再试着放开他的手，但让他知道我们就在他身边；慢慢地让他跟在我们身后，然后我们跟在他身后，再到我们在黑暗的这一头等着他向我们走过来……经过几次这样的锻炼，孩子就会充满信心和勇气，不再惧怕黑暗了。

其实这是一种爱的指引和帮助，作为教育者需要给予孩子更多的是一种由爱生成的安全感，外界的黑暗并不可怕，可怕的是内心的黑暗，这种黑暗所滋生出来的妖怪是最可怕、最不容易应对的。孩子唯一可以用来战胜它的，就是内心深处对爱的信任与希望。爱让孩子不孤独，也无所畏惧。

(三)恐惧的具象化、化解与教育

未知的恐惧一旦化成某种具体的形象，人的恐惧就会随着对具体形象的揭晓和了解而逐渐减少。

小林校长搞这个"试胆量"活动，让一些孩子扮成妖怪，这些孩子欢呼雀跃地准备了自认为可怕的装束，兴冲冲地躲进了寺庙和墓地的角落里等待。可是，胆小的孩子们却最终选择了不去参加这个游戏。那些"妖怪"们一个个在黑暗中等待得久了，反而让心里的妖怪跑了出来。于是，他们狼狈地回来，哭的、被蚊子咬的、慌慌张张的、吓得跑回家去的……但在所有孩子们的眼里，他们就是妖怪的化身。看见妖怪们一个个慌张的样子，他们内心深处关于自我的胆小与怯懦的自责，关于妖怪的可怕想象全被冲得烟消云散。恐惧就这样消失于无，躲藏在孩子心底的那个可能会随时跳出来的妖怪，就这样被"妖怪自己原来也害怕呢"的想法给彻底杀死了。

而那些曾经雀跃地想要吓唬别人的"妖怪们"也自此懂得，就算是可怕的妖怪也会有害怕的时候。

把无形的恐惧具体化,这是一个再好不过的办法。面对擅长于形象思维的孩子,可以把恐惧投射到现实中的某些具体的形象上。对象的转变,让孩子们敢于面对。而这些本来就是孩子们扮成的妖怪,也以孩子气的方式瓦解了孩子们心头的恐惧,并产生了喜剧般的效果。

不过,对于那些想要吓唬别人的"妖怪们",我们也必须承认,孩子的恐惧在教育中也起了积极的作用。恰当地运用孩子的恐惧心理,可以实施对儿童的教育和激励。如果孩子们不是因为自己扮妖怪藏进寺庙里或者是墓地里,恐怕也体会不到那种安静带来的心理上的恐惧,一心想要让别人害怕的人,也终于尝到了害怕的滋味。

另外,也可以运用儿童对做错事的恐惧心理,引导儿童规范行为。在爱的环境下,没有孩子会故意要犯错误,他们对于自己做错的事情一旦有了认识,就会天然地产生愧疚心理,甚至会产生害怕受责备、恐惧不再被喜爱的心理,恰当地对这种心理加以利用,会有助于引导孩子规范自己的行为。比如老师利用学生某次考试失利怕失去家长和老师的喜爱来引导孩子面对失败,并鼓励他接受现实,争取下次提高自己。

当然,在一些危险游戏面前,也可以现身说法,利用孩子对爬高或其他危险情境的恐惧心理,指导孩子选择安全、健康的游戏或玩耍方式。但不管怎样,我们必须时刻提醒自己:"不要让孩子的心灵装进太多的恐惧、忧虑、悲伤、憎恨、愤怒和不满,这些情绪和情感不利于孩子的精神成长,影响身体健康。"

第七章

再见与不见

出生,告别母体;上学,告别母亲;远行,告别故乡;死亡,告别世界……

人从生到死的过程中,面临着难以计数的相聚和别离。

我们应试着向孩子们传递这样的一个理念:我们终将与我们所爱的一切离别,这一次的再见,也许是永远的不见,但生活还要继续,所有存在的生命仍将沿着生命延续的轨道继续前行。离别与伤逝是成长中必然要经历的,它可能会带来苦痛,带来眼泪,带来伤悲,但经历过这一切,孩子学会了对生命的敬畏,对生命的尊重和对生命的顺应,孩子在这样的一次次的再见与不见中,走向成熟……

第七章 再见与不见

第一节 别　离

黑柳彻子在《窗边的小豆豆》中记述了许多欢乐与美好的记忆，但让我们感觉到何其真实的是，孩子的生活中不是永远的艳阳天，那些阴天、雨天，那些别离与伤逝的苦痛，同样打动着大读者和小读者的心。我们的生活就是如她所描述的那样，在经历着鲜活与死亡，经历着相聚的喜悦和别离的痛苦。

一、初别离

黑柳彻子讲述过小豆豆人生中的第一场别离。在第一次逛庙会的时候，小豆豆买了两只可爱的小鸡。

> 小豆豆一整天都在看着小鸡，黄黄的小鸡真是可爱极了。可是，第四天，有一只小鸡不动了。接着，第五天，另一只也不动了。无论怎样抚摸，怎样呼唤，小鸡再也不会"叽叽"地叫了。而且，无论等多久，小鸡再也不会睁开眼睛了。爸爸妈妈说的是对的，小鸡死了。小豆豆呜呜地哭了起来，一个人在院子里挖了一个坑，把两只小鸡都埋了，还供上一枝小花。没有了小鸡的盒子，看上去空荡荡的。盒子里还落了几根小小的黄色羽毛，小豆豆看到这些小小的羽毛，想起了庙会那天看着自己"叽叽"欢叫着的小鸡，不由得咬紧了牙齿，哭了出来。

一生的心愿，就这么早早地夭折了……这是小豆豆的人生中，第一次品尝到别离的滋味。

别离有时候就是这样在你不想发生的时候悄然而至。尽管在小豆豆买鸡的时候，父母就曾经用以往的经验和可预见的结果告诫过孩子，可是没有真正经历，没有一个孩子会相信经验,孩子总是对未来做最美好的想象与期待。所以,孩子要面对这样的别离,从相识的喜悦到相处的美好,直到最后的别离。整个过程,是孩子要亲身体会的。而孩子也因为这样的经历与体验,真实地付出了爱,也着实地体验到与所爱分离的痛楚。

因此,小豆豆会有如此的描述:"无论怎样抚摸,怎样呼唤,小鸡再也不会'叽叽'地叫了。而且,无论等多久,小鸡再也不会睁开眼睛了。"孩子以这样的方式接受了父母此前的经验"爸爸妈妈说的是对的,小鸡死了"。在和着眼泪的痛苦中,孩子接受了生命的这一场有些残酷的告别,并以孩子的方式祭奠了逝去的生命。为小鸡挖坑,供上小花,并且看着小鸡们曾经住过的盒子和留存下来的小小羽毛,再次流下泪水……这其实是孩子成长中的第一次精神上的别离,又是对以后即将遭遇的其他的别离的一种预演。一颗小小的心灵,忽然明白了一点,有些再见意味着不见,"一生"这样的许诺,有时候又是何其短暂……

二、永别与不见

春假结束后,大家又回到学校。第一天早晨,孩子们集中在校园里的时候,小林先生站在大家面前,像平时那样,先生的两只手放在上衣口袋里,但他一直默默地站着,一动不动。过了一会儿,先生把手从口袋里拿出来,看着孩子们,他好像哭过一样。终于,先生缓缓地开口说:

"泰明……死了。今天,我们都要去参加他的葬礼。泰明是大家的好朋友。真可惜啊,老师们也都难过极了……"

说到这里,小林先生的眼圈通红,眼泪落了下来。

……

小豆豆的脑海里,涌起了关于泰明的印象:春假前,大家分手的时候,泰明把书递给自己,他那弯曲的手指、他那温和平静的声音和微笑着的脸庞浮现在眼前;第一次遇到泰明的时候,小豆豆问:"为什么你要那样走路呢?"泰明沉静地回答:"我得过小儿麻痹。"那年夏天,两个人进行大冒险——秘密爬树的时候,年龄和身体都比小豆豆大的泰明,却完全信赖小豆豆,把一切都托付给她。那时候感受到的泰明身体的重量,现在想起来,是那么令人留恋。而正是泰明告诉小豆豆,"美国有一种叫作电视机的东西"……

小豆豆非常喜欢泰明,休息的时候,吃午饭的时候,放学后往车站走的时候,总是和泰明在一起。和泰明在一起的一切一切,都那么让人怀念。可是,小豆豆知道,泰明再也不会到学校来了,因为泰明死了。死就是这样的。那么可爱的小鸡,死了以后,无论怎么呼唤,怎么抚摸,它们都再也不会动了。

小豆豆从校长那里听到泰明死去的消息,从震惊到接受,进而到脑海中涌现出许许多多与泰明有关的画面,但是无论如何,就像她最终接受了小鸡的死亡一样,接受了泰明的死。

泰明的死,对于小豆豆来说,已经如同她曾经在小鸡那里经历过的一样,让她了解了死亡的不可逆性,体味到永别的痛苦。除了接受现实,对于我们来说,没有更好的办法,如果有,那应该就是黑柳彻子在文中讲述的那样:"和泰明在一起的一切一切,都那么让人怀念。""我也不会忘记泰明的!"我们会和小豆豆一样,会在心里存留这样的一个念头,那就是"真想再看看活着的泰明,哪怕只见一面也好,真想再和他说几句话"……但永别即是不见,不见亦可怀念,生命中那些可以怀念的人和值得回忆的事是存留在生命中的温暖,就算那些人和事永远地告别了你,也仍然会在你需要的时候,从记忆中跳到你的面前温暖你的心灵。

三、再见可以相见

巴学园的校工——大家喜欢的阿良,要入伍了。

当孩子们遇到困难的时候,阿良是帮助孩子们摆脱困境的天神,他什么都会做。平时,阿良总是默默地微笑着,但他能够立刻知道孩子们需要什么样的帮助。有一次小豆豆没有发现厕所掏口的水泥盖子已经揭开,远远地跑过去,结果"扑通"一声,掉进了齐胸深的厕所掏口里,但是立刻被阿良拉了上来。而且,阿良还一点儿也不嫌脏,耐心地帮小豆豆洗干净。阿良就是这么善良。

校长先生说，要为入伍的阿良开一个"茶话会"。

孩子们还不懂得，小林宗作先生不说送别会，而说"茶话会"，这里面包含着先生的苦心。如果说是送别会，从刚一开始，大一点儿的孩子们就会知道"那是很伤心的"。但如果说成"茶话会"，孩子们都不知道是怎么回事。大家都兴致勃勃的。

"茶话会"是阿良留给巴学园的珍贵礼物。那时大家都没有意识到，实际上，"茶话会"是在大家各奔东西之前，在巴学园拥有的最后的心心相通、其乐融融的节目。

与阿良的告别比起来，死别的痛苦与无望，要沉重得多。但幸好有许多美好回忆可以抚慰我们的心灵，有许多对未来相见的期待可以让我们安心地等待到相见的那一刻。阿良的"茶话会"上，小豆豆和她的同学们虽然在最初也说着"请放心走吧"或者"要多保重，不要生病"这样的话，但这一场生离的悲凉，却还是被孩子们纯真的天性演变成了一次快乐的倾谈。虽然是离别，但大家不再去为离别而伤心难过，想起过去没有兑现过的许诺，想起未来的美好，想起一起生活时发生的许多可爱可笑的事，像和阿良关系好的美代仍然会说："要多保重啊。我会给你写信的。"而小豆豆说的是："阿良，你走了以后，我们每天都开茶话会。"本来看似伤感的生离，就这样变成了让大家能够重忆美好，彼此交流的新的形式。看上去好似过家家般的呓语，却让孩子们顺利地淡化了别离的痛苦，并且还在交谈和展望中，慰藉一颗颗稚嫩的心。

不是不知道，不是不接受，但再见可以相见。教给孩子们这样一种释放悲伤、想念的方式去转化悲伤，孩子们心底的阳光会升腾起来，用独特的方式照亮彼此的人生。

第七章 再见与不见

第二节 孩子在别离中成长

每一次别离对于孩子来说，都是一次成长的机会。

我们不愿意与父母、朋友分离，是因为他们的爱让我们习惯了陪伴和依赖。对于孩子来说，尤其如此。不知道你是否有过这样的观察，很多孩子在独自玩的时候，都有一个看似平常的行为：他们会玩着玩着又不经意地跑到妈妈身边待一会，然后再跑开去，或者还会将游戏引回到父母的左右，即便有别的玩伴。

从儿童心理学的角度来看，这其实是孩子与生俱来对母亲的依赖感在起作用，孩子们在母亲的身边就会感觉到安全，感觉到自己正从这个最亲近的人身上汲取着能量。然而，谁都知道，早晚有一天，孩子们必须要走出父母的羽翼照拂的空间，飞向属于自己的天空。因此，无论是孩子还是父母，越早认清这一点，越早面对这个问题，孩子就越对自己的生命过程有准备、有方向。因此，对于教育者来说，要让孩子明白，分离真正的意义，是让他认识并接受分离的事实，要让他们有勇气、有准备地去应对生活提给他的问题，生活希望他能够作为一个独立的个体去经历。这才是真正对孩子负责，让他们成长的方式。

曾经看到过一位英国的心理学博士在她的书的开头说过这样一段话：这个世界上所有的爱都以聚合为最终目的，只有一种爱以分离为目的，那就是父母对孩子的爱。父母真正成功的爱，就是让孩子尽早作为一个独立的个体从你的生命中分离出去，这种分离越早，你就越成功。

一、生命中的那些离开

人生的第一次重要离别，是出生时与母亲身体的分开。

这一次离开,是孩子独立的第一步,他要学会呼吸,学会脱离子宫温暖液体的包围,以个体的方式宣布自己的存在。我们不难发现,刚出生的孩子很容易受惊,仰卧而眠的时候,他们会突然地伸出双手向空中挥舞,就好像想要抓住什么来寻求帮助,那些蹬踹的动作既像是反抗,也像在传达自己孤独的恐惧。很多中国的老人会因此把孩子们用红布包裹或者捆缚起来,尤其是把小手和小脚牢牢地裹进布包里,只露出一个小小的面孔,看上去好像一只红蜡烛。应该说,让手脚依附在身侧,有一定的抑制身体动作的功效,孩子因此不会因为睡梦中的剧烈动作,而搅扰了睡眠。这种绑缚对骨骼的成长发育是否有利暂不追究,但从情绪发泄的角度来看,这种抑制本身也似乎不是一种好的方式。说到底,这种挣扎本身,不过是孩子的一种本能,在温暖的子宫中蜷缩着身体,在羊水中呼吸生活,经过了十个月左右的孕育,有些习惯要在脱离母体之后重新适应和养成。这是一个独立的过程,就算会有一些不情愿,有许多恐惧需要面对,也不能逃避。这一次离开是生命最初的选择。出生,就是一次离开,迈出生命的第一步,走向个体的成长。

无论是对于孩子,还是母亲,这都是一次成长。

幼儿期的第二次重要的离别,发生在孩子从家庭环境进入社会环境。

上幼儿园开始,孩子要面对和父母的第二次分离,从父母或者祖父母的环境中离开,进入陌生环境,并和其他人打交道,陌生的小朋友,陌生的老师,这对于孩子来说,又是一种考验。很多孩子习惯了家长无微不至的照顾,对到陌生环境中去生活内心充满恐惧。因此,他们会在初入园的时候,上演各种悲情的场面。有的抱着父母的脖子就是不从身上下来,有的抱住父母的大腿不松手,各种凄厉的哭声、喊声,以及流满泪水的脸……于是,每一次入园,都好似一场生离死别的悲情剧。孩子和家长都如临大敌。

的确,孩子的这种反应,让家长也十分接受不了。所以,我们会经常看到这样的场面:在幼儿园门外,或者是矮墙边,孩子的家长看上去满脸忧虑,弯着腰弓着背,好像怕被什么人看见,又竭力地透过矮墙的藤蔓的间隙向幼儿园里面张望。操场上到处是孩子,有玩滑梯的,有追逐跑跳的,有坐转椅的,当然也有站在一边哭个不停的,有时候老师抱着,有时候一个人……这个时候,如果是看见旁若无人地玩得开心的自家宝贝,那些忧虑的脸孔立刻就由阴转晴,然后看到孩子们游乐结束回房间,便会神清气爽地离开;如果是看见哭个不停的自家宝贝,那些忧虑的脸孔就会更加忧虑了,恨不得冲进幼儿园一把抱起孩子就此再不让小家伙受这委屈……

所以,这又是一次成长,脱离家庭进入社会,学会自己去面对去适应,对孩子,对孩子的家长又是一次成长。孩子要学习的是自己应对环境变化的能力,家长则必须要做到不依赖孩子在怀中的那些温存。

学会做自己,应是每个人的功课。

此后,孩子们的生活中会不断地重复着分离、重逢的场面,并慢慢地适应这种往复。直到有一天,遭遇到分离即永别的又一种境况。孩子要学会接受和面对,并从容地继续过自己的生活……这是一场关于死亡的教育。

可惜的是,在我们的日常教育中,教育者常常对死亡采取逃避的态度。而这种逃避给孩子之后的成长留下了许多难以面对和承受的伤痛。最近几年,频频出现低龄的孩子选择以死亡来应对生活中自己不能解决的问题。在指责环境中的压力和爱的缺失的时候,死亡教育的缺失也是不得不提出来的问题。

死亡教育的缺失,让孩子们不懂得生命的可贵,也就不尊重生命,无论是他人还是自己。选择结束自己的生命,不是对问题的解决,而是把问题以血淋淋的伤口的方式留给了活着的人。这种死亡本身给逝者自己永远刻上了懦弱的符号,而对生者则是一种难以言说的暴力。

黑柳彻子生动地记述了豆豆面对死亡的体验与经历,给孩子们的成长提供了死亡教育的范例。

像豆豆一样,当孩子们遭遇到自己心爱的宠物死亡时,将体验到死亡的残酷与悲伤。死亡意味着和这个世界的永远告别。没有人知道死亡以后的感受,但活着的人却可以体验到死亡和永别带来的悲痛。

像豆豆一样,当孩子们遭遇到自己心爱的人死亡时,要承受比宠物之死的疼痛更深切的悲哀与不舍。他们要学会接受并承受这样的事实,在温暖的记忆中找到寄托。要能够用自己的勇气和对所爱的记忆去抵抗死亡带来的冰冷与悲痛。要明白自己好好地活着才是对逝去的生命的一种告慰,对生命的珍惜才是对亡者的尊重。

我们不愿接受死亡,但死亡是自然的规律,是不可逆的。因此要珍惜生命,珍惜我们和我们所爱的人或者事物在一起的每一寸时光。死亡虽然可怕,但我们的珍惜会让我们更好地活在世界上,不浪费生命地活着。

二、面对生命中的离别

无论是哪一种分离,对于人们来说都是一种阵痛,对于孩子尤其如此,他们没有较多的人生经验,对于生命最初的分离,常常倍感无助,只能被动地接受,因此这些分离的痛苦可能会给孩子刻下一生的烙印。当我们经历了人生中许许多多的分离之后,回过头来,我们常常不以为然,但在经历的当时,有一些细微的差异,其实可能正铸就着我们的性格和人生。

婴儿与母体的脱离会使婴儿本能地感觉到焦虑,因为他的感官让他体察到从此没有羊水和子宫的呵护,没有那种温暖的包围,这一次分离让他第一次产生了这种心理上的缺失——丧失安全感。

幼儿去上幼儿园,要脱离此前朝夕相处的家人,而投入一个相对陌生的环境,因为与熟悉环境的分离,再次让他进入一种缺乏安全感的状态。没有安全感,无论是孩子还是大人,都会感觉到焦虑。

人本主义精神分析学家艾瑞克·弗洛姆(Erich Fromm)认为,在幼年时期,儿童完全依赖父母,父母给儿童施加种种界限和禁忌。此时的儿童虽然没有自由,却有着非常稳定的归属感和安全感。随着年龄的增长,儿童变得越来越独立,同父母的联系日益减少,这一发展过程的直接结果是儿童的归属感和安全感的丧失,因为他要单独地面对社会,他要对自己的行为负责任。

而另一位奥地利精神分析学家埃里克森(E.H.Erikson)认为,要个体建立对世界最初的信任感是个体所在环境综合作用的结果。比如在婴儿初生的时候,如果受到父母或其他看护人的良好照顾,尤其是母亲如果能够对婴儿采取慈爱的态度,并且这种慈爱是经常的、一贯的和可靠的,婴儿就会觉得舒适与满足,就会产生最初的安全感,就会对周围的世界产生信任和期待。埃里克森认为这种基本信任的获得是儿童的第一个社会成就,是婴儿自我统一性的基础。这一段看似学术性强且抽象的语言,如果让我们平实而具体地操作起来,其实很简单。请父母亲尽可能多地给予初生的婴儿拥抱、注视、微笑,让他能够经常听到父母亲的声音,闻到父母亲的气味,看到父母亲慈爱且带着笑意的脸孔,让他感受到虽然脱离了温暖的羊水与子宫的包围,但一种全新的感官带来的心理感受,让他重新获得了安全感。

但每一次重塑,都意味着一次打破,当孩子们习惯了父母的关心与照顾,要离开这样熟悉的环境,而投入陌生的环境,这本身就是一次新的挑战。其实在生活中孩子们早已经对熟悉的一切产生了些许的习惯与厌倦,在越来越强调自我的独立和存在的时候,小小的他还不知道自己已经准备好要踏上一段新的征途。尽管有那么一些艰难,但他必须要走出去了。而孩子的引导者和教育者在孩子婴儿期所担任的角色也要开始变化和调整,你要松开抓紧他的手,允许他在更大的范围内活动,你要鼓励他走出去,到陌生的环境中去探寻,他长大了,爱的空间也要随之扩大和增长,这样他才能长得更快,拥有更强大的控制自我和环境的力量。而唯一不变的是,在孩子仍然幼小的时候,尽可能给予孩子足够的爱,持续的、稳定的、持之以恒的、前后一致的、合理的爱,让他有安全感,并延伸出对他人及世界的信任,并且感觉到自尊、自信以及对现实和未来的确定感和可控感。

在孩子幼小的时候,教会孩子面对,比让他习得逃避更重要。能够勇敢地面对问题、解决问题,是一种积极的方式,当然一旦碰到一时解决不了的问题,如果它是一个不能回避的问题,暂时没有好的办法解决,我们可以告诉孩子暂时搁置一下,也许随着时间的推移,会有好的办法。但逃避和退缩无论如何不是一个好的方式。反映到许多成人的身上,我们会看到许多这种幼年时候遗留下来的阴影,让很多人不能够很好地应对生活带来的变化……

安全感就像一个安全气囊,一旦出现精神或者心理在遭遇分离时的急刹车,安全感就会像安全气囊一样跳出来,让孩子们可以在这种柔和中,实现一次软着陆,尽管分离会带来许多的不适,但有安全感的缓冲,他们会慢慢地接受并承受生活强加在他们身上的包括分离的各种状况。最终接受这样的事实,选择面对、承受,迅速地采取应对的种种措施,进而让生活继续。

第二编

第八章

从前有个巴学园

黑柳彻子眼中的理想教育

在黑柳彻子对巴学园的记述中,我们不难看出巴学园的自然教育理念。它致力于让孩子们回归最自然的状态,让他们作为自然的孩子,在自由的氛围中自然成长。教育者要能够根据个体的不同因材施教,在孩子们成长的过程中,适当地帮助与提醒,充分地发挥孩子们的主体力量与精神,帮助他们成为独立的自我。

在这种理念的指引下,他们采取了体验式教育的方式,这对巴学园孩子的学习与生活都产生了有益的影响。

巴学园的模式也许不适合所有的学校,但巴学园的理念和教育方法仍然值得我们揣摩和吸纳。它所倡导和实践的体验式教育,值得我们观察与倾听,以便于我们为孩子们提供更好的教育。

第八章　从前有个巴学园

第一节　儿童与教育

J.H.普拉姆在描写童年的摇篮期时写道："儿童越来越成为受尊重的对象，他们是一个特别的产物，有他们不同的本质和不同的需求。他们需要与成人世界分离并受到保护。"在16世纪到17世纪的欧洲，儿童在社会上的地位发生了巨大的变化。学校发生了从最初是为了培养有文化的成人而设计，到专门为了儿童而设置的变化。儿童不再是成人的缩影，而被看作是与成人完全不同的群体，而学校教育必然要认同并适应儿童自身的特殊天性。

在启蒙浪潮磅礴奔涌的18世纪，童年的思想得到了培养和传播。约翰·洛克与卢梭对儿童以及教育的认识，形成了两种极具代表性的观点。

洛克在1693年出版了《对教育的一些想法》一书。这本书对童年概念的生成提供了经典的范本。他提出了一种教育观念，主张把儿童视为珍贵的资源，但仍然严格要求注意儿童的智力发展和培养他们的自控能力。他强调要把开发儿童的理性能力作为目的。在孩子具备旺盛的精力与体能的前提下，"身体才能执行头脑发出的指令"。他还十分重视"羞耻感"的形成。"一旦人们喜欢上它们，是最能刺激心灵之物。假如你能使孩子珍惜名誉、憎恨耻辱，你就已经在他们心中植下了正确的原则。"但更重要的是，他有一句至理名言："人类的头脑生来是一张空白的刻写板、一张空白的书写板。"据此，他提出，我们究竟会在儿童的心灵上书写什么样的内容，其重任着实落在了教育者乃至整个社会和管理者等成人的身上。

而卢梭却与洛克的认识不同。他强调儿童不只是达到教育目的的群体，儿童是具有儿童自己特点的特殊群体，应予特殊的教育与关照。儿童不是洛克眼中的潜在公民或者是未来的商人。儿童的心理状态不同于成人，儿童是儿童自身。童年阶段是人类最接近"自然状态"的人生阶段。在《爱弥儿》一书中，他对儿童自发的纯洁、力量、欢乐，甚至是欠缺，都给予了肯定和赞美。

显然，直到现在，这两种教育的理念也是所有的教育者都在思考和讨论的两个方面，无论两者之间有多大的分歧和差异，有一点毋庸置疑，他们都关注的是"未来"。但我们越来越发现，即便没有成人面向未来的指引，童年依然可以存在。人们越来越认识到，儿童有其必须令人尊重的行为和心理特点。

弗洛伊德对洛克和卢梭在儿童方面的认识又推进了一步。他认为：儿童的头脑的确最接近"自然的状态"；天性的要求必须考虑在内，否则就会造成永久的人格错乱。而儿童和家长之间早期的相互影响，对于决定儿童将来成为何种成人起着决定性的作用；通过理性教育，头脑的热情可以得到控制；没有压抑和升华，文明是不可能实现的。

杜威继续论证得出，儿童的需求必须根据孩子是什么，而不是将是什么来决定。无论在家里还是学校，成人必须问自己：这孩子现在需要什么？他或她现在必须解决什么问题？只有这样儿童才会成为对社会生活有建设意义的参与者。

黑柳彻子在书中所描述的校长小林宗作先生就是沿袭着卢梭所倡导的自然主义教育理念而创立了巴学园。从学校的外部到内部，从硬件的设置到软件的浸润，无不体现了这种尊重孩子的天性、顺应孩子的天性的教育理念。

第八章 从前有个巴学园

第二节　与众不同的巴学园

巴学园与众不同,是每一个看过《窗边的小豆豆》的读者的共识。

它让初见巴学园的小豆豆"觉得真像做梦一样"。

但与众不同的巴学园不仅仅是这样一个有着眼睛看得见树的校门和电车教室的学校,它让孩子感觉到自由。孩子可以放心大胆地在这里自由地伸展,并得到成长。

> 对于小豆豆来说,等待第二天的到来,感觉是那么的漫长,这真是从未有过的事。平时的早晨,小豆豆被妈妈叫起来后,多半还要在床上发一会儿呆,可是今天早晨,没等人喊,小豆豆就自己起来,并且穿好了袜子,背上了双肩书包,等着家里人起床。

"从未有过"这样的一个词语的使用,可以想见,"去巴学园上学"是一件让孩子感觉到多么渴望和欣喜的事情。这才是一个教育孩子的机构应该对孩子产生的最好的吸引。什么样的教育机构才能让孩子感到放松自由并且乐于身在其中呢?巴学园给我们提供了一个样本。

一、自然的校园

学校大门"是两棵活的树","是用矮矮的树做成的,而且树上还长着绿色的叶子"。小豆豆需要"弯下腰,把头钻进大门旁边树木枝叶的空隙里,向大门里面张望"。

黑柳彻子眼中的理想教育

　　黑柳彻子没用任何美丽得犹如梦幻的句子，没用任何复杂得犹如迷宫般的铺陈，完全是孩子一样浅白的语言，向每一个阅读者描画了她初见的巴学园。

　　没错，就是那个样子的巴学园出现在小豆豆的面前，出现在每一个跟着小豆豆去巴学园的读者的面前。

　　好像下意识地要揉一揉自己的眼睛，好像要停下来抑制一下突然加速的心跳，好像通过这扇树的大门就要进入梦境……

　　这就是梦幻一般的巴学园，是多么符合孩子们爱玩爱做梦的天性啊。就好像《爱丽丝梦游仙境》中写的一样，夏日午后的一场梦，掉进兔子洞，来一场冒险……没有一个孩子会拒绝这样的一种吸引，当小豆豆弯下腰，向校园里面探进头去的时候，她所看到的再一次攫住了她的心……

　　电车！当作教室的电车！

　　　　的的确确，那是真正的电车，一共有六辆，但已经不再跑了，是停在那里当作教室的。小豆豆觉得真像做梦一样，"电车教室"……
　　　　电车的玻璃窗反射着清晨的阳光，闪闪发亮。小豆豆的眼睛不由得一亮，脸颊上也焕发出快乐的光彩。

　　对于孩子来说，如果这是一个梦，是不是意味着可以这样一直做下去……

　　显然，这不是一个梦，是一个真真切切的学校摆在小豆豆的面前。只是这个学校与之前的学校是那么的不同。"小豆豆以前的学校，大门是气派的混凝土柱子做成的，上面醒目地写着学校的名字。"有如堡垒一样，庄严、威武的门柱，让进驻其中的孩子心生敬畏，并且兀自明白要谨言慎行地生活于其中，作为孩子的天性是要收敛起来的，要从此在那样的殿堂里，举手投足间合乎规矩……而这里，这个叫巴学园的地方，却是一个有着树的大门，有着电车教室的不一样的地方。用小豆豆的感觉来说，就好像是一个梦一样。

梦与现实间的对比，会让孩子惊讶与错愕。但那种难以掩饰的喜爱，奔涌着包围了孩子的心。

小林宗作的教育理念是：自然的教育。自然的教育，就要让教育回归到自然中。而巴学园正是顺应着孩子的志趣兴建起来的，是孩子们所喜爱的环境。所以，当小豆豆看到用两棵活的树做校门的巴学园时，她内心中被压抑着的儿童的天性被一下子唤醒。对学校的兴趣，不是因为你必须要去某个地方接受规矩与限制，学习既定的知识，而是渴望去那个如同自然一般，可以让自己自由舒展、主动学习的地方去努力地发展自己，自我成长。

巴学园正是这样的一个地方，它不是以约束和控制达到教化目的的教育机构，它是自然中的。它顺应着自然，也顺应着自然中的儿童，让儿童的天性得以在自然的环境中流露。但它又绝不是放任自流的，它是在顺应自然天性中加以潜移默化地引导，在需要引导的时候给予引导，不生硬，不苛刻，不教条，不严厉。

校园的环境是一个外部与内部自然的环境的结合。走进来即可见树的大门、电车的教室、电车的图书馆……在这样的校园内学习；走出去，到田野里去散步，到寺庙里去参观，到农田里去种田，去海边游泳，去山间野炊……在广阔的世界中也可以学习。

这就是巴学园的与众不同之一。无论是教室内外，校园内外，孩子们得以认识到学习无处不在，课本中的知识需要学习，生活、社会中的常识，也需要学习。学习过去的知识，了解那些经验；学习生活中的常识，学习与人交往……没有灌输与强迫，一切都是孩子们觉得自己应该知道的，是在巴学园为大家设置的环境中要一起面对的。

二、自然的孩子

在自然的教育环境中，孩子们得以还原成自然的孩子，得以发挥与生俱来的天性。巴学园的孩子都是自然的孩子，这也是巴学园的与众不同之处。

他们保持着强烈的好奇心,对世界充满了探索的欲望。他们有着各自不同的偏爱与喜好,他们彼此之间要产生各种交往,他们会喜欢一些人,讨厌一些人,同情一些人,痛恨一些人,他们在经历人生的过程中,有自己的喜怒哀乐……

"电车是从什么地方跑到学校里来的呢?"
这真是一个很棒的问题。
孩子们静了一会儿,然后有人说道:
"我想它是先走大井町线的铁路,然后在道口的地方拐向咱们学校。"
有人接着说:
"这么说,它就像是脱轨的样子啦!"
又有一个人说:
"也许是用拖车运来的吧!"
但是立刻有人提出质疑:
"你觉得有那么大的拖车吗?能装得下电车?"
"这个嘛……"

我们在巴学园中看到,生活中的任何事情都在触动着孩子们的好奇心,他们提问,并尝试着思考和自我解答。

在关于"电车来了"这件事上,我们看到的不仅仅是孩子们对未知事情的探寻,更为重要的是,他们对事情的兴趣得到了发展,并且有了难能可贵的体验……

因为并不知道电车现在停在哪里,而且要是笔直地把电车轨道铺到学校来,那就要把沿途的房屋什么的都拆掉,这不大可能吧。

大伙儿说了半天,觉得这个也不对,那个也不对,最后大家决定:
"今晚不回家了,我们就在这里看电车是怎么来的。"

于是校长的女儿美代被推举为代表,去问校长,而校长的回应是,电车会在深夜里到达。显然,这并不具备让孩子们等待的条件。可是校长并没有一口回绝孩子们的请求和想法,他请孩子们回去征询家长的意见,如果家长允许,孩子们可以带着毛毯和睡衣到学校来观看……实际上,大多数的家长并不支持孩子的这个行为,有诸多的考虑是很正常的反应,但还是聚集了十几个学生。这十几个孩子于是有了看电车运行过来的体验。

这时候,电车正好在蒙蒙晨雾中显露出它的巨大轮廓。真像做梦一样!并没有什么电车轨道,就在普通的道路上,电车悄无声息地驶了过来。

这辆电车是从大井町的调车场,由牵引车运来的。小豆豆他们亲眼看到了比拖车大得多的巨大牵引车,这是以前他们没见过的,令他们激动万分。

校长还在电车被安置的过程中,为孩子们解释着:"好好看看,那个叫作'滚轴',利用滚动,就能够移动那么大的电车。"孩子们认真地看着,因为这是他们真真切切感受到的,而绝非是灌输。他们感受到了牵引车巨大的力量,感受到圆木一样的滚轴的巧妙。这才是孩子接受教育的自然的过程。

孩子们穿着睡衣站在清晨的阳光里,能够身临其境,亲眼看到这幅情景,孩子们从心里感到幸福。他们实在太高兴了,一个个欢呼雀跃,扑到校长先生身上,搂住他的肩膀和胳膊。……每个人的脸上都带着笑容。

大家永远也不会忘记这快乐的一刻。

自然的孩子是快乐的。他们的成长没有被压抑,在自然与社会的融合中,他们得以按照自己本来的样子成长。他们得以顺应自己的天性,获得知识的同时也获得快乐。在这个过程中,小林宗作校长既是守护者,又是引导者,他不时地用一双温柔的手,或者说是像巴学园的校门两侧的大树的枝条一样,温和地将有时会出现偏差的孩子,轻轻地拉回来。

比如那一次,大荣君拉了小豆豆的辫子,校长对小豆豆的安慰,更多的是一种赞美和肯定:"不要哭啊,你的辫子漂亮极了。""很好看啊。"这种赞美和肯定的安慰,让孩子立刻忘记了刚才的委屈,重拾快乐。而大荣君接下来的反应让小豆豆也很是惊讶。

大荣君挠着脑袋,向小豆豆跑了过来。大荣君站到小豆豆面前,喘了口气,大声说:"对不起。刚才我不该拉你的辫子。我被校长先生教训过了,他说对女孩要友好,一定要尊重女孩,爱护女孩。"

这天发生的事情,对大荣君来说,也是一个很大的触动。"要爱护女孩,要对她们友好!"这是他永远不会忘记的。为什么这么说呢?因为大荣君在巴学园期间,被校长先生教训的经历,无论是在这以前,还是在这之后,就仅仅这么一回。

在巴学园孩子们不是在苛责和规训中成长起来的,他们时刻感受到的是作为一个独立的人的内心的声音。在感觉到迷惑或者是困窘时,可以向小林校长求助,在那里,孩子们得到的不完全是训诫或者是不容置疑的某种答复,他大多数的时候提供的仅仅是一个方向,让孩子们经过自我的判断后,确定自己的解决方法……

如此,自然的孩子成长起来了。他或者她有自我,有独立的思想,懂得权衡与判断,知道如何平衡自己与环境之间的距离与关系,懂得幸福与感恩,会表达自己,体恤他人……他或者她会是一个正常的能够感受到幸福与满足的人。而在当下,作为成人的我们,却发现我们中的大多数已经不知道该怎样成为这样的正常人了。

三、自然的教育

自然的教育是一种尊重孩子天性的教育理念,也有其自身的教育模式。小林宗作先生依据自然教育的理念,创立了巴学园,致力于按照孩子的天性去教育孩子。在教育的方式上提供了许多值得我们当下的教育者琢磨的范例。

(一)尊重的力量

小豆豆"把自己最珍爱的钱包掉进了学校的厕所里。虽说钱包里一分钱也没有,但这个钱包本身却是小豆豆的心爱之物,是连上厕所也舍不得放下的宝贝"。小豆豆想要通过自己的努力把钱包找回来,于是她"立刻跑到校工叔叔放工具的库房里,扛了洒水用的长把舀子出来。小豆豆还很矮小,舀子的长把足有两个小豆豆高,但这没有关系。……于是,小豆豆开始了她的浩大工程"。

校长先生看到了,先是询问了一下:"你在干什么呢?"然后就像平时散步一样走开了。过了一会儿,又来询问孩子:"找到了吗?"当小豆豆回答说"没有"的时候,"先生稍微把脸凑近了小豆豆的面孔,像好朋友似的说:'弄完以后,要把这些全都放回去啊。'说完,他又像刚才那样走开了"。

许多教育者或者是家长看到这一段恐怕会替孩子着急,就像我们平时一样,我们大概会想,难道没有勤杂工吗?难道就没有哪个老师替孩子去找一找吗?如果碰到这样的情况,许多老师或者是家长早就冲上去替孩子做这件事,而把孩子赶回到教室里去上课,或者是做其他的事情去了。

但是小林宗作没有这样做。他既没有阻止,也没有表示赞成。他先是了解情况,然后默默地观察孩子,并且告诉孩子,孩子应该完成什么样的事情。那么孩子是怎么看这件事的?黑柳彻子这样记述道:

"即便钱包没有了,也挺满意的。"因为自己干了这么多的活儿。实际上,在小豆豆的满足之中,还有一点是因为:校长先生对我做的事没有生气,很信任我,把我当作一位很有人格的人来尊重。

经过这件事,小豆豆上厕所的时候,再也不往下看了。而且,她觉得校长先生是一位"可以真心依赖的人",所以,她比以前更加喜欢校长先生了。

这是一个真正尊重孩子,将孩子当成独立的、有能力承担力所能及的事情的人来看待的教育者。他尊重孩子作为孩子的判断与思考,给予孩子充分的信任,使得孩子敢于去承担自己的行为后果,孩子在这样的过程中才能够真正地成长起来。小豆豆丢失了自己心爱的钱包,并想要去找到它,为此付出行动,这是对自己的失误的一种弥补。如果她毫不在意地走开,根本不在乎,她便永远也不会懂得珍惜所爱。为了找到钱包,她努力地想要从粪池中将其掏出来,这在成人的

黑柳彻子眼中的理想教育

眼中是一种无意义的匹夫之勇，或者干脆就是在浪费时间、浪费精力，但在孩子的心里，为了抢救自己心爱的东西而付出努力实在又是一件再重要不过的事情，她在为自己的失误付出挽回的努力，也在这个过程中吸取教训。就像黑柳彻子自己反思的那样，东西虽然找不到了，但自己毕竟这样努力地寻找过，这是一个孩子般自我救赎的过程，因此让内疚的心理得到了释放，同时也让她从中汲取了教训，母亲之前的嘱托才真正发挥出效力。

校长先生只是在顺应孩子的天性与心理，尊重孩子的意愿，让孩子完成这样的一个过程：犯错—补救—承担—反思—汲取教训。在这个过程中，校长并没有去批评孩子的不小心，也没有阻止孩子掏粪坑的行为，他只是了解孩子的行为，并在一旁观察她。在整个事情发展的过程中，他像个朋友一样提醒，要记得让一切恢复原样。这是对孩子积极补救行为的肯定，让孩子受到了极大的鼓舞。因此，孩子不是一错再错，而是有始有终，承担自己的行为，并且得到经验或者是教训。这就是尊重孩子意愿带来的效果。

小林宗作校长对孩子的尊重体现在方方面面，比如他耐心地听小豆豆讲话。小豆豆第一次见到校长先生，校长先生把椅子拉到小豆豆跟前，面对小豆豆坐了下来。他对小豆豆说："好了，你跟老师说说话吧，说什么都行。把想说的话，全部说给老师听听。"

在这之后，小豆豆讲了四个小时，而在小豆豆的记忆里，无论是之前，还是之后，再也没有一个大人这么认真地听小豆豆说过这么长时间的话。而且，在这么长的时间里，校长先生一次也没有打哈欠，一次也没有露出不耐烦的样子。他也像小豆豆那样，向前探着身体，专注地听着。

他尊重孩子学习的兴趣。孩子们可以按照自己的喜好选择教室中的座位，选择自己要上的课程的顺序。

"在这个学校里，却可以根据当天的心情和方便，每天都自由选择自己喜欢的座位。"

"下面开始上课，从你喜欢的那门课开始吧。"

尊重让孩子拥有自我,让孩子以一个独立的、有思考有判断的人的姿态得以发挥出人的主动性,而不是被动地接受。这是尊重迸发出来的力量。

(二)体验式的教育

体验式的教育方式是小林宗作校长一直身体力行的教育方式,在黑柳彻子对巴学园的各种活动的记述中,我们都可以看到这种体验式教育的影子。

(三)午餐中的体验

比如吃饭时,大家把带的便当食物称为"山的味道和海的味道",让孩子们在吃饭的时候去了解食物,了解食物的来源、味道、营养,这种来自食物的体验,让孩子们不仅不会厌食,反而对食物产生了浓厚的兴趣。

> 于是,学校里的孩子们都纷纷站起来,过来看小豆豆的鱼松。有的孩子本来就知道鱼松,也吃过,但是由于刚才的这一番话,又对鱼松产生了兴趣;也有的孩子想看看,自己家的鱼松和小豆豆的,是不是有什么不一样。来看鱼松的孩子们,有的还闻一闻味道……

在对食物的认识和品味中,孩子们不但学习到了自然的常识,还因为了解到食物取之不易,而杜绝了浪费。

(四)散步时的体验

在巴学园,如果上午就完成了学习计划的话,那么下午就可以跟着老师去室外散步。

> 大约走了十分钟,女老师停下脚步,指着黄色油菜花,问:
> "这是油菜花。油菜为什么要开花呢?大家知道吗?"
> 接着老师讲起了雌蕊和雄蕊的知识。小学生们都蹲到了路上,观察油菜花。老师告诉大家,蝴蝶也在帮助花儿开放。确实,蝴蝶们都是一副忙忙碌碌的样子,真像是给花朵帮忙呢。

散步时轻松的气氛和放松的心态与在教室里是大不一样的,需要强调的是,我们在课本中习得的经验其实都是取之于自然,与其生硬地坐在教室里死抠书本,不如走出去,在真正的大自然中去习得这些真知。这正是巴学园的理念。

散步的时候讲授的知识其实一点也不比课堂上少。散步的自由时间,对于孩子们来说是尽情玩耍的时间。但在这个过程中不知不觉学到的生活、历史、科学等知识,却是带着视觉、听觉、嗅觉和触觉全息地进入了头脑中,并深刻而生动地留存在那里,一旦碰到书本上的某个经验的时候,立刻合二为一,成为牢不可破的记忆。这就是体验式教学方式的功效。

(五)情感体验

《九品佛试胆量》一章读起来是十分有趣的。

校长先生组织了这次活动。孩子们被分成了扮成妖怪的和抓妖怪的两组。扮成妖怪的男孩子显然是跃跃欲试,甚至拿出了各自做的妖怪衣服,对于他们来说,这是一场十分有趣的游戏。他们叫嚷着要吓大家一大跳。然后就先埋伏到寺庙和墓地的某个地方去了。而抓妖怪的这一组里,要再分成五个人的小组,错开时间,一组一组分别从学校出发,去到寺庙和墓地那里找上一圈再回来。

校长嘱咐大家,是试胆量,但如果害怕,中途回来也没关系。

黑柳彻子对这一段的描写生动有趣,让孩子们真切地感受到了内心的恐惧。而这恐惧,又变化成了各种感觉和心理。结果,大部分的孩子都没有敢走到墓地那里。而那些扮作妖怪的孩子们的折返则充满了喜剧效果,有哭着回来的,有被蚊子咬得浑身是包的,有因为想吓唬别人,彼此撞到了一起的。最后老师把"妖怪"们都找回来的时候,听说有的"妖怪"已经仓皇地徘徊在有光亮的路灯下了,有的则跑回了家……

在这次小小的活动中,无论是扮作妖怪的,还是去抓妖怪的,都着实地体验了一把恐惧。孩子们尝到了恐惧的滋味。对于想要吓唬别人的孩子来说,这种恐惧的体验让他尝到了害怕的滋味,以后就会对自己这样的行为有所收敛;而对于胆小的孩子来说,看见扮成妖怪的孩子们的样子,他们心中的恐惧也得到了释放,妖怪也会哭啊,妖怪被蚊子咬了,也会害怕啊!无形的未知的恐惧,在有趣的、形象的孩子扮成的妖怪那里得到了巧妙的化解。这种情感体验的方式,比我们许多的解释与宽慰来得更真实和有效。

去九品佛的寺庙试胆量,带着孩子们在礼堂里搭帐篷,安排一次温泉旅行,去等等力溪谷野炊……

小林宗作先生不遗余力地带着孩子们在一次次的集体活动中,让孩子们的情感得到丰富,在各种情感和身体的体验中,学会如何与他人沟通、协作、配合与交流。在他的教育过程中,还有许多体验式教育的方式,巴学园的孩子们成了最大的受益者。

第九章

巴学园的课堂与课程

黑柳彻子眼中的理想教育

    作为教育者，我们要了解孩子，了解孩子的心理，这样才能因材施教。

    兴趣是孩子对好奇心的一种呼应。从好奇到产生浓厚的兴趣，并在兴趣的驱使下努力积极地探索，得到某种认知或者是成就，会让孩子产生极大的满足感。这才是孩子源于自我的学习动力和路径，才是教育真正产生并发挥作用的有效方式。黑柳彻子记述的是自己成长的过程，记述了让自己成长的小林宗作校长和母亲黑柳朝。但让阅读者感受到的却是真真切切地了解孩子，认识孩子，尊重孩子的天性，引导孩子自然成长的一种教育理念和方式。巴学园的电车教室、课程设置、教学方法无不是从对孩子天性的认识和了解出发而精心设计的。

第九章　巴学园的课堂与课程

第一节　从兴趣出发

一、电车教室的魔力

在这里，孩子们简直就像是一边学习，一边旅行！车里有行李网架，车窗也全部是原来的样子。要说有什么不同之处，那就是把司机的座位换成了黑板，把电车的长椅子拆了下来，换上了小学生用的桌子和椅子，桌椅朝着电车前进的方向摆放着。另外，吊环扶手也没有了。其他的，天花板也好，地板也好，都是电车原来的样子。小豆豆脱下鞋子，走到车里面，坐到不知谁的位子上。椅子是和原来学校一样的木椅子，但坐在上面心情好极了，真想一直这么坐下去。小豆豆心花怒放，暗暗决定："这么好的学校，我一定不缺课，每天都会来的。"

不得不承认，即便是在现在，这个电车教室也仍然极具特点，吸引着许多阅读者。在电车教室里上课，就好像和一起上课的人一起旅行一样，是多么有趣的一种体验啊！对于孩子，尤其是年幼的孩子来说，这个环境对其产生的吸引力绝对是巨大的，特别是像小豆豆这样有着强烈好奇心的孩子更是如此。小林宗作校长的教室设计可谓别出心裁，他提供给孩子兴致盎然的生长空间，让孩子得以快乐地生长。

学习的过程犹如一场旅行，而旅行本身就是一个体验的过程。巴学园的教育理念中有着强烈的体验色彩，这个电车教室的设计其实正是巴学园校园文化的一个突出的体现。孩子们并没有因为教室是破旧和废弃的电车而讨厌。反而因为被精心地设计，电车教室成为孩子们可以学习、生活和玩耍的地方，当他们听说会再来一辆电车，当作他们的图书馆时，他们一个个兴奋极了。

在大家上课的电车教室的对面，也就是礼堂两边的花坛旁，又添了一辆电车！原来这是寒假期间预备好了的做图书室用的电车，一切都已经准备停当。大家尊敬的校工阿良叔叔,一定费了好多力气才准备好的。电车里装上了好多书架,摆满了各种颜色、各种字体的书。而且,还摆上了桌子和椅子,可以直接在那里看书。

……

每当遇到下雨天大家不能在外面活动时,或者各种别的情况下,图书室就成了大家集中的场所。

于是,有一天,校长先生说:"过几天,好像该在图书室附近修一个厕所了。"

这是因为,大家在图书室读书的时候,都等到憋得实在不行了才会往厕所跑。无论是谁,都是狼狈万分地向礼堂对面的厕所狂奔过去。

又是一段令人忍俊不禁的文字,却让我们在头脑中勾勒出一个受人欢迎的电车图书馆的画面,还有孩子们喜爱读书,每次都要到憋得实在不行的时候,才会狂奔向厕所时的情景。

吸引孩子们,得到孩子们的喜爱是电车教室和电车图书馆外在的魅力。然而最重要的是,它们的功能对孩子们的影响。不管外在的形式有多么的吸引人,如果它缺乏内在的吸引力,同样也不会发挥其教育的功能。

二、课程的吸引

教室是真正的电车……

以前的学校里,谁坐在哪个位子上,旁边是谁,前面是谁,都是固定不变的。可是在这个学校里,却可以根据当天的心情和方便,每天都自由选择自己喜欢的座位。……

一般的学校都按照每个时间段,有顺序地上课。比如第一节课是语文课的话,就上语文;第二节课是算术的话,就上算术。可是这个学校却完全不一样。

在第一节课开始的时候,女老师就把当天要上的所有的课,还有每一节课所要学习的所有问题点,满满地写在黑板上,然后说:

"下面开始上课,从你喜欢的那门课开始吧。"

"从你喜欢的那门课开始吧。"对于有过一般小学上学经验的孩子来说,巴学园老师的这句话是多么让人惊讶!对孩子来说,能从自己最喜欢的科目开始一天的学习,就好像是从自己最有信心做的事情开始一样,增加了孩子的信心,一天的学习从喜悦开始,即便最后一定要面对困难和不喜欢的科目,也便觉得没有那么令人烦躁和畏惧了。

兴趣让孩子们对他们所关注的事物愿意投入精力和时间,愿意为其付出努力,而且身心愉悦。这样的兴趣是学习的动力,我们的教育应该致力于去保护这样的兴趣,引导并辅助兴趣的滋长,使其有利于孩子在自己充满兴趣的领域继续探索。这是一个一定会让孩子有所成长和收获的领域。黑柳彻子对于巴学园的这一段记述,正是对这一理念的强调和肯定。她将其记录下来,并发表出来,也正是希望能够让这种正确的教育理念得以推广。

三、从兴趣出发

"兴趣是学习和求知最大的动力",这是一种在中外辨识度都极高的表述。我们都承认,这不仅仅是一种方法,而且是人类在追求知识的过程中,必然要知晓的古老而充满智慧的法则。但我们也必须承认,兴趣是人的认识需要在情绪上的一种反应,在具体的行为表现上,其体现为对某种事物或某种活动的爱好与追求。在儿童的身上,我们极易看到他们好奇、好动,对很多事物充满兴趣。

但现实是,孩子们对事物极易产生兴趣,却难以维系。因此,我们最常看见的情况是:他们这几天对绘画热情高涨,过几天又转而对某种乐器心生好感,或者又突然对舞蹈产生热情。这种"五分钟热度"的情况十分普遍地发生在幼童的身上,儿童心理学家将其称为偶然性兴趣。儿童,尤其是低龄的儿童,对新事物的兴奋和抑制过程是很不平衡的,从其外在表现上来看,他们对没有看到过的东西产生好奇,并且随着新鲜感的降低,对其的兴趣便逐渐消失,进而将注意力转移到其他未见的事物上。

因此,从兴趣出发,最先就是要发现孩子的兴趣,并努力地保护这种兴趣。

黑柳彻子眼中的理想教育

举个例子来说，孩子们会对之前从未了解过的事物产生兴趣，他不会单单想知道"这是什么"，而是会自然而然地提出一连串的"为什么"。如果被提问的成人不能热情、耐心地解答孩子的问题，或者表示出厌烦、拒绝回答，甚至呵斥孩子，那么孩子的好奇心就好像火被浇了水一样，潜伏着的偶然兴趣就这样被熄灭了。

黑柳彻子对小林宗作校长的记述，其实向我们提供了这样的一个认识：要让学校和学习本身激发这种偶然性兴趣，并抓住孩子弥足珍贵的对学习产生兴趣的机会，从偶然性兴趣出发，对孩子加以正确的引导，使孩子们保持对求知稳定而持续的态度。从偶然性兴趣到求知欲的养成，这不是一个一蹴而就的过程，它需要教育者的发现与引导。

第二节　求知欲的养成

一、兴趣引导

如果说兴趣是学习和求知最大的动力,那么引导则是教育和培养孩子的最好的方法。作为教育者,我们要能够及时地发现孩子可贵的偶然性兴趣,并且让这个小小的种子得到阳光、空气、土壤和水分,尽可能地为他创造环境,并给予他必要的帮助,即便孩子会根据自己的需要,选择继续或者放弃,但这个引导的过程,会帮助孩子认识、判断、思考、衡量和取舍,帮助他们认清自己,甚至判断方向,既而激发孩子自身对发展某种兴趣的主动性。

小林宗作先生不但善于发现孩子们的偶然性兴趣,还很善于激发孩子们的兴趣,并将这些兴趣引向求知。在这个过程中,一些新的知识和新的观念得到了传递和养成。

（校长先生）指着茶色的鱼松问:
"这是海里的东西,还是山上的?"
小豆豆盯着鱼松,"是什么呢?"要是从颜色看,好像是山上的,因为是土一样的颜色嘛。可是……拿不定主意。于是,她回答道:
"我不知道。"
于是,校长先生大声问孩子们:
"鱼松是海里的,还是山上的?"
孩子们想了一下,然后"山上的"和"海里的"的声音响成一片,却没有一个一致的意见。等大家的叫声停下来,校长先生说:
"好了吗?鱼松是海里的呀。"
"为什么?"一个胖胖的男孩问。校长先生站到桌子围成的大圆圈中间,解释说:

"鱼松呢,是把鱼刺从鱼肉中挑出来,把鱼肉切得细细的,然后炒一炒,才做出来的。"

"噢——"

大家发出佩服的声音。这时有人说:

"老师,我想看看小豆豆的鱼松,可以吗?"

校长先生说:

"可以啊。"

大家最司空见惯的午餐时间,在小林宗作先生的口中变成了展示和品尝"山的味道"和"海的味道"的时间。在平常的事情中,生发出令孩子觉得新鲜和着迷的元素,这是需要教育者了解孩子的心理,并揣摩一番之后方能做出来的行为。

小林宗作先生用"山的味道"和"海的味道"引发大家对食物的兴趣,对于偏食、挑食、厌食的孩子来说,注意力不再是吃的行为本身,也跳出了"好吃"或者"不好吃"、"喜欢吃"或者"不喜欢吃"的判断,而是将其转移到了我们的食物究竟是什么,它从哪里来,是如何制作出来的,吃起来会是什么样的感觉,吃进去会为我们带来什么样的好处或者坏处的理性层面。这种对食物的兴趣,引发孩子们想要认识和了解食物的有关知识。吃的行为本身就不再是机械的、动物性的、生理性的,而变成了一种对知识的认知、了解,无论是什么样的孩子,在这种兴趣的牵引中,在这样的一番知识的导引下,都会饶有兴味地参与到这项"吃"的活动里,并且在这个过程中,重新树立起对食物和吃饭行为本身新的、正确的观念。这才是小林宗作先生的"山的味道"和"海的味道"中所蕴含的深意。

二、个性化学习

当小豆豆听到"下面开始上课,从你喜欢的那门课开始吧"时,她感到很惊讶,既而是惊喜,然后就兴冲冲地从自己最喜欢的那门科目开始了一天的学习。

一向在作品中勾勒着画面和心理的黑柳彻子,在这个部分一反常态地对巴学园的教学方式发声评价:

这样上课的话，随着学生们年级的升高，老师就能够逐渐掌握每一个学生的兴趣所在，以及他感兴趣的方式、对问题的思考方法等。由此，老师能够清楚地了解每个学生的个性。对于老师而言，在了解学生的基础上因材施教，是最有效的上课方法。

……

上课的时候多半是自习的形式，学生们遇到自己不懂的问题，可以到老师那里请教，或者请老师到自己的位子上来，老师会耐心地讲解，一直到孩子们弄懂为止。然后，老师会出几道例题，这样就开始了新的自习过程。这是真正的学习，不会发生听课时心不在焉的情况。

显然，黑柳彻子对巴学园这种与一般学校不同的学习方式记忆深刻，并且深为赞同。因材施教对我们来说并不是一个陌生的教育理念，它强调对于不同的个体，要施以不同的、有针对性的教育。一个为大家所赞许和认可的教育理念，却在实践中难以贯彻，当然有条件的限制。但能够积极地将其真正贯彻在课程设置之中，"从最喜欢的那门课程开始"，在发挥孩子们的自主性与主动性方面，小林宗作校长的确是一个不折不扣的践行者。

他所践行的教育理念从施教者的角度来说，被称作"因材施教"，从受教者的角度来说，则被称作"个性化学习"。

个性化学习并不是新概念，著名的美国教育家约翰·杜威在 1915 年所著的《明日的学校》中用大量笔墨论述了这种教育方法。他提出，教育应该进行从"教师中心"到"儿童中心"的观念转移，这一理念深刻地影响了 20 世纪的儿童教育。用"粉笔和讲课"的教学策略来实施的知识回忆式教学，已经越来越无法满足个体日益活跃的个性化学习需求。

在巴学园中所实施的个性化教育其实也有条件上的要求，比如学生与教师人数的配比，师资水平的要求。但一旦具备了条件，显然个性化教育是得到受教育者的欢迎和认可的。黑柳彻子对巴学园所实施的因材施教的教育方法是非常肯定并赞许的。在《窗边的小豆豆》的后记中，她介绍了曾经在巴学园就读的学生在成年后的发展。因为个人境遇和发展机遇不同，虽然从事了不同的职业，但有相当多的学生在自己擅长的领域做得十分出色。能够按照自己的意愿，从事自己喜爱的职业，这是一种自由的选择，这也是个性化学习和教育对人的有效的引导和辅助带来的结果。

兴趣的差异带来学习效果和学习需求上的差异，再加上受教育者的个体差异，一定会在学习效果和学习进度上呈现出不同。但相同的是，个性化教育对不同程度的学习者对知识的渴望给予了足够的关注，个性化教育在整体上考虑到个体差异带来的学习程度上的差别，并且允许这样的差别存在，在进行个体的学习辅导时，针对不同的个体制订不同的教育计划，针对不同个体采取差异化的施教方式，展开不同的教育。

对于受教育者来说，他们会在个性化的教育过程中，感受到个体受到的关注，在心理上感受到被关注的满足，同时在教学效果上，这种因材施教的方式，会让受教育者有的放矢地针对问题进行有效的学习。

对教育者来说，个性化教育提出了很高的要求，要在心理上和教学手段上做好针对不同个体采用不同心态和方法的准备。要能够掌握不同个体的学习进度，根据学习进度制订不同的教学计划。好处在于，教育者能够全面掌握受教个体的不同情况，能够逐一解决教学中的问题，并在融洽的师生关系中有效而全面地引导和塑造受教育者。

第三节　巴学园的自由与自律

一、巴学园里的自由

孩子最需要的是让他去享受和拥有这个属于孩子的过程，而不是让他在还是孩子的年龄，去承担不属于孩子的任务或者使命。我们的教育中常常忽略了这一点。

约翰·洛克的儿童观在中国实际上是有着根深蒂固的土壤的。儒家文化在儿童观上与约翰·洛克有着惊人的一致性和相似性。在这样的一种观念中，教育致力于使儿童符合社会的需要。将儿童逐步规范向成人社会的过程，是远离儿童天性的约束和框定的过程。在整个过程中，儿童被视为特殊的、需要驯化的群体。他们与成人不同，而势必要成人，但成为什么样的人，是社会的管理者预先就规划和设置好了的。于是，每一个儿童将在这样的一个管理机制中，被塑造成他或者她应该成为的样子。对于约翰·洛克来说，就是"好公民""好商人"，对于儒家文化来说，就是符合三纲五常、知书达礼的奉公守法的臣民。自由在这样的教育理念中，变成了一种稀缺品。当然，不是没有自由，只是自由不是被提倡的重点。天性需要被压抑和束缚，知羞知耻，行为有规矩。如此，才能符合未来社会管理的需要，社会才会按部就班地有序运行。这是符合社会管理者的理想的……

人知羞耻，并懂得规范自己的行为，使自己适应社会，这是一种进步。但人如果只懂得服从，听命于命令与规则的指手画脚，人又不成其为人。

人应当成为人自己。

如果想让我们的孩子成为他自己，作为教育者，我们必须给他一样东西。我们把它叫作自由。只有把自由赋予成长中的孩子，他才能成为自己，否则的话他就要跟他的自我分离。

那么,人如何才能成为人自己?这种自由是通过哪些方面来实现的呢?其实不外乎两点:活动的自由与意志的自由,即人能够自由支配自己的行动,人有自由的意志。

蒙特梭利将此表述为:"自由就是活动"与"自己做自己的主人"。对于儿童来说,自由就是他可以按自己的愿望活动,按照儿童的感官体验的方式来自主地了解外部世界。很多幼教工作者发现,许多刚刚上幼儿园的孩子在行为上常常呈现出好动并混乱的特征,但是如果能够给他们一定的空间和时间,有的孩子会很快平静且稳定下来,有的孩子则需要稍长一些时间。其实,我们都有这样的体验,当你想要了解环境,但环境却抑制你的这种探索欲时,你行动的焦点几乎会不由自主地转向,你会自然而然地将你行动的指针调整到冲破限制,打破规则的表盘上。心理学家将其称为成长焦虑,而这种焦虑本身其实就是一种对自由行为的抑制。

孩子到达陌生环境时的心理不一而同地显示为好奇,虽然个性不同,但想要熟悉环境的心理是一致的。这种想要一探究竟的心理得到满足之后,便会趋于平静,然后会自然而然地寻找更为新鲜和新奇的事物去了解和认识,这是一种生命内在的倾向和驱动。我们会在足够平静和稳定的时候,寻找新的生命需要。对于孩子来说,自由的活动几乎等同于他的思考。孩子的成长,常常是借助于亲身的体验活动来获得的。自由地行动,才会促进智力的自然发展。心智和情感的提升也有赖于这个过程。

自己做自己的主人,就是你可以按照自己的意志支配自己的行为,执行自己的计划,你的计划不被任何人破坏,可以自由地得以实施。自由并不意味着你可以为所欲为,但意味着你可以不受外界的压力与干扰,从事自己想要做的事情。

巴学园致力于为孩子创造这样一个能够自由活动,并可以培养孩子的自由意志的空间。在巴学园里,你可以感觉到一种自由的气氛。孩子们可以选择自己的座位,选择自己的课程,选择自己的行为并对自己负责。自由地选择意味着要思考取舍,我们要根据自己的爱好,结合自己的经验,进行一番思考与判断,才能做出自己的决定。如果仅仅是率性而为,事后也要为自己的率性承担行为的后果。

正因如此,才会有电车教室里,秩序井然、毫无争执地各自坐在自己的座位上的开心的孩子,才会有各自学习各自喜爱的课程,并不会相互打扰,因为自由的活动让这里的孩子都得到了满足,因此他们才能够平静地参与着自己喜爱的活动,学习和玩耍毫不冲突地交织在一起。

二、巴学园里的自律

巴学园是一个自由的校园,孩子们在这里自由地学习与生活,但我们看到的并不是混乱的校园。这里井然有序,孩子们之间彼此亲密有爱、彬彬有礼,就算是一起出游,也都知道作为一个团体出行的种种规矩。但似乎没有有关规矩的教育在他们的日常生活中约束他们,他们不约而同地懂得约束自己的行为以适应团体。

巴学园的孩子们今天准备好了温泉旅行的用品,集中到了学校里。当大家都来到校园之后,校长先生说:
"准备好了吗?我们要坐火车,还要坐船,千万不要迷路啊。好了,出发!"
校长先生的祝福只有这么一句。不过,大家从自由之丘车站乘坐东横线的时候,却安静得让人惊讶。没有人跑来跑去,即使要和身旁的同学说话,孩子们也是安安静静地小声说。在巴学园,孩子们从来没有被教导"排成一列规规矩矩地走路",或者是"在电车上要安静""不许乱扔果皮纸屑"之类的话。但是,在日常生活中,孩子们不知不觉地就知道了很多:比如,欺负比自己小的、弱的人是可耻的事;看到乱糟糟的地方,要主动打扫;尽量不要妨碍别人……这些观念已经深深地植根在孩子们心里。

巴学园的孩子们逃脱了冰冷的各种规训和教育,但是仍然在巴学园日常的生活中感受到了有益的影响,他们已经从被别人约束进入了自我约束的状态。我们把这种约束称作自律。

自律,也叫控制自我或自控,从心理学上分析,自律就是用自己的理智来约束自己。著名儿童心理学家皮亚杰认为:儿童的道德判断有一个由他律向自律的过渡阶段。所谓他律,指儿童的道德判断受他自身以外的价值标准的支配,而自律是受他自己的主观价值标准的支配。

那么,让人好奇的是,巴学园的孩子们是怎样由他律走向自律的呢?尤其像小豆豆这样的被普通学校认为是"问题儿童"的孩子。

就在这几个月之前啊,小豆豆在课堂上,还站在窗边和宣传艺人说话,使得整个班的同学都没办法上课。但自从小豆豆来到巴学园的第一天起,她就开始安静地坐在自己的位子上学习,想想真是不可思议。而且,今天,小豆豆和大家一起乖乖地坐着出门旅行,这如果被以前学校的老师看到,一定会惊诧地说"好像变了一个人"吧?

这一切是如何发生的呢?按照黑柳彻子的讲述,我们首先感受到的是巴学园自由的气氛。自由是自律肇始的前提。自由决定自我。

因为可以自由地活动,所以在自由活动的时候,人具有自由的意志,也就是说,人可以决定自己要做什么。决定就是一种选择,选择这样的行为或者那样的行为。对于孩子来说,最初的选择往往是利己的,自己喜欢的,自己愿意做的。在他一个人行动的时候,他的行为不与他人发生冲突,但一旦他与他人一同行动的时候,就会发生交叉以及接触,与自己的意愿发生了一定程度的对抗和冲突的情境一旦产生,他必然要在心里衡量其中的利害,或者依从自己的意志和意愿,不与他人协作,或者部分地调整原有的意愿,与他人协作继续进行,当然也可能放弃自己的意愿,完全服从他人……根据个性的不同、自我意志和意愿的强烈程度、他人意愿与自我意愿的冲突程度等等因素,个体会在自由的条件下进行自我的衡量、思考、判断,并最终决定自己的行为。而整个过程便是一个完整的、独立的自我意志决断的过程。换句话说,在自由的条件下,人会在没有外部力量的协助或是压迫下,自我选择,自我决定,真正地以"我"的方式进行决断。

这是一个"我"的成长过程,是一个真正独立的个体做出决定的过程。

在"我"的独立意志成长起来的时候,孩子才真正成长起来。他律是孩子成长过程中的协助和规程,并不能帮助孩子成长。他律只是在不断地从旁边协助社会矫正人在社会中的不符合社会规范的偏差,是外在于人,而非对人的内化。只有当他律融入人的人生观、价值观之中,成为可以牵动人的理智与意愿的重要因素时,他律才能够实现对人行为的约束,而这时他律才完成了自己的使命,转化为自律,实现人对自我行为的约束。

巴学园的孩子们并没有每天被耳提面命地提醒应该如何行动,他们在校园内有足够的自由,并经常跟老师在校外散步中自由地学习,按照自己的意愿安排自己课程的顺序,老师会根据每个人的学习情况进行随机的辅导。每个人都在按照自己的意愿决定自己的行为。但巴学园也经常安排集体活动,例如一起在礼堂里扎帐篷露营,让孩子们彼此接触、熟悉,孩子们按照自己的方式认识其他的孩子,孩子们自有自己接触和交往的方式,但前提是自由与平等。孩子们在这样的前提下,学会了如何与他人交往,如何在与他人交往的过程中,既保有自我,又和谐相处,并且会为自己喜爱的人选择奉献自己或者牺牲小我的某些利益。这实际上已经从单纯的自律又升华了一个层次了。

我们其实可以从巴学园对学生的影响中看到自律养成的一种方式——承担责任。黑柳彻子在记述自己把钱包掉进厕所里的事情时,我们看到的是校长观察但不干涉的处理方式。像小豆豆这样丢三落四的孩子,妈妈的嘱咐变得毫无用处,这几乎是生活中司空见惯的画面。所以,这一段对许多教育者来说是十分有启发的。

我们首先自省一下,一般遇到这种情况时,成人的反应与方式。

我们会责怪孩子丢失了钱包。但在钱包掉进粪池以后,完全变成了无用的啰唆与唠叨。因此,孩子选择要把它找回来的行为。这个行为从孩子的出发点上来看是个正向的行为,是孩子对自己的疏忽进行弥补的行为。问题是,把粪池掏空这件事对于孩子是一件吃力但成效甚微的事情。成人眼见这样的事实会做出这种判断,但孩子不会。孩子对待事情的理想化,很可能会使她做了一半的时候半途而废,那么这个丢失并寻找的行为会立刻发生负向逆转,这其实会造成孩子实施了正向行为结果又不满意的负向效果。并且又会让成人据此断定孩子不负责任地将粪池里的秽物堆积在一旁,再次得出"真是个坏孩子"的结论。

"丢失—寻找—放弃—不负责任"的曲线让孩子的心理也经历了"沮丧—兴奋—泄气—自暴自弃—反正我是个坏孩子"的过程。

这样的过程在生活中十分常见,我们经常看见许多成人一边唠叨,一边在孩子的身后不停地收拾残局,孩子也十分沮丧、懊恼,当然如果这样的情境反复出现之后,会看到孩子木然甚至毫不在乎的表情。显然,这样的教育方式不会让孩子学会自律,因为孩子除了沮丧、被责骂和深深的挫败感,什么都没有得到。这种教育注定是失败的。

但小林宗作校长的方式是,观察、了解,在适当的时候恰当地提醒。

就拿小豆豆的钱包落在粪池这件事来说,小林宗作校长只是像朋友一样说了一句"弄完以后,要把这些全都放回去啊!",没有责骂,没有教训,但孩子能够自然地接受,感受到了尊重,也得到了教训。对于小豆豆来说,"经过这件事,小豆豆上厕所的时候,再也不往下看了"。小林宗作校长在通过自己的"无为"激发着孩子自身的"有为",激发孩子主动地体验与认识自己的失误造成的后果,并敢于承担。

自律的产生仰仗于个体对后果的有效认知和对责任的勇敢承担。只有这样,才会产生真正的自律。即不是源于压力与恐惧,而是因为充分地认识到问题,并内化为对自我自觉的约束。与压力、恐惧带来的自律不同的是,这种自律的背后充满了爱与尊重,这才是这种自律最为难能可贵的地方。

第十章

巴学园的体验式教育

黑柳彻子眼中的理想教育

在巴学园里，我们看到孩子们在校长和老师的带领与引导下，一步步地经历、体验着周遭的世界，在自由的环境中逐渐成长。孩子们在巴学园里获得的不仅是知识的教育，还有生活的教育。但是在当下，一些人对教育的认识却产生了偏差：把教育完全托付给学校等各种机构，忽视孩子的家庭教育；教育仅仅是知识的灌输，缺乏实践与体验；为了应付考试，教育越来越功利化……在各种因素的影响下，教育正逐渐偏离正途，而在这样的教育中成长起来的孩子，也在这种有偏差的教育的引领下，步入歧途……

重新校正教育的概念，是所有教育者的当务之急。

第十章 巴学园的体验式教育

第一节 在体验中学习的巴学园

一、吃与学

巴学园的午餐不叫午餐，叫"海的味道"和"山的味道"。小林宗作校长的这个发明，让初到巴学园的小豆豆十分惊讶。因为，一般的学校在说到学生带的餐盒时，会对家长说，"请注意不要让孩子养成偏食的习惯"，"请注意营养的全面和均衡"，但小林宗作校长却嘱咐家长们"请让他们带来海的味道和山的味道"。

对于孩子们来说，这是多么新奇的一个说法。"午餐与味道"被非常美妙地联系在一起，这种味道的来源也非常清楚地明确为"海"和"山"这样具体和鲜明的形象。人的思维一开始是形象的，然后一点点地抽象概括起来。从儿童到成人的过程是一个逐渐从具象思维到抽象思维的过程。孩子最先接受、最乐于接受的就是具体的形象，而非抽象的概念，更不要说是某种观念了。

吃是人类最基本的需要，但吃什么，要怎样吃，在社会发展的过程中，慢慢地形成了一些观念，像"不要偏食""营养要全面和均衡"，都是发展中所逐渐累积的经验。可是，对于小孩子来说，吃什么，要怎样吃，最先决定于自己的感官，是孩子的眼睛、鼻子、舌头所看到的、闻到的和尝到的，决定了想吃什么，不想吃什么。可见，吃是一种最直观的体验。孩子可以在吃的过程中，体验到吃所带来的感官的各种体验，并且产生一系列的感受与判断。

让吃的体验成为一种教育的契机，在体验中教育。这是巴学园体验式教育的入口。

你吃的是什么？它从哪里来？它原始的颜色、形状、气味、状态是什么样的？它做成了食物以后，又变成了什么样子、什么味道、什么气味儿？……根据不同年龄的孩子知识储备的不同,我们可以调整问题的难度;对于偏食的孩子,我们可以调整问题的方向……

比如,对于高年级的孩子,我们可以跟他们探讨,为什么生食和熟食在形状和味道上发生了变化,原因在哪里。对于偏食的孩子,我们可以请他说一说不喜欢某种食物的原因,然后和大家一起在讨论的过程中认识一下这种他不喜欢的食物。全面地认知,有助于破除偏见,而且孩子可能会在集体的有益影响下改变观念。

二、玩与学

在巴学园里,孩子们可以在散步的时候学习到知识。上午在电车教室里选择自己最喜欢的课程学习,如果今天的任务都学习完了,下午就可以在老师的带领下去散步了!这是小豆豆特别喜欢的事情。看到黑柳彻子如下的描写,哪个孩子会不喜欢呢?

> 出了校门以后,女老师走在中间,九名一年级的小学生沿着小河边走着。小河的两岸生长着成排的高大樱花树,就在不久前,樱花刚刚怒放过。现在视野所及的是一望无际的油菜花。……
> 小学生们一边叽叽喳喳地说着话,一边向前走着。天空蓝蓝的,许许多多美丽的蝴蝶翩翩地飞舞着。

在散步中看到大自然中的景物,可以自由地彼此交谈,呼吸着新鲜的空气,在教室里的那种严肃与紧张的气氛消失了,取而代之的是玩耍时的轻松愉快的心情。但这不是普通的散步。而是一种对自然的体验,是对真实世界最真切的接触。孩子们走在河岸上,可以看见樱花树与油菜田,可以闻到空气中弥漫着的混合的花香。在色彩丰富的世界中,感受到自然的美与其中隐含着的力量。这一切如此深刻地印刻在孩子的头脑中,就像黑柳彻子经年之后仍然记得并描绘出来的那样——一幅美的画面。记忆中的某种味道会在多少年之后,仍然能让你回忆起让你有所感怀的旧时光。

第十章　巴学园的体验式教育

不仅如此,巴学园的老师在孩子们体验着自然的美与力量的同时,也抓住了教育的机会……

> 大约走了十分钟,女老师停下了脚步,指着黄色的油菜花,问:
> "这是油菜花。油菜为什么要开花呢?大家知道吗?"
> 接着,老师讲了雌蕊和雄蕊的知识。小学生们都蹲到了路上,观察油菜花。老师告诉大家,蝴蝶也在帮助花儿开放。确实,蝴蝶们都是一副忙忙碌碌的样子,真像是在给花朵帮忙呢。

在这样的时刻,孩子们的心情是愉悦的,这样的心情让他们乐于交谈,乐于倾听,何况他们听到的恰恰也是他们很想知道的事情。那些美丽的花是如何繁衍生命的,那些大自然中的植物是如何在田野中生活的,那些美丽的蝴蝶不仅仅是飞翔着的美景,它们也是生命延续的密码之一。这些知识在孩子对自然的体验中,毫不生硬地进入了孩子的头脑中。这让人不禁想到,在古希腊的林荫道上,柏拉图带着学生们一边漫步,一边倾心交谈。这种自然又自如的方式,让孩子的大脑自在地思考、分析、判断……

对于孩子们来说,散步的时候是自由的,是可以尽情玩耍的时刻。但实际上,散步的时候也可以学习历史、生物等知识。

对于孩子们来说,那些看到的、听到的、闻到的、触摸到的事物,那些散发着清香的树木花草,林间呼啸的风声,河道中奔涌的水流,一齐感染着孩子的心灵。体验带来的经验,远比灌输性的传授更让人印象深刻。

像这样适时而动的教育发生在一切能够让孩子体验到的时机当中,比如巴学园引进新的电车的那一次,校长允许孩子们带着睡袋到学校等待,孩子们亲眼见到电车拉过来,从运送车辆中卸载下来的全过程。孩子们对事情的期待,眼见电车到来时的兴奋,使得他们对眼前的一切都充满兴趣,而校长在这样的时刻,不忘适时地插入教育的内容:"那个叫作'滚轴',利用滚动,就能够移动那么大的电车。"亲身的体验,加上校长的讲解,孩子们对知识的积累就这样自然而然地进行并完成。

第二节　在体验中感悟的巴学园

教育不仅是书本的、课堂的、学校的,也不仅是知识的、信条的,更是生活的、心灵的、品行与品性的。教育不单是培养有着许多科学知识的人,它更致力于培养有感情、有血肉、有思想的人。理性与感性综合、平衡,懂得爱与感恩,懂得他律与自律,懂得尊重他人也尊重自己,独立、自强、阳光的人,才是一个正常的人、完整的人、成熟的人。这是巴学园的目标,也是小林宗作校长对教育的认识,也因此,才有像小豆豆这样的孩子。

一、无论什么样的身体,都是美丽的

巴学园里的游泳池是孩子们夏日嬉戏的好地方,大家可以在一起游泳,每个人都裸身相向。小林宗作依然在贯彻他自然教育的理念。

"在别人面前拼命地掩藏自己的身体,是不自然的事。"校长先生想告诉孩子们:

"无论什么样的身体,都是美丽的。"

在巴学园的孩子们当中,有泰明那样曾患过小儿麻痹症的孩子,也有身体极为矮小的孩子,像这样身体有障碍的孩子有好几个。当大家都光着身子一起玩耍的时候,这些孩子对自己身体的羞耻感就在不知不觉间消除了,这样就不会使他们怀有自己比不上别人的"劣等意识"。校长先生就是这样考虑的,而事实也的确如此:那些身体上有障碍的孩子一开始还很害羞,但是不一会儿他们就放松了,快乐的感觉占了上风,而"真让人害羞"之类的想法,不知什么时候已经抛到九霄云外去了。

我们在这个小片段中看到的是与我们国家不同的身体文化,这其中确实有

着日本文化中的民族性因素,但"无论什么样的身体,都是美丽的",却具有普适性。对于残障儿童来说,这并不是在暴露残障,而是教会这些孩子正视自我。巴学园所传递的这种"无论什么样的身体,都是美丽的"的理念深深地影响着每一个孩子,这不仅仅是针对残障儿童而特设的环节,它教会每一个孩子都正视自己,将自己的存在当成一种合理和完整。在孩子们的玩耍中,正常的孩子学会了正视别人、正视自己,残障的孩子也是如此,并且因为这种对自己的正视,而在内心中升腾起强大的自信,独立的自我观念悄然生成。这在小豆豆与泰明的交往中得到了充分的体现。

小豆豆邀请泰明和她一起爬一棵属于小豆豆的树,这在大人的眼中是非常危险的事情。但在小豆豆的心里,泰明与她并没有什么两样,她很平等地对待泰明,将泰明当成一个正常的孩子。泰明因为身体的缺陷不能像她一样爬到树上去看风景,在小豆豆看来这是一件非常遗憾的事情,所以,她想要帮助自己的朋友弥补这个遗憾。因此,才有了这样的一次大冒险。从当时的情形来看,孩子的心里只想着努力地实现,并没有冒险的观念。但是在成人的眼中,这实在是一次危险至极的行为。从泰明的角度来看,他从小就已经习惯被家人呵护,接受同龄孩子好奇的眼光,也习惯于身体的不完整带来的诸多不便。一直被当作异类是残障孩子很难逾越的一个心理障碍。身体的不完美,也间接造成心灵的不完整。但泰明在巴学园里所感受到的氛围是校长所提出的"无论什么样的身体,都是美丽的"。这一定会让他感受到前所未有的鼓励与尊重,而完整的小孩儿小豆豆所给予他的关爱,不但让他得以克服身体的不完整带来的不便,也让他的心灵得到了充盈。大冒险确实是大冒险,但收获也是巨大的。泰明的人生是短暂的,但在小豆豆的努力下,在他自己的争取下,他也爬上了一棵树,在一个惬意的夏日午后,在大树的枝丫间,看到不一样的风景,这种心灵的满足和愉悦,相信是泰明短暂生命中的一抹亮色吧。这要得益于巴学园的这种观念对孩子整个人生的照拂。

小林宗作先生为孩子们提供了这样的情境,并且在情境中向孩子们传达了这样的认识,这不是课堂上所能传授的经验与知识,这是一种人生观、价值观的影响,不是灌输和识记所能达到的。

二、温泉旅行与溪谷野炊

在学校里露营,去寺庙里"试胆量",这都没有真正地离开家。去土肥温泉的旅行,让孩子们真正地体验到了没有家长可依靠、凡事要靠自己的生活。

> 比如说,大家要轮流去蔬菜店或者鱼店买做晚饭的菜,碰上陌生的人问"是哪个学校的小学生"或者"从哪儿来的",还一定要好好地回答。这期间,有的孩子在树林里迷路了,有的孩子在海里游出去很远却游不回来了,让大家非常担心。有的孩子还被落在海边的碎玻璃割破了脚。每当这种时候,孩子们都会积极地思考:"该怎么办?"孩子们都希望自己的办法最有用。
>
> 不过,毕竟还是快乐的时候多。这里有一大片树林,有好多好多的蝉在唱歌,还有卖棒冰的店。

孩子们第一次走出去,接触到陌生的生活,要学会在陌生的地方生存,要和陌生人打交道,要试着去打理日常的生活,要像大人一样买菜做饭。对于孩子们来说,会有一些困惑,但更多的是新奇,他们带着这种新奇努力地适应旅行带来的变化。他们在这种旅行带来的变化中,感受到了快乐,并且自然而然地得到了成长。

巴学园组织去等等力溪谷的野炊,也让孩子们兴奋不已。

> 孩子们下了电车,来到了等等力溪谷。校长先生在树林里看到孩子们集合起来,阳光从高大的树木枝叶间隙流泻下来,孩子们的脸上也洋溢着光彩,可爱极了。每个孩子的登山包都是鼓鼓囊囊的,大家静静地等待校长先生指挥下一步干什么。在孩子们身后,是著名的等等力瀑布。丰沛的瀑布水流发出强劲的哗哗声,节奏既激扬又优美。校长先生说:
> "准备好了吗?几个人分成一个小组,先用老师们带来的砖头搭几个炉灶,然后大家分头行动,在溪水里淘米,在火上煮熟以后,再开始做肉汤。好,下面开始行动。"

孩子们用猜拳的方式分了组,搭炉灶,捡干柴,淘米。整个过程,孩子们自己把工作分好。小豆豆自告奋勇去切菜,这是她为了这次野炊,特意向妈妈讨教的,在这个部分,她有了充分的准备,甚至想好了等菜好了,一定要做妈妈的那个摸耳垂的动作……

不一会儿,每一只锅里都冒出缕缕香气。在这以前,大部分的孩子在自己家里,都没有这么耐心地看过锅里,也不曾自己照料炉火。大家都习惯了等饭菜摆在桌子上的时候才去吃。所以,通过这次野炊,孩子们体会到了自己做饭的乐趣,同时也知道了做饭是多么不容易,还知道了各种食物从生到熟,会发生好多变化。这些对孩子们来说,都是了不起的新发现。

集体活动给了孩子们互相接触、互相协作的机会。更重要的是,这样的活动让孩子们体验到了实际的生活,也检验到自己是否具备生活、生存的能力。这是许多学校教育缺失的部分。很多学校的教育执着于知识的传授,将考试成绩作为学生好坏的衡量标准,知识的积累也脱离了生活实践。

现行小学三年级的数学课本中有这样一个类型题目:"兰兰帮妈妈做家务,淘米2分钟,洗菜5分钟,炒菜10分钟,煮饭20分钟,盛饭1分钟。请问做这些家务至少需要多长时间?"在教学中,老师发现总是有一些孩子搞不懂这种题目。其实,解决的方法很简单,让孩子回家参与做家务,在妈妈做饭的时候在一旁帮忙就好了,这样,孩子对问题的认识迅速就会在实践中提高。小学课本中的基础知识也是从现实生活中总结出来的经验。孩子们习得的经验、智慧,如果与生活脱节,学不能致用,就变成了空中楼阁,也很容易被遗忘。一旦孩子懂得知识与生活之间的关系,将知识作为一种生活的技能来掌握,使知识得以在生活中反复地运用,那么还怕遗忘吗?

在等等力溪谷的野炊前,孩子们本能地想要为集体做些什么,所以为了这次活动,小豆豆向母亲学习做饭的技能。这种体验不但带来了孩子生活技能的提升,也提高了孩子对劳动的认识,并通过在集体中的表现实现对自我的认可。无论如何,孩子们有一天会步入生活,会进入社会,会组成家庭,成为社会中的一员,他需要会生活,懂得生活,会与他人合作,也会与他人分担,他需要具备生活的能力,做一个对大家来说不可缺少的人。这远比在学校里考一百分更值得让孩子骄傲和自豪，也是教育理应实现的目标，但这却成为当下教育中缺失的一块。

所以无论是等等力溪谷的野炊，还是温泉旅行，孩子们都在这种集体活动的体验中习得生活的经验，并从中提高着生活的能力，感悟着生活中的智慧。

在巴学园里，很多观念的渗透和知识的教授都是在体验中向孩子们传达的，孩子们以体验的方式不知不觉地受到了影响，习得了知识，并且受益终生。这种体验式的教育让孩子们得以在自我的驱使下向知识无限地靠拢，学习的主观性得以最大限度的发挥。巴学园的教育为我们提供了体验式教育的范本。

第十章 巴学园的体验式教育

第三节　巴学园的启发

不难发现，在任何学科建立的初始阶段，都遵守着一些规范。启蒙运动以后，理性主义构成了学科研究的基本框架。教育成为一门学科，确立了自己的学术规范和理论范式。此后，教育便以学科的面目在理性主义框架的规约下形成了日益严密的体系。值得肯定和承认的是，这种规范将既往的教育经验和理念进行了系统的整理和缜密的逻辑梳理，为教育者提供了许多经典的模板和理论，这种理论层面的丰富为进一步的探求和思索奠定了较为坚实的基础。从教育研究的角度来看，教育学的相关研究成果十分丰硕。但教育学的繁荣并不代表教育理念在实践中的普及和应用。不容忽视的事实是，与知识教育的丰硕对比，生活教育的缺失非常严重。

巴学园提供给我们一种根植于生活、根植于儿童的体验式教育的模式。它不仅关注儿童的知识教育，关注儿童的生活教育，而且采用了让儿童体验知识、体验生活的教育模式。

体验式教育在教育界并不是一个陌生的领域。美国著名教育家杜威基于经验主义的思想提出："经验包含一个主动的因素和一个被动的因素，这两个因素以其特有的形式结合着。"具体而言，主动的因素指的就是体验，被动的因素则指承受。体验是为了某个目标而进行的主动尝试，承受则是接受感觉或承受体验带来的结果。换句话说，只有当孩子将主动的尝试和被动的承受完美地在头脑中碰撞，才能有机会将其转化为经验。

因此杜威认为，要保障人类经验的传承、积累和改造，学校教育就必须为学生学习知识提供材料，以缩短他们认识知识的进程，但如果他们想要获得对知识的真正把握和理解，则必须通过运用、尝试、改造等一系列的实践活动来获取，这就是著名的"做中学"（learning by doing）。按照杜威的思想，只有通过具体的"做",才能达到改造个体行为的目的。可以肯定地说,人类对知识的吸纳是不能超越实践的,是一定要通过亲身的观察、体验、感悟,才能真正地将其刻印在头脑中。这种"做中学",是人认识世界的基本方式,是人自我教育的一个必经过程。事实上,家庭教育与学校教育应该了解这个过程,并且为这个过程助力。

美国社会心理学家、教育家大卫·库伯(David Kolb)是一位著名的体验式学习大师。他在总结了约翰·杜威、库尔特·勒温和皮亚杰经验学习模式的基础之上提出了其经验学习模式,即经验学习圈理论。1984年,大卫·库伯在他的著作《体验学习:体验——学习发展的源泉》一书中提出了体验学习的概念。并且,他把体验学习阐释为一个体验循环过程:具体的体验—对体验的反思—形成抽象的概念—行动实验—具体的体验,如此循环,形成一个连贯的学习经历,学习者自动地完成着反馈与调整,经历一个学习过程,并在体验中认知。

教育最主要的目标是培养孩子们生活的品质。所谓生活的品质,即要富有进取心、好奇心、永不言败的精神、韧性、自我判断的能力,尤其是同情心。这既是一个人的品德与行为的指针,同时又会在自我的努力下吸纳知识与技能。学校的教育如果不能为学生提供平衡成长的机会与空间,孩子们不能够在其中建立自信,不懂得感恩,不懂得相互体谅,那么就是一种教育缺失。

巴学园让孩子们在体验中去感知真实的自然与世界,并激发孩子们对自己体验的思考。在每一个具体的情境中,孩子们参与、体察、感悟,通过个体的行为与情境的交互,得到了具体的经验,孩子们确实在完成着反馈与调整,全身心地经历着学习的过程,在一番自我的思索与判断中,习得了某个经验,形成了知识,并牢固地刻印在了头脑中。

巴学园在教授孩子们学识的同时,让孩子们亲身体验、挑战和突破,甚至允许孩子们去冒险。他们举办健康的体育活动,比如游泳和运动会,提高学生的体能;每天的散步既让孩子们得到了自由活动带来的惬意与满足,又可以不拘小节地在各种教育机会中给孩子们以知识。它倡导健康的生活方式,并不鼓励极端的竞争行为,在运动会上让孩子们努力地拼搏,却又让个子矮小的高桥君总是拿第一名,让每一个人都看到自己的长处和短处,真正激发了每个人在群体活动中的活力。

在我们对教育的反思中,重要的是对生活体验保持敏感,对生活世界做出解释性的理解,从而理解孩子,并提供给孩子更多适合他们成长的体验。时刻不放弃思考如何与孩子相处、如何与孩子构建起一种关怀的关系,从孩子的角度出发,设身处地地研究孩子的心理和状况,从而选择适合孩子的方式引导孩子健康成长,是每一个教育者的初衷,也是目的。

第十一章

倾听的教育

倾听是人类交往过程中,交往对象间的一种普遍的行为。一个人说,另一个人听。倾听者对谈话者的兴趣和关注,会深深地感染谈话者,使谈话者因为这种兴趣和关注,得到足够的尊重、鼓励和肯定,并乐于在谈话的领域中进一步积极地思考和表达。

倾听的态度,是教育者应有的态度。教育过程中的倾诉与倾听对成长中的儿童来说,尤为重要。

自然教育的理念指出,遵循孩子成长的规律,让孩子能够在自然的状态中成长起来,倾听是接近孩子、了解孩子的最好方式。

第十一章 倾听的教育

第一节 想说的话，说个够

小豆豆去巴学园的第一天，是妈妈带着她在巴学园熟悉环境的一天。小豆豆完全被这样的巴学园迷住了，大树做成的门，电车教室，这难道不是梦幻中的地方吗？可是，妈妈却不知道巴学园会不会接受小豆豆这样的学生，直到小林宗作校长对妈妈说："下面我想和小豆豆谈一谈，您请回吧。"妈妈才放心地带上门走了。接下来，是让小豆豆一辈子也忘不了的一次谈话。不是小林校长的谈话内容多深刻，多富有教育意义，而是他的行为给年幼的小豆豆留下了深刻的、难以磨灭的印象。

校长先生把椅子拉到小豆豆跟前，面对小豆豆坐了下来，说：
"好了，你跟老师说说话吧，说什么都行。把想说的话，全部说给老师听听。"
"想说的话？"
小豆豆本来以为校长先生会问些什么问题，让自己回答。当听到"说什么都行"时，小豆豆开心极了，立刻开始说起来。说话的顺序、说话的方式，都有点乱七八糟的，但她拼命地说着……
诸如此类的事，小豆豆一件一件地说起来。校长先生边听边笑着，点着头，有时还问"后来呢"，小豆豆越发开心，说个没完没了。可是，慢慢地，终于快要没什么可说的了。小豆豆闭上了嘴，想着再说点儿什么。这时，先生问：
"已经没有了吗？"
小豆豆觉得就这样结束了的话，未免太可惜了。好不容易有人愿意听自己说话，这么好的机会可不能错过。
"还有什么可说的呢？没有了吗？"
小豆豆的脑子在急速地转动。想啊想，终于，"有了！"她又发现了一个话题。
……

黑柳彻子眼中的理想教育

说完之后,小豆豆绞尽脑汁想啊想,这回确实真的找不到什么可说的了。小豆豆不禁有些伤心,这时,校长先生站了起来,用温暖的大手摸摸小豆豆的头,说:

"好了,从今天起,你就是这个学校的学生了。"

读了这几段,我们试着回想一下,自己有没有这样的时候,面对一个自己很想倾诉的人,却被他(她)打断或者拒绝,于是满心的话积攒在胸口和嘴边,无处诉说,进而心生愤懑。那一刻,不知道到哪里去一吐为快才好,让人十分难受。

孩子难道不是这样的吗?我们常常在长大成人后,忘记了自己曾经也有这样的时候。尤其是为人父母、为人师表的时候,我们有许多堂而皇之的理由,把那个信任你、依赖你,想要把他(她)最兴奋、最隐秘、最开心、最悲伤的事情讲给你听的小人儿,拒之于千里之外,任凭他(她)一个人无处倾吐地在一角郁闷,或者跑到哪里闯个祸,再被你痛骂上一顿才罢了。那个小家伙其实只有一个简单得不能再简单的愿望,想要让你听他说,你倾听的姿态对他来说,就是一次巨大的满足,足以让他感受到自己有所依托、有所支持。而你的倾听带给他的影响,可能是你居高临下、正襟危坐式的教育所远远不能比拟的。

黑柳彻子的这一个小短篇记录的是自己与小林宗作校长的第一次见面,但却堪称时下被大家津津乐道的倾听教育的范本。

一、想说什么都行

教育是一种互动的行为。施教者对受教者的教导化育,使得受教者有所成长。过去的教育方式和方法,往往更强调单向的、成人的施教者向未成年的受教者呈现信息的流动状态。但显然,当我们将童年作为一个阶段加以接受和区别,就必须要看到童年与成年间的差异,并遵循儿童的认知和理解的方式,调整我们对儿童的教育方式和方法,这其实是对儿童反馈得来的经验的集结。

显然,孩子不像简单的一张白纸,由着你怎样画都行。他有他的反应,有他的要求,他有情感,有自己对外界与他人的认识。黑柳彻子这样写她第一次看到校长的反应:"只有一瞬间,小豆豆有点儿担心。但朦朦胧胧地,小豆豆觉得和这位校长先生在一起很让人放心。"这是孩子对外界做出的反应。

她继续记述,校长搬过一把椅子坐到她对面,并且告诉她:"把想说的话,全部说给老师听听。"她是十分惊讶的,因为在她的心里,对于老师的印象,是曾经上学的经历中,老师问她什么,她再回答什么的。显然不是可以自由地倾诉的方式。因此,黑柳彻子对自己当时倾诉的方式,用"乱七八糟,但拼命地说"来描述。她从刚刚来到巴学园的路上说起,说到电车的速度、车站检票的大叔,说到原来读书时漂亮的班主任、学校里的燕子窝,又说到家里的宠物狗,然后想到小时候上幼稚园时,把剪刀放进嘴巴里,被老师责骂,说到爸爸、妈妈……

黑柳彻子记述了一个孩子在听到可以"想说什么,就说什么"时的反应。我们于是得以看到一个被释放出自我的孩子。自我之所以能在这样的过程中被释放,有赖于她在整个倾诉的过程中没有被打断,而作为倾听者的校长先生边听边笑着,甚至还点着头,有时候还问"后来呢"。孩子的反应自然而然就会像黑柳彻子所描述的那样"越发开心,说个没完没了",直到自己觉得真的没什么可说的了。但"小豆豆觉得就这样结束了的话,未免太可惜了。好不容易有人愿意听自己说话,这么好的机会可不能错过"的心理描写,也让我们感受到在日常的生活中,孩子的话语一定有许多许多次被忽略和拒绝了,所以才能在碰到小林校长这么乐于倾听、有充足的耐心的人时,感受到巨大的快乐与满足。

作为一般的读者,我们读到这一段会感觉到小豆豆的可爱,或者在心里希望自己在童年时也能碰见一位像小林宗作校长一样的老师。这样的感受恰恰说明,我们的童年很少有这样的时候,很少能够碰到这样的教育者。教育的互动在这样需要倾诉与倾听的时候很少发生,这就是我们在教育中需要强调和提升的部分,也是黑柳彻子通过这样的讲述传递给我们的信息。

二、专注地听

教育过程中的倾诉与倾听对成长中的儿童来说,尤为重要。

黑柳彻子眼中的理想教育

小林宗作在与小豆豆的初次见面中,就给这个孩子留下了深刻的印象,并让小豆豆产生了"生平第一次遇到了自己真正喜欢的人"的感受。

从小豆豆出生到现在,还从来没有一个人这么长时间地听她说话呢。而且,这么长的时间里,校长先生一次也没有打哈欠,一次也没有露出不耐烦的样子。他也像小豆豆那样,向前探着身体,专注地听着。

那时小豆豆还不会看时钟,但她也感觉到过了非常长的时间。如果她会看时钟的话,一定会更加吃惊,而且也会更加感激校长先生。因为,小豆豆和妈妈到学校的时候是八点钟,在校长办公室说完话,校长决定让小豆豆成为这个学校的学生之后,校长先生看了一下怀表说:"啊,已经是午饭时间啦。"这就是说,先生听小豆豆说了整整四个小时的话。

无论是之前,还是之后,再也没有一个大人这么认真地听小豆豆说过话。

向前探着身体,专注地听着;没有打哈欠,没有不耐烦;听小豆豆连着说了四个小时的话;在她说的中间不但没有打断她,还会边听边笑,点着头,还会问"后来呢"……而且,他不但倾听孩子们的谈话,还教会孩子们如何倾听别人的谈话。在短篇《"然后呢……"》当中,对不能够在别人面前表达自己的孩子,校长也努力地鼓励并引导孩子思考,进而使孩子能够大声地说出来。在众人面前说话,对许多孩子来说,都是一件非常有难度的事,并且一旦有人窃窃私语,或者是出现其他的状况,站在前面的孩子就会立刻失去好不容易攒起的勇气,落荒而逃般地回到自己的座位上去。但是小林校长在碰到这样的孩子时,并没有责难或者是强迫孩子去说,而是哈哈哈地笑着,并且对孩子说:"那么,我们编一个吧。"

这个说法,让大家突然间又产生了兴趣,无论是不肯讲的孩子,还是作为听众的孩子,这个"编一个"的提议无疑重新激发了大家的兴趣。

尽管这个无话可说的孩子在校长的一再启发下,也不过从早晨起床,说到刷牙,但是校长先生的认真与等待,却深深地影响了所有的孩子。而他随后说的那

第十一章 倾听的教育

一段话,被黑柳彻子认真地记在了这个短篇当中。

"很好。就这样,大家都知道你在早晨起床了。并不是说了有趣的事,或者令人发笑的事才了不起,而是像你这样,本来觉得'没话说'的,找到了可说的话,这才是最重要的。"

每一个孩子都认真地听着,分享着这个被不断地引导和激发着讲话兴趣的孩子的进步,"大家一齐往前探了探身""大家都非常快活""那个孩子有话可说了"。先生热烈地拍起手来,小豆豆他们也使劲儿鼓掌。站在正中间的那位"然后呢……"的男孩,也一起鼓起掌来。礼堂里一片鼓掌的声音。

在这个倾听和等待倾听的过程中,小林校长教会孩子们尊重与耐心。

就这样,小林校长身体力行,示范着什么才是真正的倾听,什么才是倾听的教育。

从黑柳彻子的记述中,我们可以感受到倾听者的真诚。这对黑柳彻子本人也是影响深远的。黑柳彻子在日本东京电视台主持的节目《彻子的部屋》,堪称日本最长寿的访谈类节目。在这样的一个访谈类节目中,黑柳彻子不但创造了鲜有病假、每一期节目都要穿不同的衣服和保持一如既往的洋葱头发型这样的纪录,她亲切和蔼、善于倾听,并适时地补充与引导的主持风格,也深受大家喜爱。在《彻子的部屋》中,黑柳彻子对采访对象的注视,总是保持略微前倾的姿态,适当地为采访对象的谈话进行补充和说明,引导对方延伸话题……黑柳彻子十足是善于倾听的小林宗作先生的继承者和传承者。

第二节 倾听的教育

一、倾听的姿态

倾听是人类交往过程中,交往对象间的一种普遍的行为。一个人对另一个人说,另一个人就会做出倾听的行为。但倾听姿势的不同,却可以让倾诉者或者其他旁观者感受到倾听者的态度。这种态度不仅能显现出倾听者对倾诉者内容的感兴趣程度,也可见倾听者个人的修养和品行,或者透露出其他的信息。

举一个最简单的例子。两个人在街边谈话,一方在说,另一方在听。听的一方如果频频看表,那么我们能够想到的是,听话的一方也许还有其他的事情,希望能够尽快地结束谈话。但人类的动作和行为往往不是单一出现的,而是复杂行为和表情的叠加。倾听者的姿势和态度,反馈给倾诉者的是对自我的肯定、否定、鼓励或者打压……

倾听,是一种姿势,更是一种态度。能够认真倾听他人谈话的人,就像小林宗作先生那样,身体保持向前探着的姿势,并专注地听着倾诉人说的内容。最重要的是,倾听不仅仅是一种姿势,倾听者不但要身体前倾地探向说话的人,他的眼睛要专注地看着谈话者,跟随着谈话者的谈话内容,感受谈话者的喜怒哀乐,并积极地做出回应。就像小林校长初见小豆豆时那种边听边笑,并不时地点头,或者饶有兴趣地追问"后来呢"的样子。倾听者对谈话者的兴趣和关注,深深地感染着谈话者,使谈话者因为这种兴趣和关注,得到足够的尊重、鼓励和肯定,并乐于在谈话的领域中进一步积极地思考和表达。

倾听的态度,是教育者应有的态度。自然教育的理念中指出,遵循孩子成长的规律,让孩子能够在自然的状态中成长起来,倾听是接近孩子、了解孩子的最好方式。

第十一章　倾听的教育

现代教育理论也认为，教育必须倾听，倾听意味着教育的开端。对于孩子来说，倾诉是一种需要，而被倾听是一种满足。心理学研究表明：在小学阶段，学生的自我意识飞速发展，他们渴望被家长理解、被同学尊重、被教师信任。他们十分在乎外界对他们的评价。在教育教学中尊重学生自我意识发展的最佳途径之一就是倾听他们的声音、赞赏他们的成长、体会他们的喜怒哀乐。而到了青少年时期，孩子更容易内心郁结，这个阶段也非常容易情绪化，他们内心常常充满奇思妙想，甚至叛逆、冲动，这个时候就需要倾诉。如果不能在孩子产生类似情绪的时候让他们通过倾诉的方式宣泄出来，那么孩子的心灵就会陷入不被理解，也难于疏导的境地。或者自怨自艾、郁郁寡欢，或者将过剩的精力随意发泄，酿成恶果。倾听，是对孩子心灵的一种疏导，是对孩子的一种尊重，也是一种呵护。作为教育者，如果能够做好倾听的姿态，并能够在倾听的时候，把握教育的机会，将会收到意想不到的教育效果。

那么什么才是真正有效的倾听呢？

如果你身体前倾，目光注视着孩子，但满脑子想的都是别的事情，表面看上去似乎在听，但实际上什么都没有听进去，在不需要互动的时候，孩子可能会产生很强的错觉，觉得你在听，他会在看到你的注视时感到短暂的满足，但教育从来都不是单向的，孩子的倾诉潜藏着希望你做出某种回应的愿望。你倾听的姿势不能掩盖你实质上的心不在焉，这会让孩子对你产生不可信赖与依靠的印象，与拒绝倾诉相比，好不到哪儿去。这是无效倾听，甚至会导致教育者与被教育者之间关系的破裂。

或者，你在认真地听他讲话，甚至还在纸上记着、圈点着，但你只是重视他表达的字眼和内容，并没有与他进行目光上的交流，甚至也没有注意到他在讲话时的表情和姿态，更不要提他眼神中流露出来的情绪。也许有些地方他语焉不详，你本应该就此询问，但是你过于在意记住那些字词和语句，却忽略了他此刻的情绪。而对于他来说，他急切地倾诉后会认为你已经完全领会了他的意思。你没有任何回应的倾听很有可能导致误解和错误的举动、时间的浪费以及对孩子消极情感的忽略。

黑柳彻子眼中的理想教育

事实上，教育中的有效倾听要求教育者不是做孩子倾诉内容的录音机，而要积极地倾听，整理并理解孩子倾诉时的情绪和真实的意图，要能够试着找出孩子隐藏的感受，切实地帮助孩子呈现他们想要表达的情感和需求。

当孩子来寻求倾诉的时候，作为教育者，最好能够放下手边的事情，像小林校长一样和孩子面对面地坐下来，让孩子感受到自己的倾诉即将得到一个安静的空间和足够的重视，这会使想要倾诉的孩子心情平静，或者给予他一种积极的暗示，让他感到所要面临的问题有你和他一起面对。这是我们在开始一次有效倾听时的第一层次的准备。如果这一刻没有时间，请和孩子约定一个不要太长的等待时间，这是对孩子的一种尊重。绝不能一边做自己的事情，一边任凭孩子在一旁倾诉，而实际上作为倾听者的教育者什么都没有听到。孩子非常清楚什么是认真，什么是敷衍。

其次，在倾听的过程中要能够积极地营造一种良好的氛围，要在倾诉者和倾听者之间建立起足够的信任，让倾诉者的情绪在倾听者这里得到一次软着陆。不要急于对孩子的倾诉做出判断，而是要对对方的情感感同身受。要能够设身处地地为倾诉者着想，多一些询问而不是判断和辩白。

值得提醒的是，倾听体现的是一种理解和尊重的关系，而不是高高在上的裁判。倾诉者往往会选择值得自己信赖的人进行倾诉，而倾听者的关注和倾听让倾诉者得到了足够的尊重和安全感。这是倾听可以达成的心理基础。在倾听中，倾诉者需要的往往是一个情感流向的空间，倾听者需要和倾诉者达到一种共鸣。倾诉者虽然也希望能够在倾诉的过程中试探你的意见和情感，但他不需要你以裁决或是评判的姿态出现。所以，不要马上问许多问题，而是尝试着让自己做一面镜子，让倾诉者可以通过你的反应看到让自己困惑的问题所在。善于倾听的教育者会通过有效倾听，有效地提问和引导，让倾诉者自己捋清脉络，甚至能够做出自己的判断。

有一些简单的语句，可以帮助我们在这个过程中给孩子以肯定和引导，比如"噢""我明白""是的"或者"有意思"等。对于一些欲言又止或者不知道如何表达的孩子，则要给以引导和梳理，帮助孩子表达。比如"说来听听""我们讨论讨论"

"我想听听你的想法"或者"我对你说的……很感兴趣"等,在倾听的过程中不要忘记及时给孩子以鼓励和勇气。

对于教育者来说,倾听不仅仅是给孩子提供表达或者发泄的时间和空间,其实,更有利于教育者及时了解孩子的内心世界,帮助他们去面对社会中的诸多变化,帮助他们去应对冲击,使他们能够健康地成长。了解孩子,才能有效地帮助孩子,才能让教育真正地发挥作用。

二、让孩子也学会倾听

能够倾听的孩子一定是注意力集中的孩子,是理解力强,并且懂得尊重和体谅他人的孩子。学会倾听,对提高孩子的学习效率,培养孩子的品性也有着重要的作用。

2003年长春出版社译介了日本东京大学研究生院教育学研究科的佐藤学教授所写的《静悄悄的革命》。这本书将倾听作为教育研究的对象,提出了"创设以听为中心的教室"的观点。他在书中写道:

> 互相倾听是互相学习的基础,教师往往想让学生多多发言,但实际上,仔细地倾听每个学生的发言,在此基础上开展指导,远远比前者更重要……
> 倾听这一行为,是让学习成为学习的最重要的行为。善于学习的儿童通常都是擅长倾听的儿童。只爱自己说话而不倾听别人说话的儿童(人)是不可能学得好的……
> ……在没有"倾听"这一相互关系的教室里,占支配地位的是对他人的漠不关心,因此,相互学习的关系是不可能产生的。
> 形成互相倾听的教室的第一步,是教师自身要自始至终地保持专心专意地、郑重其事地听取每个学生发言的态度……

上述这些认识对小林宗作先生的身体力行是一种暗合,更是一种延伸。作为教育者，不但要自己做好一个倾听者，还要让今日的倾诉者明日成为像自己一样的倾听者，不仅仅要倾听别人的倾诉，更要学会倾听课堂上老师的讲解，并学会在倾听的过程中积极思考，让倾听成为学习的最重要行为。

在现实的教学中，我们不难在课堂上看到踊跃发言的场面，但如果仔细地观察一番，便会发现：这些踊跃发言的孩子，他们声音洪亮，充满了发言的欲望，但他们的答案却往往不尽如人意，甚至刚刚有别的孩子说过了错误的答案，另外一个站起来的孩子又把这个错误答案重复了一遍，而且老师进行了讲解和引导后，这种情况也时有发生。显然，这些踊跃发言的孩子仅仅是对发言本身感兴趣，而并没有搞清楚老师提出的问题，或者认真仔细地思考。对于知识的传授，没有有效地听，便不可能有效地学。

佐藤学教授提出要创建一个"润泽"的课堂，这是一个多么形象的形容。我们仿佛即刻就感觉到我们对课堂这个场所的认识从原来的紧绷感中松弛下来，好像空气中被注入了温暖而潮湿的气氛。一切应该是令人舒服的顺畅。很不幸的是，对大多数学生来说，与"润泽"相对立的"干涩"业已成为他们对课堂的一种认识了，并且这种认识让他们在进入课堂当中时，感觉到了紧绷与压抑。教育的场所，肃穆而干净是应当的，紧绷与压抑何时占据了课堂呢？不管怎样，从现在开始，试着让课堂呈现出"润泽"的状态吧。让孩子感受到安心、无拘无束，甚至充盈着滋润心灵的感受，还会有人不喜欢这样的课堂吗？

那么，怎样才能让课堂变成这样的地方呢？倾听。让课堂以听为中心。倾听是化解干涩课堂的清新剂。在"润泽"的课堂上，"每个人的呼吸都是均匀、柔和的，大家互相倾听，真诚地交流，轻声模糊的发言也应该是被允许的，因为它反映了一个思维延续的过程。事实上，真正的创造性的发言往往都是轻声模糊的"。就像小林宗作校长不断地鼓励那个觉得"没什么可说"的男孩子那样，无论是大声还是小声，表达意味着思索，声音大小不重要，重要的是，孩子的思维走在由思索到表达的路上。所以，不要强迫学生大声地喊出自己的意见，要允许他们在思考的过程中有一点犹豫，有一点怀疑。如果他说得对，那么请老师和其他倾听的孩子给他肯定，给他鼓励。在"润泽"的课堂上，每一个人倾听的姿态，注视的眼神和表情，都会给发言的孩子以鼓励。如果说得有偏差，或者实在无法给出确定的回答,孩子也会在"润泽"的课堂中得到宽柔的对待。一个懂得倾听的人,会自觉地尊重和理解发言者。

在倾听的过程中,我们不但要教会孩子们如何倾听,还要让他们明白什么是尊重,明白尊重别人也是尊重自己。人的内心都渴望得到他人的尊重,但只有尊重他人才能赢得他人的尊重。我们要告诉孩子们,尊重他人是一种高尚的美德,是个人内在修养的外在表现。"金无足赤,人无完人。"任何人都不可能尽善尽美、完美无缺,我们没有理由以足金完人的目光去审视别人,也没有资格用不屑一顾的神情去嘲笑他人。假如别人某些方面不如自己,我们不可以用傲慢和不敬的话去伤害别人。人外有人,天外有天。我们今日的宽容与尊重,将为我们博得别人明日的支持;假如自己某些方面不如别人,我们也不必自卑或嫉妒,我们的努力足以为我们自己赢得尊重。在倾听的过程中,作为教育者的我们,要身体力行地教会孩子们尊重他人,这不仅关乎课堂教学效率,更是关乎孩子成长的大问题。

第十二章

你是一个好孩子

黑柳彻子眼中的理想教育

卢梭说:"灵魂比理性更具有深刻的洞察力,没有灵魂的知识是毫无生气的,因此对儿童的了解应从爱护、尊重、赞赏的角度出发。"

黑柳彻子在《"真是一个好孩子!"》的短篇中,记述了小林校长在面对像小豆豆这样总是惹麻烦的学生时,所采取的行为和方式:

绝不轻易请家长;倾听孩子的解释,不管是真实的,还是借口;请孩子自己认识自己的行为,并对错误行为真诚地道歉。但无论怎样,小林宗作都在不断地向孩子强调一个认识:"你是一个好孩子。"

虽然是短短的一篇,但记述得生动而真实。黑柳彻子通过对这个小小的细节的记述,向我们强调教育当中的肯定与不放弃及师生之间信任与值得信任的小小契约对孩子产生的巨大影响。我们始终相信:肯定与鼓励,是教育者对孩子心灵的滋养。

第十二章 你是一个好孩子

第一节 孩子需要肯定与鼓励

一、肯定

对孩子的肯定，就是指对孩子做的某件事或他的言行，表示一定程度的支持与赞成时，给予他适当的善意和响应。有时一个眼神、一次点头，或者是一句真诚的赞许，就会给孩子巨大的鼓舞，从而产生积极的效果。就像黑柳彻子一定要以《真是一个好孩子！》作为题目的这个小短篇一样，对于"真是一个好孩子"这样的话语的强调，正是孩子所乐见、乐听，乐于向这样的一句肯定去努力的彰显。孩子需要肯定，就像小豆豆虽然有许多的缺点，会闯出大大小小的祸事，但她的内心仍然是在努力地校正着自己，并且因为自己有这样的一个信念，在不断地向着小林宗作校长所说的"好孩子"的方向努力着。对于孩子来说，被肯定为"好孩子"，会使她在心底对自己进行描摹，使自己成为"好孩子"的模样。无论其间她有过怎样的偏差，她始终奔跑在"好孩子"的路上。这是黑柳彻子这个小短篇的意义所在。

其实，作为教育者，我们早就知道，不能以"好"或者"坏"对孩子进行简单的评价。但是对于孩子来说，"好"与"坏"的评价却是他们勾画自我时的一个最容易得到的判断，因为"好""坏"是那么容易地就被成人脱口而出，将他们放在这样的一个框架中加以评判。所以，孩子很轻易地就把自己定义为"好"或"坏"的孩子了。这既轻率又危险。

小林校长很怕小豆豆坠入这样的一种境地，因此，每当校长有机会，就要对小豆豆说："你真是一个好孩子。"在小豆豆看来，校长的这句话中隐含着非常深刻的意义，那就是："虽然别人觉得你有好多地方不像一个好孩子，但是，你'真正'的性格并不坏，有好的地方，老师理解你。"这对小豆豆来说至关重要。在小豆豆真正成为成功的女演员、女主持人黑柳彻子的时候，她深刻地理解了老师当年的用意,并且对小林校长在她的心里树立起"我是一个好孩子"的自信,充满了深深的感激。用黑柳彻子的话说,"或许正是这句宝贵的话,决定了小豆豆的一生"。

因此,作为教育者的父母和老师需要知道,如何评价孩子,事关孩子对自我的认识和塑造。我们对孩子的评价,往往就是在为孩子创设一种环境,并使得他们在这样的环境中成长。

有一位心理学家概括了孩子与环境的14种关系。其中,7种被认为是良好的环境,7种被认为是不良环境。

指责中长大的孩子,将来容易怨天尤人;
敌意中长大的孩子,将来容易好斗逞能;
恐惧中长大的孩子,将来容易畏首畏尾;
怜悯中长大的孩子,将来容易自怨自艾;
嘲讽中长大的孩子,将来容易消极退缩;
嫉妒中长大的孩子,将来容易钩心斗角;
羞辱中长大的孩子,将来容易心存内疚;
容忍中长大的孩子,将来容易极富耐心;
鼓励中长大的孩子,将来容易充满自信;
嘉许中长大的孩子,将来容易爱人爱己;
认同中长大的孩子,将会掌握目标;
分享中长大的孩子,将会慷慨大方;
友善中长大的孩子,将会对世界多一些关怀;
安定中长大的孩子,将来会有平和的心境。

不难看出,他提出的这14种环境其实指向的是教育者对孩子的态度。这些态度对孩子来说,足以产生改变和塑造孩子的影响。孩子在成长的过程中一直都在寻求着评价和理解,内心渴望着肯定和赞赏。但因为是成长,所以许多行为的背后最初是带着非常强烈的试探的心态,有许多行为孩子不知道该做还是不该做,对于孩子来说,做了才知道。我们对孩子的评价和判断,事实上是在帮助孩子建立对世界和社会的认识,有些行为是对的行为,有些行为是错误的行为,在具体的情境下,有些对的行为也许又具有不确定性。比如在孩子面对一个即将要对他的人身安全产生威胁的人时,是否还要秉承诚实的原则的问题。欧美一些低龄教育的守则中就明确地告诉孩子,对于坏人是可以欺骗的。前提就是孩子通过判断,认定其行为是恶的。那么,孩子就可以采取恶的手段和行为,来保护自我的安全不受伤害。

因此,教育者需要针对具体的情境给孩子以指引,显然简单粗暴的否定不是一种好的方式。所以,在上述的不良环境中,指责、嘲讽、羞辱、责骂这些强烈的否定方式被视为是对孩子的成长不利的环境。当孩子第一次采取了错误的行为时,作为家长要允许,并且告知孩子这种行为是错误或者不恰当的。要允许孩子犯错,给孩子自我认识和自我纠正的机会。在一定范围内,让孩子承担错误的后果。对孩子来说,对错误认识的纠正以及对错误后果的承担,自然而然积累成经验和教训,这会在孩子以后面临同样的情境时,提供参考和判断。尽管这样的情况可能还会再次出现,但因为孩子有自我认识和自我纠正的过程,所以会减少再次出现错误的次数。

这就是小林校长一定要耐心地听孩子解释的原因,哪怕是借口。因为孩子在解释的过程中,会对自己的错误进行再认识,就算是借口,也说明孩子对自己的行为进行了判断。真的是错误,就要敢于承认,并且认真道歉。教育的目的不需要通过指责、嘲讽、羞辱或者责骂也能够达到,并且会因为充分地尊重了孩子,或者保护了孩子的自尊,使得孩子自主地认识并承担错误,进而产生应有的作用。

二、鼓励

法国作家司汤达说过:"在热情的激昂中,灵魂的火焰才有足够的力量把造成天才的各种材料熔冶于一炉。"这种充满着浪漫主义的表达,其实讲述了一个最为普遍的道理:我们的灵魂需要热情激昂的鼓舞,而这将铸就天才。

黑柳彻子眼中的理想教育

希腊神话中有位塞浦路斯王名叫皮格马利翁,他擅长并痴迷于雕刻,以至于热恋自己雕刻的少女塑像。爱神阿佛洛狄忒见皮格马利翁对他的少女塑像感情如此真挚,就赋予少女雕像以生命,使皮格马利翁与之结为夫妇。这就是说,皮格马利翁的爱恋和爱神阿佛洛狄忒的意向,使无生命的少女雕像有了生命,这种意向,就是一种热忱与肯定。

虽然这只是一个神话,但心理学家却在学校教育中实验了这种教育方法,请老师对某些学生寄予深切的希望,对他们抱有暗含的期待。这些学生在老师深切的希望和积极的心理暗示的鼓舞和激励之下,他们的能力会像老师希望和期待的那样得到发挥,他们的学习成绩得到提高。心理学上把教育过程中这种奇特的现象称为"皮格马利翁效应"。

心理学的研究证实,智力正常的人,在大脑的内部结构和功能上都没有很大的差异,关键是如何教育并激励其潜能的开发。如果教育者善于把自己的希望和期待以各种恰当的、有利的方式和途径传递给孩子,使他们受到鼓舞和激励,就有可能激发和调动孩子的智慧和力量,从而使他们有所作为。

亨利·福特发明汽车并功成名就之后,在回忆自己当年的这项发明时,将其归因于爱迪生的鼓励。

在福特还是个年轻人的时候,他曾经绘制出一幅新型发动机的草图。但当时许多业内人士都认定电器车辆才是未来车辆的潮流。为此,企图改良汽车发动机的福特没少被其他同行抛白眼和嘲讽。就在他为自己的发明不被人看好而苦恼的时候,却偶遇爱迪生。那是一次晚宴,爱迪生也应邀参加。当时,福特正在餐桌上向邻座的一位同人不厌其烦地详细讲解着自己的发动机设想。渐渐地,福特注意到,几把椅子之外的爱迪生也在侧耳倾听,并不断挪动椅子向福特这边靠近。后来,这位大发明家索性直接走到福特身边,请他画出他所设计的发动机的草图。

面对名满世界的大发明家,福特既紧张又兴奋,但他很快就镇定下来,匆匆几笔便画出了简略的发动机草图。爱迪生全神贯注地研究着这张草图,突然,将拳头在餐桌上重重一击。"年轻人！"大发明家显得格外兴奋,他双眼紧盯着草图,用异常坚定的语气对福特说道,"就是它了,你已经得到它了！"

多年以后,功成名就的福特感慨万千地回忆道:"爱迪生先生击在餐桌上的那重重一拳,对我而言,它的价值等同于整个世界。"

在这个小故事当中,我们看到的是一个年轻人因为被爱迪生所肯定和鼓励,因此有了更为长足的发展和进步。这其中还有机遇,还有此前一系列的准备和投入。但是,爱迪生的肯定和鼓励在年轻的福特看来是莫大的一种鼓舞,这确实是不争的事实。此后的发展无论是顺利还是曲折,他都会因为这种肯定和鼓励而一往无前,直至成功。

鼓励中隐含的肯定和期许,是一种积极的暗示,这种暗示往往具有不可估量的作用。

第二节 肯定与鼓励的方法

鼓励不是随随便便地夸赞孩子,不是对孩子的敷衍。当我们想要鼓励孩子的时候,我们会发现,这往往是孩子在生活中遇到了一些挫折或者遭遇逆境的时刻。只有在这样的时候,孩子的情绪才会产生较大的波动,才会出现烦躁、沮丧、逃避等种种表现。这时,就需要教育者采取恰当的鼓励方式了。

那么该怎样鼓励,才能帮助孩子化解不良情绪,使他们重新鼓起勇气,面对问题?这是一个值得教育者注意的问题。

一、小林先生的鼓励

黑柳彻子在《"然后呢……"》的短篇中,记述了觉得没什么可说的男孩子是如何走到大家面前,在小林校长的引导下,一点点地说出话来的。小林校长教会大家学会倾听、学会等待,并且为这个男孩子构建了一个良好的训练人前讲话的情境。在这个小小的篇章中,这个男孩子从小林先生那里获得的鼓励是切实而巨大的。

在人前讲话的问题上,校长先生确实是有意为之。

"以后,孩子们能够在别人面前,清楚、自由、毫不羞涩地表达出自己的想法,是绝对必要的。"但显然对孩子们来说,人前讲话是一个大问题。怕自己说得不够流利,怕自己说得不够清楚,怕大家盯着自己等一系列问题,别说是孩子,就算是现在的许多成年人恐怕都面临着这样的问题。这是校长先生了解的现实,并且想要巴学园的孩子在未来不必在这样的问题上纠结的一种先见的教育。但怎样让孩子克服这些不必要的心理,走上台,说出来。校长先生的一段话

第十二章　你是一个好孩子

是鼓励的典范之一：

> "好吧，不必想着非要说得很好不可，只要是自己想说的话，什么都可以。总之，试一试吧。"

校长先生是多么了解孩子的心理啊。很多人站在众人面前讲话的时候，都希望自己说得完美漂亮，可是一旦想到这样的目标，就倍感人前讲话的艰难，进而失去了勇气。小林先生在孩子们面临人前讲话时，预先降低孩子对自我的期望值，也明确地告诉孩子自己对他们的期待。"不必想着非要说得很好不可，只要是自己想说的话，什么都可以。"表达本身就很自由，对于刚刚开始试着在人前讲话的孩子来说，先要学会自由表达，不要预设目的。等到他们真正地适应并且敢于讲话时，再提高要求也不迟。

对于将要在大家面前说话的孩子来说，这种语气，这种期待，以及"试一试"的情境，让孩子得以鼓足勇气，上台一试。降低对孩子的期望值，降低孩子做某事时的自我期望值，让孩子以一颗平常心，勇敢地进行尝试。一次、两次……许多次，尝试的次数越多，孩子对某件事或者某个行为越熟悉、越熟练，进而在真正需要他从事或者付诸行动时，就会驾轻就熟，一举成功。这是有效的鼓励，能打破孩子不肯尝试的僵局。

但鼓励也有一些需注意的事项。鼓励不是敷衍，不是造作，鼓励需要真诚与热情，同时也需要冷静和淡定。小林先生对孩子的鼓励，不是热血沸腾式的鼓舞，不是语态夸张的怂恿，他了解孩子的心理，并且从这样的了解出发，让孩子试着自己去迈出尝试的第一步。

在遇到那个没有什么可以表达的孩子时，小林先生对他百般引导，"校长先生两只手叠在一起，放在桌子上，一直微笑着看着那个孩子"。在他"然后呢……"的语句的引导下，男孩又说出了几句话，小林先生说："并不是说了有趣的事，或者令人发笑的事才了不起，而是像你这样，本来觉得'没话说'的，找到了可说的话，这才是最重要的。"这个孩子听了校长的话，用非常响亮的声音继续说了下去……孩子听出了校长先生对他的肯定和鼓励,并且有了信心,积极努力地尝试着。这就是肯定与鼓励的力量。

"那个孩子有话可说了!"

先生热烈拍起手来,小豆豆他们也使劲儿鼓掌。站在正中间的那位"然后呢……"的男孩,也一起鼓起掌来。礼堂里一片鼓掌的声音。

这次鼓掌的情形,即便那个男孩长大成人以后,也一定不会忘记吧。

这种方式的肯定与鼓励才能真正有效地发挥出教育的效能,让孩子健康地成长。

二、恰当的鼓励与夸赞

显然,鼓励是教育的一种重要的方法,每个孩子都会在不断的鼓励中获得自信、勇气、上进心,从而主动去探求知识。恰当的鼓励会对孩子良好行为的形成产生积极的作用,反之,则适得其反。

(一)有针对性地鼓励孩子

比如,一位父亲在夏日傍晚带着 4 岁的儿子在公园里骑自行车。一位邻居经过的时候,很和蔼地跟孩子搭讪:"你真棒呀,这么小就能骑车啦!"谁知孩子一副不屑的表情,甚至很有些不高兴地嚷道:"我 3 岁就会了!"邻居有些尴尬,父亲也很不好意思。为什么邻居的夸赞会让孩子不屑,甚至还不高兴了呢?

其实,道理很简单。孩子觉得邻居低估了他的能力,所以会产生不高兴的情绪。更进一步解释,邻居并不了解孩子的成长,只是按照一般孩子的成长规律去夸赞孩子,而对于这个 4 岁的孩子来说,这份夸奖和鼓励是不恰当的,不能满足孩子的心理需求。所以,这个小小的案例,向我们对于孩子的鼓励提出了一个要求,即:

请在了解孩子的情况下,针对具体的情况鼓励孩子。

第十二章 你是一个好孩子

鼓励不应该是空泛的,应该针对某件事、某个行为去鼓励。

有些教育者懂得一些鼓励的教育作用,经常对孩子说:"你真棒!你是最棒的!"乍一听,这是对孩子的鼓励,但仔细一想,这种鼓励缺乏具体的情境。孩子对究竟什么事、什么行为会得到这样的鼓励或者是表扬,没有明确的方向。时间久了,孩子把这句话当成了父母的口头禅,或者产生了虚幻的自己很棒的认识。这种鼓励虽然对孩子自信的确立有一定的帮助,但这种自信因为缺乏具体的情境,容易变成盲目的自信,使孩子过高估计自己,过于看重外界对自己的评价,进而只为赢得赞美而行事。这种夸张的表扬与鼓励,只会降低孩子的耐性、宽容程度以及应对挑战和竞争的能力,对孩子的身心成长产生负向的作用。

鼓励要有内容,因此要求教育者对孩子的行为要尽可能地深入了解,要能够根据具体的行为,甚至根据一些细节,有针对性地加以鼓励。

(二)把握鼓励的时机
1.鼓励的第一个时机是及时。

作为教育者,了解孩子,并且在孩子每一步的成长当中及时注入鼓励的营养,就会在孩子的身上看到非常显著的效果。

比如,一位母亲对孩子进门的时候总是把鞋子胡乱地脱在门口的事情很是头疼,她可以试着对孩子说:"孩子,我特别乐意看见你把脱下的鞋子摆放得很整齐!"母亲的尊重、礼貌以及提醒会让孩子立即就去码放鞋子。当然不要忘记在孩子做好这件事之后,对孩子说:"谢谢你给了我这么迅速的一个回应!这一次,我替你的鞋子感谢你!我猜下一次,不等我说,你就能让你的鞋子找到一个舒服的位置!"

就是这么简单的一句话,会提醒孩子记住把脱下的鞋摆放好,同时这又是对正确行为的一种强调。对孩子正确的行为要及时地加以肯定和鼓励,目的就是让这种正确行为能够在孩子的头脑中留下印象,并且进一步加深,从而形成良好的习惯,成为孩子的日常行为之一。

2. 鼓励的第二个时机是适时。

要在恰当的时候，对孩子进行鼓励。

曾经看到过一个教育故事，很是感慨。

一位老人带着娇生惯养的小孙子去爬山。小孙子不小心摔了一跤，膝盖上破了皮，流了很多的血，正要大声哭喊时，老人对他说："我知道你是一个坚强的孩子，将来一定能干一番大事业。"小孙子听了以后，竟然偷偷地擦去泪水，贴上母亲平时备在他口袋里的创可贴，又继续爬山。

到了半山腰，小孙子听见老人喘气声加重，就把老人扶在一块石头上坐下，说："爷爷，我们休息一下吧。"然后，从口袋里摸出小手帕细心地给老人擦汗，老人说："谢谢你，尊敬长辈、关心他人是一种美德，你真是一个懂事的孩子。"

到了山顶，老人说："你说话的声音那么好听，我相信你的歌声肯定很吸引人。"小孙子立刻高兴地大声唱了起来。回家的路上，小孙子在一个书摊边逗留了一会，很想要一本《小学生获奖作文选》，老人立即给他买下了，还夸奖他："爱看书的孩子一定有出息。"

可是小孙子一看到父母就好像变成了另外一个人一样，不唱、不跳，一有点挫折就会大哭，一有不满足的地方就愁眉苦脸。老人究竟用了什么魔法笼络住了这个孩子的心呢？

小孙子的父母后来也积极地反思了自己的行为。以前孩子一不小心摔了跤，这位母亲不但不给以安抚，反而会大声地责备："你眼睛长到哪里去了？摔倒了活该！"孩子给大人擦汗、递毛巾之类的小举动，他们也一点儿不领情："去去去，只要管好你自己就不错了。"孩子开心的时候情不自禁地哼上几句歌，但大人因为在家中加班，就会喝止孩子："别哼了，让我们安静地做点事情！"而一旦遇上孩子要钱买书，一下子就迁怒到孩子有时候不尽如人意的成绩上，立刻气不打一处来，冲孩子斥责道："课本都没学好，亏你还有脸要钱买课外书！"

第十二章　你是一个好孩子

这个孩子是生活中很典型的一个孩子,他的父母应该也是很典型的父母,但是老人的做法却是一个好的教育典范。

老人善于鼓励孩子,每当孩子有正确的行为时,都会给予及时的鼓励。另外,他也能够随时抓住生活中的各种机会,在合适的时机给予孩子合适的鼓励。具体的情境,具体的行为,适当的肯定与鼓励,这就是适时的鼓励。

孩子摔倒了,不要马上跑过去扶起他,这个时候,有一个孩子自己判断的过程。摔倒后是等待着大人的搀扶,还是像爷爷说的那样,做一个将来能做大事情的坚强的孩子?显然,老人的鼓励起到了积极的作用,孩子抹去了泪水,自己处理了伤口,坚强地站了起来,并且继续爬山。在这个过程中,老人用鼓励帮助孩子判断并选择了正确的行为。

在孩子做出体贴老人的行为之后,老人又适时地对孩子进行肯定和鼓励。

能够发现孩子的优点,并提供给孩子展示的机会,对孩子来说也是一种鼓励。老人鼓励孩子唱歌,给了孩子展示自己的机会,对孩子建立自信起到了很重要的作用。看到孩子喜欢看作文选,老人又给予肯定,并通过"看书的孩子一定有出息"的话鼓励孩子多看书,看好书,对孩子养成良好的读书习惯起了积极的作用。

只要教育者细心地观察,就会发现在孩子成长的过程中,有许多值得鼓励、值得引导教育的良机,抓住这些教育良机,孩子就会得到心灵的滋养和有效的引导。

第十三章

孩子的观念

观念，是我们对外在世界的认识系统化之后，于内在的生命与精神形成自我判断的依据。观念的形成，不是一蹴而就的。

教育与孩子观念的形成从来都不可剥离，从教育的广泛意义来说，人在与自然及社会的互动过程中，就在不断接受着来自自然与社会的教育。可能是经验的，可能是亲历的，人在自然与社会的不断磨砺中，形成观念。

观念的输入，如果是命令式的，往往既不易被遵守，也不易被继承和传递。对于某种观念的树立与传递，往往越去除强硬的因素，越能收到明显的效果。

第十三章 孩子的观念

第一节 观念的产生与树立

孩子来到这个世界上的时候，什么观念都没有，他们从只懂得啼哭到明白啼哭与外界的反应之间的联系开始，慢慢建立起与世界的关系。世界对于孩子意味着，从父亲、母亲、自然、社会到他需要与之发生关系的种种物与精神。人从幼小到成熟，从感受自我到认识外界，从适应环境到试着改造或者创造环境，这样一个个微小的过程不断地循环往复。又因为个体之间的差异及生成过程的不同，组合在一起，便成为一个丰富的甚至光怪陆离的世界。

观念，是我们对外在世界的认识系统化之后，内在的生命与精神形成的自我判断。观念的形成，不是一蹴而就的。它从两个途径而来，一种是传承与继承中的经验的传递，让个体完全沿袭过往，谓之传统；另一种则是个体通过体验，在新的时空情境中亲身经历并从中归纳和总结出的新的认识，并据此为此后的类似行为做出判断，谓之新观念。

教育与孩子观念的形成从来都不可剥离，从教育的广泛意义来说，人在与自然及社会的互动过程中，就在不断接受着来自自然与社会的教育。可能是经验的，可能是亲历的，人在自然与社会的不断磨砺中，形成观念。从这一点来说，无论是成人还是孩子，教育无处不在。那么，对于孩子来说，教育在其观念的形成过程中，究竟产生了一些什么样的影响和改变？在此前或者此后的教育中，又有什么样的一些经验能够有利于我们帮助孩子建立有利于成长和进步的观念？又有什么样的一些方式或者方法能帮助孩子校正对世界的有偏差的认识？这些都是任重而道远的问题。

黑柳彻子在《窗边的小豆豆》当中，通过许多短篇的描摹，勾勒着这些问题，并通过孩子的反应和表现，给出了她对这些问题的答案。这些文章虽然散乱地搁置在书中各处,但正是这些生活中的细节和零散之处,体现着教育的机智以及教育对孩子观念的形成所发挥出来的积极的影响与作用。

观念的输入,如果是命令式的,往往既不容易被遵守,也不容易被继承和传递。对于某种观念的树立与传递,往往越去除强硬的因素,越能收到明显的效果。

在黑柳彻子所记述的巴学园的教育过程中,我们随处可以看到观念的影响和投射,这些观念不是明确的文字式的强化与强调,而是在只言片语和行为影响中,不知不觉地感染着学生,并促使学生身体力行,最终接受并成为自己的认识。这一章节中,我们摘取二三与大家分享。

一、不挑食

在《海的味道 山的味道》的小短篇中,黑柳彻子描述的是巴学园生动有趣的午餐时间。日常的午餐变成了一种令人身心愉悦的活动。小林宗作先生把午餐时间变成了一个好的教育机会。让孩子们了解食物的来源,是一种学习,但让孩子们养成正确的饮食习惯,则是一种观念。

除了告诉学生不要偏食,要知道食物的来源,知道食物的功能外,小林宗作校长也为不能携带两种食物的孩子提供鱼肉卷和山芋这样的午餐。

就这样,没有一个孩子说"讨厌吃鱼肉卷"之类的话,也没有一个孩子会有"谁的菜很高级,谁的菜总是很寒酸"这样的想法。只要盒饭具备海的味道和山的味道这两样,孩子们就会非常高兴,笑着闹着,吵吵嚷嚷的。

纠正挑食、偏食的饮食习惯,在让孩子树立正确的饮食观念的同时,让每一个孩子的食物中都有海的味道和山的味道,让孩子们从食物高级与寒酸的判断中跳脱出来,进入饮食是否均衡,是否有营养的判断中,从而也避免了攀比。小林宗作先生的用心可见一斑。

二、最差的衣服

校长总是对巴学园的学生家长们说：

"请让孩子们穿上最差的衣服到学校来吧。"

这是因为，校长先生认为如果孩子们担心"弄脏衣服，妈妈要骂的"，或者"会弄破衣服的，所以不能和大家一起玩"，那对于孩子们来说，就会减少很多乐趣。所以就让他们穿上最差的衣服，这样无论弄得怎么脏，甚至弄破了都没关系。

在小林宗作的认识里，能够和大家一起玩是孩子最快乐的事儿，衣服的光鲜亮丽与否则在其次。这一点是完全从孩子的心理角度出发的，是将孩子自己还给孩子，而不是让孩子充当漂亮的衣服架子，或者是束缚自己，成为成人眼中的乖巧、整洁的小孩。再娴静雅致的孩子，也仍然是孩子。是孩子就有一颗爱玩、爱探索、想要四处冒险的心，就有看到别的孩子玩耍也想要参与其中的心，那么让孩子还原为孩子，做孩子们愿意并且会从中获得快乐的事就是一种顺应，一种自然的成长。无须为了保持漂亮衣服的整洁和完整而损害孩子的天性，这是第一要义。

这种观念给了孩子自由成长的可能和保护。

因此，巴学园的孩子都是穿着平常的衣服到学校来。而且因为有老师的允许，孩子们可以不必在意衣服，能够尽情地玩耍。这让孩子们逃离了外在的束缚，包括衣服所带来的家庭背景的差异，进而能够心无旁骛地交往与接触。

三、平等

巴学园中的平等观念浸透在了各个方面。

(一)"无论什么样的身体都是美丽的。"

身体上的残疾不是精神上的残疾，即使不能像正常人一样健康完整，也不要自怨自艾、悲哀沮丧,精神上健康完整会弥补身体上的缺陷,同样可以让自己成为一个快乐和被人喜爱的人。对于身体上有缺陷的孩子是这样,对于正常的孩子也是如此。他们要学会平等地对待身体上有残疾的孩子,不把他们当成生活中的异类,不过多地同情,更不要嘲笑与歧视。每个人都平等地生活在这个世界上,在某方面欠缺不见得在其他方面就欠缺,在某方面有特长不见得处处都完美。大家既然共同生活在这个世界上,就要平等友爱地彼此相待。这样才会建立起一种正常的、良性的人与人之间的关系。

在《游泳池》一章中,黑柳彻子记下了这样一段话:

"在别人面前拼命地掩藏自己的身体,是不自然的事。"校长先生想告诉孩子们:
"无论什么样的身体,都是美丽的。"
在巴学园的孩子们当中,有像泰明那样曾患过小儿麻痹症的孩子,也有身体极为矮小的孩子,像这样身体有障碍的孩子有好几个。当大家都光着身子一起玩耍的时候,这些孩子对自己身体的羞耻感就在不知不觉间消除了,这样就不会使他们怀有自己比不上别人的"劣等意识"。

在《运动会》一章中,黑柳彻子在描述巴学园的运动会时,特意描写了运动会上个子矮小的高桥君每次都拿第一名的事。

(二)"美丽的",是"beautiful"

黑柳彻子童年时经历了第二次世界大战。在战争阴云的笼罩下,孩子对国与国之间关系的认知完全依赖于媒体和政要们的灌输与传递。她在《说英语的孩子》中所展现出来的意识和观念,尤为值得教育者关注与思考。

在巴学园,现在,日本和美国变得亲近起来。
但是,在巴学园之外,美国却是日本的敌国,英语是敌国的语言。所以,所有的学校都取消了英语课。
"美国人是鬼!"
政府这样宣布。而这个时候,巴学园的孩子们却在齐声地念着:

"'美丽的',是'beautiful'!"

拂过巴学园上空的风温暖而和煦,而在巴学园中成长的孩子们也美好而纯洁。

在这里,作为教育者的小林宗作在巴学园中营造了一种与外界截然不同的氛围。并非远离政治,但要使孩子们不受到不了解的政治的侵扰与影响。小林校长不是以国与国的关系来框定孩子的认识,而是让孩子首先认识世界、了解世界。世界不是权力机构为孩子们划定的,而是孩子们长大以后要亲自去感受、体验的。尽管这种教育的方式在社会的洪流中看上去似乎像螳臂当车一样自不量力,但对于孩子来说,这种宽阔的胸怀与眼界帮助他们得以逃脱狭隘的民族主义和国家主义的夹击。对于黑柳彻子个人来说,心怀世界而不是一国一地的执念,让她能够冲出藩篱,为世界儿童的不同境遇与状况奔走呼号。

(三)"要尊重女孩,爱护女孩。"

在黑柳彻子的记述中,有一篇名为《小辫子》的文章让人印象深刻。

很喜欢梳小辫子,又好不容易梳成了心仪的小辫子的小豆豆,却被又高又胖的男同学大荣君拽住小辫子戏弄了一番,小豆豆又疼又伤心,跑到小林校长那里去哭诉。校长对小豆豆的小辫子很是赞赏了一番,这让她从刚才挨欺负的心理中跳了出来,对连校长都夸奖的小辫子又树立起信心,小豆豆的难过很快就烟消云散了。可是让她更为惊讶的却是后来大荣君的道歉。

> 大荣君站到小豆豆面前,喘了口气,大声说:
> "对不起。刚才我不该拉你的辫子。我被校长先生教训过了,他说对女孩要友好,一定要尊重女孩,爱护女孩。"
> 小豆豆有些吃惊,因为在这之前,她还从来没有听说过"对女孩要友好"这样的话。趾高气扬的总是男孩。小豆豆知道,有的人家有好多孩子,平时吃饭也好,吃点心也好,都是先让男孩吃的。如果女孩说了什么话,那家的妈妈就会说:
> "一个女孩家,不要多嘴!"
> 可是,校长先生却对大荣君说"要尊重女孩"。小豆豆真有些奇怪,但更

多的是觉得高兴。这当然啦,任何人得到别人的尊重,都会非常快乐的。

就像小豆豆觉得吃惊那样,对女孩子要友好这样的观念在她的孩童时期听起来就像天方夜谭。在当时的社会环境和家庭环境中,男孩子被当成黄金一样珍贵地对待,而女孩子从出生就不被看好和重视,这仿佛已经约定俗成,并且生活中这样的例子俯拾皆是。难怪小豆豆听到大荣君的道歉会觉得吃惊。但是,她仍然感觉到快乐。因为,"任何人得到别人的尊重,都会非常快乐的"。

乍一看,这是一次学校教育对社会传统的对抗。同日本社会根深蒂固的男尊女卑的思想搏击,是小林宗作校长的教育实践中对观念的更新。新观念对旧观念的纠正与调整不能一蹴而就,在儿童观念树立的早期,学校教育在学生观念形成过程中的作用不可小觑。学校教育中的独立、自由、平等观念的树立是让孩子们成为具有独立、自由、平等意识的人的关键。

彼此尊重,无论是男孩还是女孩。尤其是对在日本社会旧有观念中处于优势的男孩来说,尊重女孩、爱护女孩应该是一种常识。这种从幼儿阶段就培养起来的尊重女孩的观念,是男女平等观念在日本社会日渐崛起的反映,也是社会进步、教育进步的一种表现。小林宗作对男尊女卑观念的纠偏,更是对平等观念的传播与强调。

小林宗作校长用这样的教学活动影响着孩子,让孩子在认识形成时,便懂得人与人之间是平等的,国家与国家之间亦是如此。这样的孩子长大以后便懂得宽容,并彼此尊重。

第十三章 孩子的观念

第二节 观念的影响

在每个个体的发展过程中,观念的不同决定着个体态度的不同,并最终导致个体的行为或行为倾向的不同。

在观念形成之前,人的思维如同白纸一般,一片空白,直到人置身于自然与社会的环境中后,随着环境因素的变化才发生了不同的变化。这些因素彼此复杂地交错在一起,为人们灌输了最初的印象,并最终形成了人认识世界的早期观念。这些早期形成的观念具有很大的影响,它一经形成便会执着地跟随着人的成长,如果不是遇到更为强烈的颠覆式的扭转,恐怕难以改变。

一、学习观念的影响

对一所学校而言,学习成绩优良始终是社会对它的期许和愿望,能从这里学习到东西,明显地见到孩子在学业上的成长和进步,是无须言说的衡量好学校的一般标准。像巴学园这样的学校看上去闲散自治,究竟会给孩子建立起一种什么样的学习观念,相信这是小豆豆的母亲最初将调皮的孩子送到这里来的时候不敢多想的问题。对小豆豆的母亲来说,小豆豆这样不被"正常"的学校所认可的孩子,能够被一个学校所接纳,已经是一件幸运的事,只希望她不会再惹出事端来。小豆豆的母亲一定是悬着一颗心把小豆豆留在了小林校长那里。

如今看来,这是一个正确的决定,小豆豆在巴学园里树立起来的学习观念和感受到的学习氛围惠及小豆豆的一生。

吃饭是一种学习。巴学园里,吃饭的时候,吃的是"山的味道"和"海的味道"。在吃饭的时候,食物不仅是食物,而且变成孩子们认识世界的另外一种方式。通过眼睛、舌头,让吃的行为不仅仅停留在最基本的生理行为阶段,而且上升成为一种认知,这帮助孩子们超越了食物果腹的生理认知,激发起了他们重新认识食物的求知欲。通过对食物与自然及人类生活之间的关联的认识,孩子们在吃的行为开始前,重新带着新鲜的眼光看待可能司空见惯的食物,重新调整自己的感官,去感受有关食物的知识重新注入食物之后的新奇。一餐午饭就这样变成了一个学习的机会,既令人充满期待,又充满了趣味,而那些挑食、厌食的习惯也随之更改。

散步是一种学习。午饭后的散步时间,也被自然地利用了起来。看似随意的餐后散步,却是让孩子回归山野,接触自然的机会。自然是最好的老师,那些课本中的字字句句,迅速就可回归成最鲜活的姿态,让孩子们去触摸与感受。那些动物、植物都以生命的姿态存在于自然,与其在书本中照本宣科,不如到自然中去认识它们。散步中的知识传递,生动而深刻。而自然之美也在这样的时刻,不断地撞击着孩子的眼睛与心灵。孩子们学习到的是活的自然、活的知识,这比死板的知识更易于记忆和实践。

劳动是一种学习。"在别的小学,通常都有各种规定,教给孩子们知识的人,必须取得'执教资格'之类。但小林先生却不在乎这些。小林先生认为,让孩子们看到'真正的东西',是非常必要的,也是最重要的。"因此,脸被晒得黑黝黝,并且布满皱纹,腰间系了一条黑布带,还拴着烟袋的"旱田"老师,可以教孩子们种庄稼和关于种庄稼的事。"旱田"老师不仅教给大家怎么种庄稼,还告诉大家好多好多有趣的事儿,比如有关虫子、鸟、蝴蝶,还有天气的知识。在劳动的过程中,孩子们锻炼了自己,也学习了许多实际的知识,对农民的辛苦劳作有了更深刻的体会,也因为自己的亲身经历与体验,更懂得了生活。在这个过程中,小林先生把孩子们带到真正的生活中去,不仅有知识的传授与实践,还有生活态度与观念的养成。

野炊是一种学习。去等等力溪谷野炊被黑柳彻子记录了下来,但在这篇文章中,野炊用了一半篇幅,另一半篇幅则讲述了小豆豆为了野炊所做出的努力和准备。正是因为这种野炊前的自我学习和准备,让小豆豆在野炊中得到了大家的肯定和赞扬。为自己喜欢的事情而做出自我的思量和计划,这也是一种学习的过程。当然野炊的过程本身,让孩子们懂得了彼此协作、分享、分担。孩子们从野炊中所获得的不仅仅是玩乐的快乐,更多的则是源于实践的各种知识的融通与积累。

像这种看似与学习无关,但又处处体现着学习的行为和活动,无不体现着小林先生对教育的认识与理念。他让学习无处不在,让生活中、学习中一切可以成学习的观念自然而然地浸润着孩子,让孩子们在不知不觉中,在这种学习的氛围里,慢慢养成这样的学习观念:什么都可以学习,什么都要经历与体验,看上去最稀松平常、司空见惯的东西,其实仍然有许多知识是你所不知道的,是需要去了解的。在体验与经历当中,孩子们养成了主动思考、主动探索的习惯,并试着自己想出办法,学习不再是被动的接受,而是带着思考的实践。

在这样的学习观念的影响下,孩子的成长不再是一个家长和教育机构手执教鞭驱使的过程,而是一个看顾与旁观,并在需要的时候才伸出援手以支持或者校正的过程,孩子在主动地学习,主动地去认识世界、认识生活。他们对一切都充满了新鲜感与求知欲,他们始终认为生活中的最细微之处也一定存有未经察觉和探寻的秘密,而这一切等待着他们去揭开。这种学习观念给了孩子们发现的眼睛和永远流淌着生命力之泉的心灵。他们会从生活中汲取到许多知识,这会使他们的生活不枯燥,不烦闷,不焦虑,不压抑……

二、生活观念的影响

生活似乎总是家庭、父母和孩子的事,学校这种殿堂逐渐拉开了自我与生活的距离。这让学校作为一种机构,越发冰冷和缺乏人情味。常常听一些孩子抱怨:"某某学校,简直就是一座监狱。"这样的学校无法唤起孩子对学校的热情,学校因此成了孩子敌对的地方,成为束缚孩子自由的阴郁的堡垒。孩子们自然而然地将自己视为囚徒或奴隶,每天怀着沉重与压抑的心情,走进学校。家长又如何能期待这一天天的囚徒心境带来多好的学习效果呢?

在巴学园没有这种情况。这也使《窗外的小豆豆》出版以后,几乎所有的阅

黑柳彻子眼中的理想教育

读者都期待着自己的身旁能有这样的一个巴学园。巴学园不是一个冰冷的机构,它如同孩童的天堂一般,充满了梦幻般的色彩。小豆豆看见大树作为大门的巴学园时的心情,犹如爱丽丝初入仙境一般。活的,长满了绿色枝叶的大树的大门和许许多多电车教室……如果巴学园仅仅是停留在形式上的活泼,那么它的魅力很快会随着缺乏活力的教育体系而黯淡。小林先生对教育的认识,如同鲜绿多枝的大树校门一样,充满了活力。他要让巴学园里充满活的、灵动的教育,知识不仅仅是课本的、殿堂的,更是生活的、自然的。

一切学习都与生活有关,我们学习是因为我们要生活,而学习会给生活带来便利,会提高生活的情趣,会让我们更好地理解生活和生活中的各种人……

生活又不仅仅是学习,生活关乎我们与世界的关系,关乎我们与他人的关系。我们又该如何在生活中自处,如何认识我们自己,如何排解我们的苦闷,如何对待生活中的痛苦与欢愉呢?在各种生活观念中,孩子们悄然塑造着各自的人生观与价值观。

学校生活是生活中的一部分。不应让孩子脱离生活,应该让孩子成为生活的帮手,让孩子走出校园后,仍能自处与他处。巴学园努力地实践着这一点。

小林先生对生活观念的培养,对孩子们的成长产生着潜移默化的作用。

在小豆豆记录的自己校园生活的点滴中,她的体会与感悟,成为小林校长培养生活观念的案例与记录。

孔子说,要到了七十岁,才能够随心所欲不逾矩。这是自处和他处最为自如的时刻。难道我们真的要到了古稀之年才能够做到这一点吗?在巴学园的课堂上,你可以从你最喜欢的课开始上,然后一点点地转移到不那么喜欢的课上,最后学完一天应该掌握的知识。孩子们得以从自己最感兴趣的科目出发,又一一学习了不那么喜欢,甚至有些讨厌的课程,学完以后很有一种攻克难关或是战胜自我的成就感。这是一种随心所欲的学习方式,但又没有放任自流。相反,在这样的过程中,学校以一种辅助的方式,既保护着孩子的兴趣,又辅助孩子学习

第十三章 孩子的观念

不感兴趣的科目,建立起孩子的信心,引领孩子均衡地发展。

行动而不哀叹。小豆豆把心爱的钱包掉进粪池,并且要依靠自己的力量把它捞上来。这个意图是好的,但过程既漫长又艰辛。在一般的学校,是不会允许孩子自行做出这样的决定与行为的。但巴学园的小林校长却既不反对也不赞成地交由孩子自主决定,并让孩子承担自己的行为的后果。他只是过来查看一下,并且对小豆豆说了一句"弄完以后,要把这些全都放回去",便云淡风轻地由着小豆豆做下去。孩子做得很辛苦,但因为是自己的决定,因此也一直坚持着,虽然钱包没找到,但也有属于自己的满足。对于小豆豆的行为,校长没有过多干涉,但一定默默地观察与注视,他洞察了孩子这个行为背后的心理,顺应着并引领着。他说给孩子的那句话,让孩子在可能觉得要坚持不下去的时候,又坚持了一下,从而完成了整个过程,并获得了满足感。因为行动了,所以,即便没有什么结果,也比什么都没做要好。有始有终地去行动,是小豆豆的体验,也是小豆豆之后的感受。这也是一种生活的态度。

无所畏惧。恐惧的心理,是孩子成长的过程中必然要体验和经历的。在生活中,有许多人因为无法消除的恐惧而成为懦弱的人。孩子们要明白什么是恐惧,并且正确地认识和对待,从而重新树立起对恐惧的认识与态度。九品佛试胆量,看上去是一个游戏。但游戏当中,小林先生传递给孩子们的是一种认识恐惧的态度:我们所恐惧的,往往是我们自己制造出来的幻象。当有一天孩子们在生活中遭遇到一些现实的恐惧时,对恐惧的态度,决定了孩子们究竟会直面,还是逃避。

生活是彼此的融洽与协作。巴学园的运动会是值得赞许的。运动本身既是一种竞技,又是一种身心协调的综合反应。运动会带给每个人的,是参加与观看的快乐。"钻鲤鱼比赛",不仅有很强的参与性和挑战性,还有很强的观看性,无论是参加者还是观看者都从中获得了快乐。巴学园的运动会致力于此,不但尽可能地调动起孩子的参与兴趣,还让家长们也参与其中。在"找妈妈比赛"中,不但孩子们要大胆且勇敢地去认识并与这些看上去有些陌生的家长互动和协作,家长们也要积极配合,和孩子一起完成这项比赛。对于孩子来说,打破矜持寻求与陌生人的合作需要情境也需要勇气,对于家长来说,和孩子的配合及亲子之间的互动

黑柳彻子眼中的理想教育

瞬间打动了日渐麻木与冷漠的心灵，这其实是个双向的融合。而孩子在这个过程中懂得，有许多事不能只靠自己，与他人的协作会让事情更快更顺畅，生活何尝不是如此呢？

有希望，不放弃。在巴学园被战火摧毁的那一章节里，无数阅读者一定都慨叹遗憾。但小林先生最后给大家又上了生动的一课。

> 校长先生站在大路上，静静地看着巴学园在燃烧。和平时一样，先生穿着旧得有点儿走了形的，但非常得体的黑色三件套西装，两只手放在上衣口袋里，这也是先生平时的习惯动作。校长先生一边看着火焰舞动，一边对站在身边的儿子——大学生巴说：
> "噢，下一次，我们办一个什么样的学校呢？"

战争的烈火瞬间摧毁了小林先生辛辛苦苦建立起来的学园，连儿子听了父亲的话都吃惊地看着他。可是先生就说了这句话。在小豆豆看来，凝结着校长先生梦想的巴学园，被熊熊的火焰包围着。孩子们的笑声、歌声消失了。仅剩被大火夷为平地再也无法修缮的巴学园，这场面是多么令人心碎和难以接受。但先生说出口的话却是："下一次，我们办一个什么样的学校呢？"在仓皇与恐惧攫取着人心的时候，小林先生用自己的淡定与行动告诉着每一个巴学园的孩子，不要绝望，生活永远是充满希望的，要向前看，看到未来。所以，小豆豆记得先生临行时的别语："还会再见面的！"以及先生一直对她说的："你真是一个好孩子！"对于小豆豆和每一个巴学园的孩子来说，先生给他们的影响是惠及未来的，因为小林先生的教育从一开始就投向未来，是一直为孩子的未来和长远考虑的。不放弃任何一个，对每一个孩子都充满希望。孩子们也深深地受到这样的影响，无论现实和前路有多艰难，一想到未来的光明就会充满希望地走下去，就会有面对恶劣现实的勇气，最终走到光明的一端。

第十四章

艺术教育与天性的引导

黑柳彻子眼中的理想教育

在巴学园的教学活动中,细心的阅读者不难发现,不经意间就会飘来一阵阵的歌声。在吃那些具有"山的味道"和"海的味道"的午餐时,有校长先生填词的《饭前歌》,还有一首应小豆豆要求,即兴而作的简单得不能再简单的校歌,黑柳彻子还专门用一篇文章讲小林宗作先生为巴学园设置的当时特有的"韵律操"时间。更为独特的是,小林先生还把美术与音乐结合起来,让孩子在大礼堂的地板上,跟着小林先生的钢琴节奏,画出节奏和各种东西。

艺术教育在小林宗作先生的教育理念中是一个非常特别也极其重要的部分。在黑柳彻子较为详尽的对音乐教育的描述中,记录了小林宗作先生对艺术教育的认识和理解。

第十四章 艺术教育与天性的引导

第一节 韵律操

巴学园不仅在上课的方式上和一般的小学不一样,它的音乐时间也特别多。对音乐的学习有各种方法,在巴学园,每天都有学习"韵律操"的时间。
……
"什么是韵律?"
每当有人这么问的时候,小林先生就这样回答:
"韵律是让身体的组织结构更加精巧的游戏,是教给我们怎样去开动心灵的游戏,是让心灵和身体理解节奏的游戏。做韵律操会使人的性格富有韵律感,富有韵律感的性格是美好的、强大的,能够温和地顺应自然的法则。"……还有好多好多。

一、韵律操的由来

黑柳彻子为韵律操专门写了一篇文章。她提到了韵律学的创始人达克罗兹先生。

达克罗兹先生是瑞士作曲家、钢琴家及音乐教育家。小林宗作先生的韵律操的理念就是师承达克罗兹先生。达克罗兹先生出生于维也纳一个音乐家庭,从小就受到音乐的熏陶,他的母亲十分重视对他的教育,并且深受当时瑞士著名教育家裴斯泰洛齐的影响。这位堪称第一位重视儿童成长经验的教育家提出,儿童的学习过程应该是以"观察、体验、思考"为步骤的学习过程。达克罗兹的成长过程,恰恰是母亲实践裴斯泰洛齐的教育理念的过程。这也为达克罗兹音乐律动法的产生提供了土壤和条件。

达克罗兹在日内瓦音乐学院担任的是专业音乐教育的工作,在这些成年学生学习音乐的过程中,他发现了学生的学习方法及早期音乐教育中存在的一系列问题。一些学生尽管有着高超的演奏技术,但缺乏音乐情感的表现,还有一些学生对节奏只是数学机械式的反应。这些现象引起了他的关注与思考,他逐渐认识到传统教学的弊端:音乐理论与实际音响、音乐感相分离;技术的练习与艺术的表现相割裂。

对于学生们来说,虽然在听觉或大脑中能意识到音乐的各种变化,但却不能及时把它转化成实际的音乐。最后,达克罗兹得出结论:"音乐中的节奏因素和力度因素不仅依靠听觉,而且还依赖于其他感觉。……对音乐的感觉要求整个肌肉做出反应。"

这就是达克罗兹音乐律动法的经典认识:音乐需要整个身体的反应,需要人整体有机的生命去感受。人具有通感的能力,对艺术生命力的感受和表达是人整体生命力的流动。

达克罗兹的这一观点让音乐回归于最本真的人类的表达,音乐开始向人本回归。

1905年,达克罗兹的音乐律动法在瑞士发布,并迅速引起了欧美国家的关注。1906年就开始了师资的培养。1910年,达克罗兹获得了两位不遗余力推行教育工作的商人的资助,在德国的海勒洛成立了达克罗兹音乐学院,培养了诸多人才,如现代舞宗师玛莎格莱姆及瓦斯拉夫·尼金斯基、玛丽·兰伯特,音乐教育界的著名人物玛利娅·蒙台梭利、卡尔奥福,连萧伯纳也深受其影响。小林宗作先生在1924年得到了一个可以去欧洲考察并学习教育方法的机会,并在那里直接拜达克罗兹先生为师,学习他的律动教学法,深受鼓舞和启发。同时期一起去学习的还有日本现代舞的创始人石井漠先生,黑柳彻子在《窗边的小豆豆》中也记述过他。石井漠先生将达克罗兹的方法运用于舞蹈,并在日本率先开创了"自由舞蹈"的现代舞。小豆豆也有幸在小的时候,接触过石井漠先生。虽然并未跟从石井漠先生学习舞蹈,但同样秉承达克罗兹的精髓的石井漠先生也试图告诉年纪尚幼的小豆豆"自由舞蹈的快乐",这是后话。

第十四章 艺术教育与天性的引导

在黑柳彻子看来,尽管有许多日本人不同程度地受到了达克罗兹的影响,但将达克罗兹先生的韵律学思想应用到小学教育中去的,小林先生是第一人。

在《韵律操》短篇中,黑柳彻子写到达克罗兹的思考:

> "怎样才能教育孩子们,不要用耳朵听音乐,而是'用心听,去领会'呢?孩子们听音乐的时候,他们感受到的,不应当是没有生气的教育,而应当是跃动着的、充满生气的音乐……怎样才能唤醒孩子们的感觉呢?"

韵律操是达克罗兹思考的结果,小林先生则是一个积极的学习者和实践者。他满怀着一颗一切为了孩子的心灵,去学习和实践了达克罗兹先生的思想。他在人们提出疑问的时候,这样回答:

> "韵律是让身体的组织结构更加精巧的游戏,是教给我们怎样去开动心灵的游戏,是让心灵和身体理解节奏的游戏。做韵律操会使人的性格富有韵律感,富有韵律感的性格是美好的,强大的,能够温和地顺应自然的法则。"

小林宗作对韵律的阐释是对达克罗兹的一种发自内心的理解,"开动心灵的游戏","让心灵和身体理解节奏"。事实上,如果我们回溯音乐的由来与发展,就会发现,这种对心灵的开发,节奏与心灵、身体的融合,本质上就是一种对音乐的回归。音乐是许多乐音的有机组合,早期先民从鸟兽虫鱼的鸣叫与游弋间感受而来的音乐,就是一种心灵与自然的碰撞。只是随着人类社会越来越繁复的创造,人们越来越忘了自我与心灵,忘了人类与自然之间的关系。达克罗兹与小林宗作所尝试和实践着的是一种让音乐回归音乐的努力,让人类重新关注自我,关注自我与自然间的关系,并以感悟的方式让身心合一,让行为与心灵重新达到和谐与一致。

黑柳彻子写这篇文章时,一改其他文章专注描述而鲜有意见的方式,她写了自己对小林宗作先生与达克罗兹先生这一倡导和理念的认识。

> 就这样,韵律使身体和心灵能理解节奏,帮助精神和肉体达到和谐,从

而唤醒人的想象力,提高人的创造力。……校长先生的心愿,就是希望孩子们能够在身体和心灵两方面得到和谐发展。

二、韵律与性格

在小林校长的眼中,孩子们与生俱来的品质正在被周围的环境所损害。

过于依赖文字和语言的现代教育,恐怕会使孩子们用心去感受自然、倾听神灵之声、触摸灵感的能力渐渐衰退。

世界上最可怕的事情,莫过于有眼睛却发现不了美,有耳朵却不会欣赏音乐,有心灵却无法理解什么是真。不会感动,也不会充满激情……

在小林宗作看来,教育的真谛应该是帮助孩子们成长为能够融于自然,并能激发灵感的人。但显然仅仅依托文字和语言远远不能达到这样的目标。人类的感官应该是人类感受自然之美、生活之美的途径,这个途径将直达心灵,让心灵得到美的滋养。因此,他在他的学校教育活动中,努力实践着达克罗兹的音乐律动法,并且相信它会使孩子们重新创设和明确这种用心灵感受美的路径。

能够感受到美,对儿童性格的塑造将会产生何种影响是一件很难量化的事,但结果却是明显的。中国古代名篇《乐记》中的《乐象篇》中有这样的断言:"乐者,德之华也。"古希腊先哲柏拉图也提出:"我们一向对于身体用教育,对于心灵用音乐。"他还指出:"节奏与乐调有最强烈的力量浸入心灵的深处,假如教育方式合适,它们就会拿美来浸润心灵,使它也就因而美化……"这些都表明音乐与人格塑造间存在着明显的关联,音乐在引人向善向美的方面起着不可小觑的作用与影响。它动之以情,却得之以理。在美的创造与欣赏中,潜移默化地影响着人的行为。

小林宗作先生对韵律操作用于性格的作用,给出了非常明确的回答:"做韵律操会使人的性格富有韵律感,富有韵律感的性格是美好的、强大的,能够顺应自然的法则。"如何理解小林先生说的音乐并且具体成韵律的这种方式对性格的影响呢？我们不妨从黑柳彻子在这一篇中的描述去理解。

(一)让身体理解节奏

"小豆豆这个班,是从使身体理解节奏这一步开始的。"怎样才能让身体理解节奏呢？按照黑柳彻子的描述,孩子们在礼堂的小讲坛上围成环形,并且朝着同一方向,跟着校长的节奏自由流畅地走动就行。走动的时候,要能够拍出音乐的节奏,而姿态则像先生说的那样："仿佛是在拖着大脚趾走动,身体轻松自由地摆动。"总而言之,要尽一切可能地让身体自然放松,不要强迫自己,以自己觉得自然的方式走动就好。我们是不是可以从中感受到这种身体理解节奏的方式,就是让自己感到最自由、最舒服的一种方式呢？但这种自由又绝对不是松弛懈怠的放任自流,而是伴随着音乐节奏的轻松自在。孩子们一开始会觉得手忙脚乱,可是当身体理解了节奏的时候,"就觉得非常舒服,自己也能渐渐想出各种花样的动作来,越来越得心应手了"。

(二)温和地顺应自然的法则

当孩子们围着讲坛成为环形的时候,孩子们自然而然地懂得不能逆着人流走,而要尽可能地绕着同一方向走,这样才能做到在整个过程中不与他人发生碰撞,让自己的行为和动作能够自然而然地舒展在空间中。这种"温和地顺应自然的法则"是小林宗作校长在解释韵律与性格时特别提到的,而且,他还在前面特意加上了"美好的、强大的"的修饰。对于孩子来说,能够温和地顺应自然的法则,就是一种美好且强大的性格养成。这是一种含义颇深的对性格塑造的认识和理解,它是小林宗作先生所认定的人与自然的关系在教育中的实践与体现。人在自然之中,自然是人类的母亲,而人类在自然中成长,应与自己的母亲和谐相处,在顺应中成长,与自然和谐共生,这样才有人类自身的延续与发展,人类才会得到自然的眷顾,并照拂自然。这才是一种人和自然的良性的关系。孩子们应该从小懂得这一点,在自然中成长,尊重自然、爱护自然、顺应自然。这本身即是心灵的美好与强大的体现。而自然对孩子一向都是宽宥的,它尽一切可能地展现着它的博大与广阔,孩子充分地在自然中玩耍,其过程本身就是一种学习。只是现代教育并没有让孩子们更接近自然,而是越来越使其脱离了自然的怀抱,许多自然的事物与行为被冰冷的器械与成规所代替,孩子们学会的仅仅是用各种工具去武装自己的外壳,与自然远离且对立。层层包裹、武装起来的孩子,往往拥有的是一颗怯懦、易怒且不堪一击的心。

(三)专注与坚韧

小林先生带着孩子们做韵律操的时候,常常会慢慢加大难度。当他在弹钢琴的时候,会大声说:"当我的琴声变化的时候,你们不要立刻跟着变化!"对于孩子们来说,随着二拍的节奏的动作,要在节奏变成三拍后,仍然能够保持住,不是一件容易的事。但正是这样的一个小小的变化,在小林先生看来却是有其教育的目的的。在固有的行为上去改变不容易,但在某些改变发生后仍然能够保有自我的行为方式同样不是易事。孩子们在韵律的变化中,在动作的改变和保持中,锻炼的是注意力的集中,也培养了坚强的意志。专注与坚韧是对孩子一生都会产生重要影响的性格养成。通过韵律与节奏的方式,让孩子们在游戏中有所体验,是教育家小林先生和达克罗兹先生送给所有孩子的礼物。

(四)想象力与创造力

孩子们在音乐的节拍中,逐渐让身体理解了节奏,并专注于倾听,自然地让身体适应着节奏,做出各种动作。他们一开始各做各的,但兴致来了,还可以和要好的朋友并肩同做,有时候互相拉拉手,有时候互相眨眨眼睛。不需要语言,让身体与身体在节奏中,相互寻找,相互适应。在家长们的眼中,孩子们带着各自独特的表情,在音乐中舒展着身体,陶醉地跳来蹦去,重要的是每一个动作都和着音乐的拍子,这种情境想想都让人足够愉悦。

孩子们在音乐中,慢慢解放了身体,释放出心灵的信息,并且用表情与身体的姿态抒发着每一个自我,这其中所展现出来的想象力与创造力是巨大的。每一个动作都是一种独特的表达,是身体理解节奏之后展现出来的。在同样的音乐和节奏中有不同的理解、不同的展现,这正是美好、强大的心灵所产生的力量。

第十四章 艺术教育与天性的引导

第二节　音乐课

　　上音乐课的时候,孩子们集中到礼堂里,校长先生发给每人一根白粉笔。大家就在礼堂的地板上各踞一方,有的趴着,有的半蹲着,有的则端端正正地坐着,总之,大家可以自由地采取各种姿势,拿着白粉笔准备好。当大家都准备好了的时候,校长先生就弹起钢琴,于是,孩子们和着老师琴声的节奏,在礼堂的地板上画出音符。用粉笔在光滑的茶色地板上涂画,感觉真是好极了。宽敞的礼堂里,只有小豆豆他们十个人左右,分散在各个地方,所以无论把音符画得多大,也不必担心碰到别人。说是画音符,其实并不需要画出五线谱来,只要能够表示出节奏来就可以了。而且,音符的叫法是校长先生和大家一起决定的,很有巴学园的风格……

　　就这样,大家对音符亲近起来,而且觉得很有趣。上音乐课的时候,对大家来说简直就是享受的时间。

一、小林宗作的音乐课

小豆豆在音乐课上不仅唱歌跳舞,还有一节是在地板上画画。现在乍一听,也有些匪夷所思。但是,看到黑柳彻子的记述,又会让人豁然开朗,由衷地为小林宗作校长的音乐教育拍手称赞。这和他的韵律教学的理念实在是一脉相承的。

在《粉笔》一篇中,粉笔不过是承载着小林校长这种教育理念的工具,作为一个工具,它物尽其用地配合着校长与孩子们完成了一次又一次的奇妙的艺术之旅。

（一）宽敞的礼堂
"宽敞的礼堂里,只有小豆豆他们十个人左右,分散在各个地方,所以无论画得多大，也不必担心碰到别人。"有足够的空间让孩子们去发挥，这是一个看上去不起眼，但确实又是在艺术教育中不容忽视的细节。艺术的产生，需要一个时间和空间都不紧迫的条件，尤其对刚刚接触艺术的孩童来说，更是如此。教育者要在条件允许的情况下，给孩子们尽可能充裕的时间和空间，使他们能够在相对自由的时空中，进行自由的想象与创造，身心都不受到拘束。

(二)音符的叫法

很有巴学园风格的音符的叫法是校长先生和大家一起决定的。

♫ 是跳跃(因为这个节拍最适合蹦蹦跳跳)；

♪ 是旗子(因为看起来像是一面旗子)；

♫ 是旗子呼啦呼啦；

♪ 是两面旗子；

♩ 是黑；

𝅗𝅥 是白；

𝅗𝅥. 是白加黑点(或者是"白点")；

o 是圆圈(即全音符)。

就这样，大家对音符亲近起来，而且觉得很有趣。

小林校长让音符的记忆变得形象化，并且将音乐的语言变得易于理解，就像表示"跳跃"的音符，与蹦蹦跳跳的感觉相对应。孩子们记忆这些陌生的音符，就好像要学习进入音乐的语言，如果设置了太多记忆的障碍，又让孩子们无从体会到其中的乐趣，很快就会让孩子产生逆反或者烦躁的情绪。但让音符与音符传递的感觉联系起来，并且让孩子们感受到，再理解和记忆，就变得容易得多，也生动得多了。

(三)自由地运动身体

这样在地板上绘制音符，能够"自由地运动身体"，"无论节奏有多快，都可以尽情地快速涂画"，而且"画得再大也没有关系"。最重要的是，孩子们可以轻松自在地欣赏音乐的旋律。

"自由""尽情""轻松",这是小林校长音乐教育的追求,他致力于为孩子们营造这样的学习氛围和环境。让学习本身变成一种快乐与享受,自然就会增强学习的主动性。

(四)音乐的图画

"如果时间还有多余,孩子们可以捎带着画上飞机啦、娃娃啦什么的。有时候,孩子们还会故意把画一直画到别人的'地盘'上,大家都做这个'接头'游戏的时候,整个礼堂就变成了一大幅画。"音乐课上的一大幅画,将音符和孩子们的想象力有机地融合在一起。小林老师绝不会斥责大家画了与音乐无关的飞机和娃娃,而是默许着孩子们的发挥与创造。在自由、快乐的氛围中去感受音乐,轻松自在地欣赏音乐的旋律,才是音乐课的真正意义。音乐与绘画毫不冲突地交融在一起,在孩子们的心里留下了美好的回忆。

(五)音乐教育的评价与纠正

这看上去是天马行空般的音乐课,但又绝不是没有任何指导和校正。

> 上音乐课的时候,校长先生弹奏一会儿钢琴,就会从台子上走下来,看一看每个孩子的作品,并且评论一番:"很好。""这里不是旗子'呼啦呼啦',应当是'跳跃'。"等大家都修改好了,先生会把刚才的那支曲子再弹一遍,大家一边听,一边对照正确的节奏,就明白了应该是怎么样的。

兴趣是学习的先导,轻松自在的环境和氛围,让孩子们对环境和氛围的营造者充满信任,因此在这样的时候,进行音乐本身的指导,就变得越发水到渠成。孩子们乐意听从指引,甚至还希望得到某种肯定,或者是有益的校正,尤其是使用一种特殊的属于他们的独特的符号系统,孩子们会感受到一种隐隐的快乐。就像校长先生指出的"这里不是旗子'呼啦呼啦',应当是'跳跃'"那样,虽然是一种纠正,但这种方式,因为一种新的符号系统的介入,而变得生动有趣,听上去就不像是在纠正错误,而好像是一种游戏规则的强调一样了。

(六)粉笔的教育

黑柳彻子的这篇文章以"粉笔"为题,但写的却是小林先生的音乐教育。粉笔的妙用,不仅使音乐与绘画融通,还产生了其他的影响。

每一次音乐课后,大家要留下来一起清除掉粉笔画的痕迹。先要用黑板擦擦掉粉笔印儿,然后再齐心协力,用拖把和抹布擦,直到整个礼堂的地板都干净了。在孩子们看来这是一项"浩大"的工程。而因为这课后的集体擦地板的劳动,孩子们也知道了乱涂乱画后,收拾干净很不容易。所以,他们不会在其他的地方乱涂乱画。而且,已经在音乐课上这样尽情地画过,也就不必再跑到其他地方去过那种只有小孩子才有的"画画的瘾"。至于使用粉笔的各种注意事项,已经在画粉笔画的过程中完全了解了。

这样的音乐课是对节奏本身的遵循,又是对音乐创作的理解,同时还充满了自由想象的快乐。在整个过程中,孩子们收获了对音乐的认识与欣赏,以及自由绘画带来的快乐,每个人都乐在其中,并认为自己是在享受整个过程。在这种教育中,每一个人都达到了自己有意或无意设定的目标,每个人都得到了满足。在小林校长看来,孩子们在自由、自然的环境中,感受到音乐的节奏,并以自己喜爱的方式在地板上自由地书写或者绘制下来,还从中感受到快乐,这一堂音乐课的目的就达到了。而孩子们在绘画中感受到的自由,在课后劳动中体味到的辛苦及使用粉笔的各种技巧,看似与音乐课无关,却是这堂音乐课延伸出来的教育的整个过程。它们既属于这堂音乐课,又超出了这堂音乐课。

二、艺术教育

达克罗兹在对音乐律动法的探索中认为,音乐不光是靠动作就能完成的,它最重要的是一种心理感受。在运动和心理的关系方面,达克罗兹认为,必须培养和训练出某种联系身心的东西,通过它可以把心理和身体两个层次联系起来,目的是激活学生的神经系统,使神经系统能够对心理刺激做出灵敏、迅速的反应。身体运动只是节奏的外在表现,而心理反应才是节奏的内在感受。重视心灵对音乐的感受,对艺术的敏锐感知,这才是达克罗兹的深意。

就是这种对艺术感知的心灵化的追求,使得达克罗兹敢于冲破传统的音乐教育观念和方法,使日益殿堂化、抽象化的音乐教育,重新有了与情感体验再度结合的可能。从而扭转学界与教育界对音乐理性的过分强调,转而重新重视音乐的感性教育。通过身体的参与,让孩子们感受到音乐所表达的活力与意境,使音乐回归到学习音乐、感受音乐的人的心灵,使音乐的接受与欣赏变成一件自然而然的事情。这不但避免了传统学习方法的枯燥与抽象,而且提高了学习者对音乐的兴趣,以及对音乐作品的感受能力与欣赏能力。

小林宗作先生的音乐课正是对达克罗兹音乐教育理念的一种切实有效的实践。他将音乐律动法与他的自然教育的理念结合在一起,让孩子们在自然轻松无压力的状态下,融合音乐律动的方式,去听音乐、画音符,也可以画一些其他的东西,在自然的状态中去感受音乐的律动,感受音符在乐曲中的表现,巧妙地将涂鸦融合在音乐教育中。这是多么神奇的一堂课,音乐语言、文字与图像融合在一起。孩子们在年纪尚小的时候,无从感知这种艺术的融合。但这种融通的教育,使得孩子们对艺术的理解有了非常形象的体验与感知,并且深深地被其感染。

艺术间的相互融通在历史上并不鲜见,音乐与舞蹈间的天然的联系,自不必说。在中国,音乐与书法之间,音乐与绘画之间,音乐与中国诗词之间都不乏这样的故事,甚至中国早期儿童私塾教育中对典籍的吟诵方式,都隐含着一种韵律与节奏的味道。只是,在现代教育中,这些曾经美好的过往都无从寻觅,完全变成了一种历史的奢侈品,被高高悬置在艺术的殿堂中,不可企及。孩子们与艺术的距离不是艺术本身造成的,而是艺术逐渐脱离心灵的感知方式使然。诉诸心灵的艺术,在诉诸视觉的过程中,逐渐被体系化、过度理性化,因而生成了许多记忆与理解的障碍,让它变成了一种高高在上、难以触摸的冰冷的东西。但艺术绝非是一个机械冰冷的体系,它是源于激情与热情的,在创作中带着悸动、喜悦、痛苦、哀伤、愤怒、平静、怅惘等各种微妙的、激昂的情绪表达而生成的,如果艺术的创作不能够表达,艺术的接受不能够感知,那么艺术的生命就会枯竭并黯淡下去,艺术的教育也就失去了它存在的目的与动力。

小林宗作校长在儿童音乐教育中的融通,是以达克罗兹的音乐律动法作为基础,又融合了他对儿童心理的了解和他的教育理念的:自然地、轻松地学习,在最自然的状态下做喜欢的事情,没有强迫和压力,孩子们做的都是孩子们喜欢的。所有一切都源于自然，出于自然，舒服地在空间中舒展自己，或者是舒展身体，或者是舒展想象。孩子们在宽敞的空间中，身体与心灵真正地和谐统一在一起，想象力与创造力也大大地被激发出来。

"'绿蛙落古池，寂寂闻水声'……看到青蛙跳到池水中的，肯定不止松尾芭蕉一人。看到沸腾的水顶起壶盖，看到苹果落地的，也一定不止瓦特和牛顿。"但为什么就是他们看到了，记下了，发现了，发明了，创造了呢？在小林先生看来，是他们在保有最澄澈的眼睛之外，他们的心灵对外界的感知敏锐且独到，他们是全身心地感受着世界的人。身体与心灵都去感知和寻找，意味着专注，意味着发现，意味着他们会比那些麻木的心灵更敏锐，也更充满热情。我们的教育应该是能够活化心灵，让心灵更具备开放式地面对世界的姿态，并与身体一同去探索和感知世界、发现世界。因此，教育应该是开放性的，更接近于自然，而不是越发地远离它，变成书斋里的枯燥接受。对于幼小的孩子来说，尤为如此。

艺术的教育在整个教育当中，既是内容，又可以是方式，因为艺术本身就是感性的自然界、感性的社会。它经过艺术的加工与构思，比真实更典型，更充满魅力。怎样让艺术的形式更好地服务于孩子对世界的认知、对世界的感受，是一个仍然值得所有的教育者去研究的课题。

第十五章

特殊的孩子

黑柳彻子眼中的理想教育

我们总是希望自己的孩子聪明、漂亮、健康,希望他们有令人羡慕的成绩,文雅的谈吐,希望他们能够懂得我们的一切意图,并且毫无疑义地执行。一旦他们忤逆了我们的意志,我们就会立刻恼羞成怒……

我们的孩子注定每一个都不同,有的聪明伶俐,有的笨拙沉默;有的像孔雀,有的像麻雀;有的健康茁壮,有的孱弱多病……

不同的孩子注定要得到不同的对待方式,但他们希望得到的是不同的对待,还是一视同仁的关爱,这是一个值得探讨的问题。

每个人都是特殊的,但每个人都需要被非特殊地对待,起码在心理上有这样的需求。

第十五章 特殊的孩子

第一节 特殊的孩子

在小林宗作校长的巴学园里,有这样一些孩子,他们是被其他学校劝退的小豆豆、行动不便的小儿麻痹症孩子泰明、四肢短小的侏儒症孩子高桥、从美国归来的日裔美侨……尽管黑柳彻子的文章写得妙趣横生,但我们仍然能够隐隐地感觉到,这所学校总是透着一股怪怪的味道,其教育方式和我们习以为常的相去甚远,而且这些孩子在大多数人的眼里,都是特殊的孩子。

一、小豆豆

黑柳彻子对自己退学的事情,记忆并不深刻,多数是后来听母亲告诉她的。她心里也怀着这样的疑问:"我难道是一个这么差劲的孩子?"直到她在一档节目中,碰到一位曾经是她退学那所学校的女老师,并且听到她的讲述时,才真正意识到幼年时的自己是一个怎样的孩子。

"彻子当时是隔壁班的学生。上课时,我有时候有事去办公室,就让学生们上自习,我来到走廊里的时候,几乎每天都看到你站在那里。而且,当我走过时,彻子总要叫住我,问:'老师,我被罚站了,为什么呢?''我做什么坏事了吗?''老师讨厌宣传艺人吗?'你这样问,我实在很难回答。所以到后来,我即使有事要去办公室,也要先开门看一看,如果彻子站在那里,我就不去了。你的班主任老师,经常在办公室里对我抱怨:'怎么会那个样子呢?'所以,后来你出现在电视上的时候,一看名字,我马上认出了你。因为虽然事隔多年,我还清清楚楚地记着你上一年级时的事……"

关于小豆豆的一年级,妈妈告诉她的是,她在教室里开开关关书桌,去窗口招呼宣传艺人,跟窗外飞过的燕子说话……老师告诉她的是,她经常被罚站,还不知道原因……这个在现在看来,也会不断影响课堂纪律的孩子,老师对她做出罚站的处理,实在并不过分,似乎罚站是大部分老师碰到这样的孩子时的处理方式。"总不能因为她一个人,就让大多数孩子受到影响吧。"彻子当年的班主任一定会这样说。而彻子的行为后来也被现代科学认定为一种在儿童中可能会存在的问题。我们将其称为 LD,即"学习障碍",黑柳彻子的如实描述为读者呈现出一个非常典型的 LD 孩子的表现与特征。因此,就算是现在,这样的孩子在学校里也会被视为异类,是"怪孩子"。

二、泰明

怪孩子小豆豆在上课的第一天认识了泰明。

泰明走路的时候是拖着腿的,每迈出一步,身体都摇晃得非常厉害。当小豆豆好奇地问他为什么会那样走路时,泰明温和而平静地告诉小豆豆,他得的是小儿麻痹症,还给小豆豆看了他因为病症而扭曲的手。

"治不好了吗?"
男孩沉默了。小豆豆心想,"我一定是问了什么不好的话吧",不禁悲伤起来。可是,男孩却用非常开朗的声音说:
"我叫山本泰明,你呢?"
小豆豆听到男孩这么快乐的声音,非常高兴,也大声回答:
"我叫小豆豆。"
这是山本泰明和小豆豆友谊的开始。

小豆豆和泰明的友谊在文章《大冒险》中延续着,一个淘气大胆的孩子带着有小儿麻痹症的孩子去爬树,两个人有惊无险地攀爬到树的顶端,整个过程既艰辛又危机四伏,幸运的是,泰明在小豆豆的鼓励和帮助下,生平第一次也是最后一次爬上了一棵树。当两个人听着四周传来的阵阵蝉鸣时,泰明那种惬意的心情可想而知。这大概是他短短的一生中最开怀的一刻了吧。

巴学园里的泰明在一个春假以后，再也没能回到校园。他死了。小林宗作校长带着孩子们参加了泰明的葬礼，小豆豆在葬礼上想起了与泰明在一起的美好时光。无论是泰明还是小豆豆，在巴学园一起成长的经历，都牢牢地刻在了他们的记忆里，不可磨灭。

三、高桥

一年级的某一天，小豆豆的班上来了新伙伴，"这位高桥君虽然是个男孩子，个子却还要矮很多，而且胳膊和腿都非常短，握住帽子的手也非常小。不过，他的肩膀却很结实。"小豆豆还注意到，高桥君虽然不像患过小儿麻痹症的泰明那样拖着腿走路，但"他的腿非常短，而且像蟹足那样弯曲着"。老师和大人们都知道，高桥君的个子会永远这么矮，不会再长了。

小豆豆又有了一个新朋友。

巴学园的运动会很有趣，设计了许多好玩的项目。孩子们都乐在其中，但运动会中收获最大的却是全校个子最矮手脚最短的高桥君。无论是钻鲤鱼、爬梯子格，还是台阶接力，尽管大家都带着"战胜高桥君"的信念而拼命地努力比赛，但高桥君似乎是不可战胜的，每个项目他都是第一名。"高桥君有些骄傲地抽动着鼻子，满怀着激动和喜悦，登上领奖台领奖。"

后来的"尾巴"事件，小豆豆发现小林校长因为一位老师随意问高桥君"有没有尾巴"的事儿发怒了，这让小豆豆明白了校长先生对高桥君、对泰明这样的学生的良苦用心。

小豆豆、泰明和高桥，这三个在《窗边的小豆豆》中形象生动的孩子，都有着特殊的地方。小豆豆会被一般的学校劝退，因为她属于常人眼中的"问题儿童"。泰明和高桥这种身体有残疾或者缺陷的孩子到了一般的学校，难免会被特殊对待，或者会不可避免地为人耻笑。但在巴学园里，他们外在上的不完美，却丝毫没有影响到心灵自然完整地成长，巴学园对待他们的方式，是值得成人和教育者们思索的范例。

巴学园为他们提供了一种自然成长，却又被默默呵护的氛围。

孩子们看似平常的生活里，处处是老师别具匠心的设计与关注。

第十五章　特殊的孩子

第二节　特殊的孩子不特殊

在小林宗作校长的巴学园里，孩子们是平等的，不分贵贱等级，不分贫富高下，不分健康与羸弱，不分完整与残缺，他教给孩子们彼此之间平等对待，善良相与。在巴学园里没有特殊的孩子，即便是泰明和高桥，都没有受到特别明显的区别对待。他们和所有正常的孩子一样，参加巴学园举办的各种活动，但他们又被老师精心地呵护，积极地鼓励着。

一、特殊对待与一视同仁

事实上，对于小林校长的巴学园来说，每个孩子都被特殊对待了。

从他们的课程安排上来看，一天的学习可以从自己最喜欢的课程开始，课程的顺序是孩子们自由选择的。每个孩子都能够按照自己的意愿开始一天的学习，对于不是那么喜欢，或者觉得有难度的学科，则会得到老师的帮助。他们选择电车教室中自己喜欢的座位，选择自己喜欢的同桌……

对于小豆豆来说，她忘不了校长先生第一次跟她见面时，听六岁的她讲了四个小时的话，在这期间，校长先生一次也没有打哈欠，一次也没有露出不耐烦的样子。他也像小豆豆那样，向前探着身体，专注地听。这是一种发自内心的重视，即便是小孩子也能够深刻地感受到这一点，因为孩子大多时候都会被大人打断话，或者不予理睬，尽管这在孩子年幼的心里不见得能觉得有多受伤，但那种不受重视，或者不被尊重的对待方式，孩子是能够感受并且体会到的。而小林校长的做法，是真正懂得孩子，并且真正重视孩子的方式，孩子的信任简单而直接，小林校长也同时收获了孩子的尊重和爱戴。

黑柳彻子眼中的理想教育

　　这样的细节在黑柳彻子的记述中，以各种方式出现。小豆豆的钱包掉进了粪池，并自作主张地想要将钱包捞上来，这种事情发生以后，大人们一般都会批评孩子不小心，然后对失落了东西表示遗憾，并且让孩子下次注意，这样事情也就结束了。但自作主张的小豆豆并没有被这样制止，而是在校长的关注下，不但努力地掏了粪池（虽然没找到钱包），还把掏出的污物及泥土又放了回去。孩子在这个过程中体会到了辛苦，更吸取了教训，但整个过程校长只是提醒了一下，并没有像大多数成人那样大呼小叫地不允许。从效果上来看，这种来自孩子自身体验的教育，要比说教和回避来得更实际和深刻。如何给予孩子自我教育和反省的时间、空间，也是教育者们应该关注的一个领域。

　　对于高桥和泰明来说，他们身体的残缺让周围的人已然将他们特殊对待，但他们更需要的是像平常人一样被对待，而不是那些异样的眼光和总是被归于被照顾和怜悯的族类。因此，在游泳课上，小林校长告诉大家没有带泳衣也可以游泳，他在向孩子们传达："无论什么样的身体，都是美丽的。"当孩子们光着身体跳进泳池的时候，即便是像泰明和高桥这样身体有障碍和缺陷的孩子，也会将对自己身体的不完整和不完美的羞耻感慢慢地在快乐的玩耍中消弭掉，而不会在内心滋长出"劣等意识"的黑暗空间。

　　透过小豆豆的眼睛和心灵，我们看到，泰明和高桥从未显现出过多的自卑或者怯懦，他们在巴学园里与大家一样接受教育，尽自己所能地学习，和大家一样参加各种文体活动，他们在这样的集体和氛围中可以正视自己的身体，不必担心受到歧视。这让他们真正强大并成长起来。

　　平等并且互相尊重是巴学园到处洋溢着的一种氛围。吃中饭的时候，有些孩子的便当材料丰富，有些孩子的便当则十分简单，但校长先生告诉大家每天吃的食物中要有"山的味道"和"海的味道"，如果没有，就由他为大家填补。孩子们不仅从每天的餐食中习得了知识，也不会因为谁带的东西好吃或者不好吃，稀奇或者平常而滋生攀比之心。至于穿戴更是如此，孩子们可以穿上自己最差的衣服、最不怕脏不怕坏的衣服来学校，因为，对于孩子来说，能痛快地玩耍而不必担心漂亮的衣服会被自己不小心弄脏弄破才是第一要义。孩子们在这种平等的氛围中得以轻松地成长，并形成对生活的正确认识，从而能够在此后的生活中更容

第十五章 特殊的孩子

易获得幸福与满足。

在黑柳彻子的记述中，短篇《说英语的孩子》值得玩味。一个叫宫崎的大孩子来到巴学园，这是一个在美国出生并长大的日本籍孩子，日语学得不好，但英语很棒。他和巴学园的孩子们一起学习，并且把家里的英文绘本带到学校来和大家一起阅读。巴学园的孩子们把日本的文化习惯在日常的交往中一点一点地教给宫崎，而宫崎就像教孩子们英语的家庭教师一样，教大家英语，宫崎自己的日语也日新月异飞快地进步着。

  "'美丽的'，是 beautiful。"
  "'美梨的'，是 beautiful。"
  "对不起，不是'美梨的'，是'美丽的'。"

在文章的末尾，黑柳彻子写下了这样一段话：

  在巴学园，现在，日本和美国变得亲近起来。
  但是在巴学园之外，美国却是日本的敌国，英语是敌国的语言。所以，所有的学校都取消了英语课。
  "美国人是鬼！"
  政府这样宣布。而这个时候，巴学园的孩子们却在齐声地念着：
  "'美丽的'，是 beautiful！"

拂过巴学园上空的风温暖而和煦，在巴学园中成长的孩子们也美好而纯洁。

小林校长在严峻的政治环境中，努力为孩子们创设平等、自由的学习氛围，尽一切可能让孩子们不受狭隘的国家与民族主义的观念影响，让孩子们得以保有纯洁与美好的心灵。在黑柳彻子的记述中，日本的政治力量对日本社会的影响，体现在儿童的心中，就是非常简单的"美国人是鬼！"对于孩子来说，未经思考地接受与认识，是儿童接受早期教育再自然不过的事情，在孩子们尚未理解"美国是日本的敌国，英语是敌国的语言"的时候，他们会与所宣传的一致，在幼小的心中埋下敌视和仇恨的种子，在以后的成长中或者继续加深，或者逐渐反省。这样,孩子成长的过程从一开始就因为观念问题误入歧途并越陷越深,即便幡然醒悟也需要在纠偏的过程中不断痛苦地纠结并改正。小林宗作先生并无意在教育中输入太多的国家意识与民族意识,他所着眼的是更为广阔和高远的人类意识,他教给孩子们的是:人与人应该互相友爱与帮助,无论他是谁,来自哪里,他的身上都有值得我们学习的地方,当他需要帮助的时候,我们应该伸出援手,同时我们也会从他人那里习得他们的长处,并不断充实和提高自己。因此,巴学园在战争逼近、四处弥漫着政治乌云与阴影的时候,仍然能够让孩子们看到希望,看到彼此之间因为相互友爱与扶持而滋生出来的温暖。巴学园给了孩子们的心灵更为自由与广阔的空间,让他们得以健康地成长起来。

这是巴学园对孩子们的特殊教育,它所传递的是,每个人在世界面前都是独特又平凡的存在,没有谁比谁更高贵,也没有谁比谁更卑贱。平等的个体要能够在相互尊重、相互学习的过程中各自成长,并形成各自独特的个性。小林校长既特殊地对待每一个人,又一视同仁地对待大家。这也是巴学园教育的独特魅力。

二、呵护与鼓励

小林宗作先生对待孩子们的方式是独特的,他尊重他们的意愿,将他们看作和他一样的人,他对孩子们的珍爱和重视,让孩子们得以珍爱和重视自己。从本质上来说,这是对孩子心灵成长的一种守望。

倾听孩子们讲话,无论他们有多啰唆,或者他们有多沉默寡言,只要肯说,校长就肯听。像小豆豆那样一连说了四个小时,校长也没有流露出丝毫倦怠和不耐烦,这是小林校长呵护和鼓励孩子的一种表现。

(一)从"没话说"到"有话说"

在《"然后呢……"》这篇文章中,黑柳彻子记述了校长先生在孩子们认识和品尝"山的味道""海的味道"之后,又增加了有趣的新节目。

"大家能更加善于说话就好了。从今天开始,吃午饭的时候,每天都有一个

第十五章 特殊的孩子

人到圆圈中间说说话,怎么样?"就这样,孩子们午饭时拥有了说话时间。校长先生认为,教会孩子们在别人面前清楚、自由、毫不羞涩地表达自己的想法,是绝对有必要的。在鼓励孩子们勇敢地表达自己的想法时,小林校长再次用他的耐心与循循善诱的方式,呵护、鼓励着孩子们。

"不必想着非要说得很好不可,只要是自己想说的话,什么都可以。总之,试一试吧!"

可是再耐心的老师也会碰见这样的孩子……

"我没有什么可说的。"

"你说自己没有话说……"

"什么话也没有。"

一般,碰到这样的学生,老师通常就会转向其他很想说的孩子。可是小林宗作先生没有,他说:

"那么,我们编一个吧。……想一想你今天早晨能够起床,一直到来学校,这之间都有什么事情?一开始,你做什么了?"

"哎——"

"你看,你说了'哎——'这不是有话说了吗?'哎——'之后,再说什么呢?"

"哎——早晨我起床了。然后呢……"

校长一直微笑地看着那个孩子,又转而对大家说:"并不是说了有趣的事,或者令人发笑的事才了不起,而是像你这样,本来觉得'没话说'的,找到了可说的话,这才是最重要的。"

孩子得到了校长的肯定与鼓励,接着用非常响亮的声音说了下去:

"然后呢,妈妈对我说'快刷牙',我就刷牙了。……然后呢,我就到学校来了。"

而所有孩子因为"那个孩子有话可说了!"都非常快乐,校长再次为孩子们营造出这样一种快乐积极的氛围,"让那个没话说的孩子有话说"是对孩子的期待与耐心,其他孩子也从中获得了快乐。

一个看上去简单随意的午餐时间,却给一个孩子,给所有孩子上了生动的一课。

(二)尾巴的教训

在小豆豆的眼里,耐心温和的校长先生几乎从不发火,只有一次例外。

那一次,校长先生跟一位给他们上课的女老师发了火。

因为,在早晨的课堂上,老师给大家讲有关进化论的初步知识。她在讲到古时候人是有尾巴的时候,提到人都有尾骨,是尾巴退化后留下来的。大家都十分感兴趣,孩子们开始互相摸哪里是尾骨,教室里乱成一团。而在这个话题的最后,老师开玩笑地说:"有没有人还有尾巴呢?高桥君,你有没有呢?"

高桥君急忙站了起来,摇着小小的手,认真地说:"我没有。"

当时校长正在后面参观课堂,他看到了这一切,因此把老师叫出来,严肃地谈这件事。

校长先生问老师为什么要问高桥君"有没有尾巴"的问题,而这一幕终于让小豆豆意识到校长先生对高桥这样的学生的苦心。

"您难道不知道这有多严重吗?我对高桥君费了多少心思,这一点,您怎么才能理解呢?"
"您有没有想过,高桥君被您问'有没有尾巴',他会是什么心情呢?"

校长先生不像是在发火,他的声音充满了悲伤。这种情绪大概在小豆豆长大以后才真正理解了,才能够在文章中表露出来。对健全的孩子来说,不会因为有没有尾巴的问题而困惑或者难过,但对像高桥一样知道自己身体的缺陷,且没有办法改变这种现状的孩子,很可能因为太在意这一点,而产生自卑心理。校长先生正是深谙这一点,才会被老师在教学中的这句玩笑话激怒。他注意孩子教育和教学中的微妙变化,能够抓住每一个教育的机会,为孩子们输入知识;能够掌握每一个孩子的状态和特征,对不同的孩子进行情感和心理的引导和梳理,他不遗余力地帮助孩子树立独立、自信和自强的精神,他希望能够通过教育的努力,为孩子们提供更为宽广和自由的空间。在小林先生这里,教育不仅是在当下,更是面向未来的。

"尾巴"事件让巴学园的老师们更认真更负责地面对孩子,尤其是对像泰明和高桥这样的孩子,在教学中除了知识的输入,更注重他们的心理。

(三)高桥的运动会

运动会当然不是高桥一个人的,它属于大家。但对于高桥来说,运动会又真的是他最光彩夺目的活动。

> 当大家在鲤鱼肚子里拱来拱去的时候,高桥君却嗖嗖地钻过去了;当大家在梯子格里费力地钻来钻去的时候,高桥君已经钻过了梯子,往前跑了好几米;接力赛中,当大家费劲地一级一级上台阶的时候,高桥君短短的腿却像是活塞一样噌噌地跑了上去,又像是电影中的快镜头那样嗖嗖地跑了下来。结果,尽管大家因立誓要"战胜高桥君"而拼命地努力比赛,高桥君还是夺取了全部项目的第一名。
> ……高桥君有些骄傲地抽动着鼻子,满怀着激动和喜悦,登上领奖台领一等奖。每一项都是一等奖,领了一次又一次。

高桥是运动会的大赢家,他是名副其实的第一名。如果在这篇文章中,读者还在惊叹高桥的能力,甚至还有些疑惑的话,在《尾巴》一文中,那些惊讶和疑惑大概会得到一种合理的解释。"校长先生在开运动的时候,特意设计了适合高桥君的项目,让他可以取得好成绩……"

就拿接力赛来说,地点设置在正对着大门通向礼堂的扇形台阶上,参赛者要跑上台阶,然后再跑下来。乍一看好像有点莫名其妙,巴学园台阶的一级,比一般台阶的要低得多,坡度也非常缓。接力赛的时候,不允许一步迈过好几级台阶,只能一级一级地上去,再一级一级地下来。这样对腿长个子高的孩子来说,反而更难了。而对于高桥来说,却是再合适不过。

对于高桥来说,第一名和奖品都不是最重要的,最重要的是大家羡慕的眼光和他油然而生的信心。校长先生希望他"不要忘记夺得第一名时的自信"。他真的做到了。在《窗边的小豆豆》的后记中,黑柳彻子回访了自己当时在巴学园一起学习的同学,其中就有当年的高桥君,他仍然只有读小学低年级时那么高,但是已经担任了某家电气公司的"协调工作",这种为公司中人际关系的和谐而特设的工作,由矮小的高桥君来担当,在黑柳彻子看来,是因为他有着"明朗而富有魅力的性格"。在访问中,高桥君也追忆了小林校长鼓励他跳过比自己还要高的跳马时,对他的鼓励:"没关系,你能跳过去!绝对能跳过去!"小林先生的手仅仅在最后一刻才托了他一下,可是给人的感觉就好像是高桥自己跳过去的,先生这样鼓励和支持着高桥君,并借此增加他的自信心。高桥君就这样自信满满地成长,成为一个相信自己,并在社会上发挥着举足轻重作用的人。这是小林先生在教育的过程中、在几十年前谋划的事情,先生这样做着,而孩子们在先生的教育实践中、在未来得到了先生教育的回馈。

第三编

第十六章

爱的结合

黑柳彻子眼中的理想教育

学校教育首重知识的传递与累积,继而是品德的塑造和性格的培养,家庭教育的重点则是后者,父母的言传身教及其影响直接关系到孩子品性的塑造,父母在日常生活中的行为方式和习惯,给孩子提供了最初模仿的模板。等到孩子进入学校,乃至进入社会时,他(她)便用这些家庭传承的行为方式和习惯与学校教育、社会教育进行印证,或者得到肯定继续塑造,或者得到否定重新调整,从而形成家庭教育、学校教育、社会教育之间的互生互补。

在孩子成长过程中,其所在的家庭始终是他依赖与仰仗的所在。在许多需要做出抉择与决定的时刻,尽管家庭给予他的不都是支持与鼓励,但出自父母的经验与爱的考量,反而让他能够更为慎重地思考,从而在决定的时候不潦草、不轻率。

家庭教育的作用与影响从来都不应该被划出教育之外,它应该是教育中同样至关重要的一部分,是不可缺失的一部分。

第十六章 爱的结合

第一节 小豆豆的父母

一、门山朝

黑柳彻子的母亲黑柳朝在《阿朝来啦》和《小豆豆与我》中勾勒出了自己的家庭与成长的轨迹。

黑柳朝出生于一个医生世家，家族中的大多数人都是医生。在黑柳朝的眼里，自己的父亲是个宅心仁厚的医生。

黑柳朝嫁给夫家之前，本姓门山。她的父亲叫门山周通，毕业于仙台医学专科学校，有幸与鲁迅先生并桌学习过，这也是老先生引以为豪的事情。另外，他的家族中还出过一位天才画家。但他承袭着家族行医的传统，甚至拒绝了北海道大学的聘请，坚持做了一名乡村医生，职业是妇产科大夫。在乡间光看妇产科自然不行，因此，在黑柳朝的记忆中，家里的诊所什么样的求医人都有。而父亲的医者仁心也在接诊的过程中展露无遗，无论什么样的病人，门山大夫都尽心竭力地诊治。上午坐诊、下午出诊的父亲，有时候会到离家很远的地方给人看病。患者的家境不同，常常有些病人会无钱付诊费，而父亲也不计较，但是患者会以谢礼的方式，在节日的时候送来大米和豆子或者水果和点心。在黑柳朝的眼中，父亲看上去严厉，但实际上既和蔼又好客，并且乐于帮助穷苦人。她常常听到父亲说"给他一些米""给他扛包红豆去"。最重要的是，在父亲的认识中，这并不是赐人恩惠，仅仅是，"目前还有食物的人，理应将吃的分给眼下挨饿的人"。这种乐善好施、富于同情心与爱心的品行深深地影响了黑柳朝的生活态度，使她在此后人生中，对人与人之间的互助与友爱显得特别从容，在困难时独自应对困苦也比他人更容易些。

在黑柳朝的记述中，父亲平日里不苟言笑，沉默寡言，因为不能经常照顾孩子,因此,会尽量满足他们的要求。在《阿朝来啦》以医为仁的父亲一文中,黑柳朝讲到了在出诊的间隙父亲和孩子们之间的一种有趣的交流。

> 出诊后,患者的家属会前来取药。于是,父亲坐火车去远处出诊时,往往将病历或处方从火车的窗口抛给我们。在出门之前,父亲会告诉我们火车将会从何处出发,几点经过一坂坡的道口。
> 被当作重物的病历和处方一起包在白手帕里抛下来的,还有患者家给的水果和糕点之类。我和两个弟弟被这些好吃的东西诱惑,总是一起在铁道边等待。
> 受包着的物品重量、火车速度及风向等各种条件的影响,接包裹的场所也不同。正巧接着的事压根就没有过。落到别人院子里是家常便饭,很长一段时间里,在何处抛才能正好落在道路边,成了父亲和孩子们的"研究课题"。
> ——《阿朝来啦》

作为家庭的主要经济力量,父亲要努力工作,因此,与孩子们相处的时间势必会很少。他表面的不苟言笑和沉默寡言,是性格也是生活使然,但一颗爱家庭、爱孩子的心却在生活细节中展现出来。这种在岁月中展现出的父爱,是需要观察和理解的。黑柳朝的讲述中所展示出来的父爱,是惠及儿女,为其所继承,并可以深远地传递下去的。

黑柳朝的母亲则给予了黑柳朝的个性发展更为广阔的空间。她是一个虔诚的基督徒,举止娴熟优雅。这位富裕农家的独生女,从小娇生惯养,还曾经上过女校。她不太善于交往,但热爱阅读,喜好音乐,她在黑柳朝小的时候就经常唱法语歌给孩子们听,她的音乐天分遗传给了孩子们。黑柳朝也是一个歌唱得优美的人,虽然因为早早嫁给黑柳守纲而未能施展其音乐才华,但在黑柳彻子的人生中,这种对音乐的执着和热爱最终得到了发展。

在黑柳朝的心目中,母亲是个"很少见的善良、安静、温和的人",她不喜欢与别人说三道四,只喜欢独自安安静静地看书,经常看杂志。因为信仰,常常读《圣经》、去教堂,还在教会的安息日去教会教书。她从来没有呵斥过孩子,也从未大吼大叫或者歇斯底里过,甚至连孩子晚归或者刮坏了衣服都不曾抱怨过。

她留给孩子的印象是：总是等在家门口，看见孩子玩够了回家，便放了心，高兴地迎上来说："啊，回来啦！"至于"天这么黑了还不回来，我可担心坏了"，"你看你把衣服撕成什么样子了"之类的抱怨或责备的话，一句都没有。

父亲和母亲这种从不抱怨孩子的教育方式，让黑柳朝轻松愉快地度过了她的孩提时代，让她的记忆中"总有一种特别的温馨的感觉"。黑柳朝认为自己继承了父母这种不抱怨的秉性，并因此惠及自己的孩子。

二、黑柳守纲

黑柳彻子的父亲黑柳守纲先生并不是一个天生的音乐家，他的音乐才能是在艰难的生活中萌芽并最终成长起来的。

黑柳守纲的父亲是东京深川一个平民区的名医，家中的医院很大，玄关脱鞋的地方都很大，要想进屋，不得不从那些鞋子上踩过去。黑柳守纲很少和黑柳彻子提及家中过去的辉煌，一有提及，说的都是爷爷也像外公一样经常为病人免费医疗。因为父亲担任过教会的长老，常常在家里举办祈祷会等各种集会，所以黑柳守纲是听着管风琴的声音长大的，自家医院的二楼还特意放置了管风琴。

可是，美好的生活在黑柳守纲八岁时戛然而止，父亲的突然离世使作为家中男丁的他必须承担起家庭的重任。他十二岁时便到三越百货公司当员工。这个最初只是在百货公司衣料柜台穿着条纹和服、系着围裙的少年，因为被公司的少年管弦乐队选中，得以打开了人生另一扇生命与希望的窗口。他在听过了管弦乐队演奏的乐曲后，被小提琴美妙的音色迷住了。

但这条音乐之路一开始却十分艰难，遭遇了最强烈的反对和批评。虽然黑柳守纲的母亲支持他的决定，但父亲的亲戚们却持反对意见。"父亲才去世，家中最重要的男丁就去当什么艺人！一定要去的话，以后便断绝往来。"好在有母亲的支持："你要是无论如何都想去学，那么哪怕是上刀山下火海，也一定要当个像样的音乐家。"

黑柳彻子眼中的理想教育

　　黑柳守纲的执着打动了一位乐队的老师，在别人出门远足的日子里，这位老师对黑柳守纲进行了音乐理论基础的特训。黑柳守纲的天分与热情使他像海绵一样如饥似渴地汲取着所有能够得到的知识。在那之后就是刻苦练习，大家都睡了的时候，他会学习到深夜。为了避免乐器发出的声音影响大家休息，他会到为病人准备的隔离室学习。三越百货音乐队的经历，让黑柳守纲成为当时人人称赞的"天才"，他年纪轻轻已经常常被邀请到帝国宾馆的晚宴上演奏。这是一个兴趣加努力成就的"天才"乐手。

　　这种对音乐的执着与热情在向黑柳朝求爱的过程中再一次爆发，虽然最初他们并没有得到黑柳朝父母的祝福，但相爱的人还是相守了。这种对爱的坚定与追求中所蕴含的力量在黑柳彻子的性格与人生中也时常可以感受到。

第十六章 爱的结合

第二节 爱的结合

　　黑柳守纲与门山朝的结合是文学作品中常见的电光火石式的一见钟情。天才小提琴手邂逅了当时在音乐学校学习音乐的女学生门山朝。穿戴着自己编织的绿色贝雷帽、毛衣和裙子的姑娘,头发用火钳烫出波浪,用门山朝自己的话说就是:"我的时尚完全是自己打造,自成一派。"这个独特的姑娘,是音乐学校合唱队中的一员,不知打动黑柳守纲的是门山朝美丽年轻的容貌,还是她独树一帜的装扮,或是爽朗可人的性格,他热烈地向门山朝求婚,并请求自己的家人向门山朝的父母提亲。只是在那样的年代,乐手与艺人不被人尊重,再加上门山朝对父母一点儿也没提起过黑柳守纲的事,所以门山周通在接到黑柳守纲的舅舅为其提亲的请求时,断然拒绝了,并且对门山朝的母亲大发雷霆。这个支持女儿将音乐作为兴趣学习的老人,对女儿要嫁给一个小提琴手的决定不能容忍。门山朝和黑柳守纲的结合没有得到父母的祝福,这让黑柳朝在此后的生活中一再告诫儿女"有喜欢的人一定要介绍给父母"。

　　幸运的是,这是两个一见钟情并十分相爱的人。25岁的黑柳守纲十分珍爱自己22岁的妻子,无论走到哪里都和妻子形影不离。他们一起住在当时设施十分超前的公共住宅里,新婚的黑柳朝因此不用做家务。她每天和丈夫一起去日本剧场演出,他在台上演奏,她在后台等他。到了第二年,他们便有了大女儿彻子。他们搬出了公共住宅,租了一套小房子,还请了保姆。但这个音乐家似乎从不为柴米油盐发愁,黑柳朝向丈夫说没有钱了,没有米了,丈夫却说"不吃不就行了",她也说过"真是找错人了"的话,只是从此再不跟丈夫提钱的事。从前无忧无虑的黑柳朝终于担起了家庭的责任与重担,而丈夫则将自己的收入一分不少地如数交给黑柳朝,他们的家庭生活就这样开始了。

　　彻子的出生让黑柳守纲和黑柳朝兴奋不已。黑柳守纲更加努力地工作,小豆豆也唤起了黑柳朝的母性。在黑柳朝提供的照片中,我们还能够看到她为彻子

黑柳彻子眼中的理想教育

织的漂亮的毛衣和斗篷。彻子的讲述中也提及母亲为自己做的盒饭,在逃亡生涯中布置起来的临时的家,和即使在艰苦的生活中也乐观积极的母亲。而小提琴手父亲对女儿总是有求必应,他会满足孩子对糖果的喜爱,到各处演出回来总会送给孩子喜欢的礼物,而他对音乐的追求、对艺术的执着也深深地影响着孩子。重要的是,黑柳彻子能够感受到父母之间的爱,那种形影不离的相守,那种对子女无微不至的关怀与用心,都赋予了孩子对爱的理解和珍惜,也铸就了孩子善良、宽厚的品性。

黑柳彻子的父亲执着、热情、坚定,母亲聪慧、温婉、耐心,最重要的是父母是真正的相亲相爱,并且让孩子深深地感受到了这一点。

家庭中不能缺乏爱。两个年轻人因为爱选择在一起,一开始就像黑柳守纲和门山朝一样,但想要长久地维系感情,尤其是要一起养育"爱的结晶"——孩子,就不仅需要彼此对对方的爱,还需要彼此对对方以及孩子的责任。充满爱的家庭,是彼此体谅、彼此牵挂,并愿意为彼此付出和奉献而毫无怨言的,这样的家庭中成长起来的孩子,更懂得爱,更懂得理解,善良并且乐于为他人着想,易于幸福和满足。与此相反,缺乏爱的家庭,孩子生活在父母对彼此的怨怼中,感受到的是冷漠甚至敌视,这样的孩子敏感、易怒,甚至会模仿父母彼此怨恨的行为和神态,他们也因此常常缺乏爱的能力,不善于理解他人,生活态度悲观,缺乏行动力。家庭氛围的良好与冷淡,对孩子幼年生活的影响是显而易见的,尽管在成长的过程中,会有学校教育与社会教育的矫正和补充,但这对孩子性格的改变所能产生的后天影响是极其有限的。

另外,家庭中的宽容与耐心也为孩子提供了一个从容的空间。不慌张、有仰仗与依赖的安全感是孩子在面对任何事情时,能够内心沉稳并意志坚定的保障,这一点在黑柳彻子的成长中至关重要。

黑柳彻子的所有作品中,都满溢着真诚的爱,这种爱不只是父母儿女的爱、夫妻情侣的爱、朋友亲人的爱,它更为广阔。黑柳彻子对爱的要求更为苛刻,她对爱的追求更为执着,这也是她一生未婚的原因,她有太多的自我需要去实现,有太多的爱不能只附于一人。她属于那些需要爱并匮乏爱的人群,这正是她会成为,也必然成为联合国亲善大使,并在这个角色中源源不断地输送着温暖和爱的原因。这种爱的根源,我们可以在黑柳彻子的母亲黑柳朝的作品中看到,那种坚韧、达观、善良、积极的生活态度,也流淌在黑柳彻子的血液中。

我们总说孩子是"爱的结晶",但当他们呱呱坠地之后,有多少父母能长久保有那种爱的感觉,并提供给孩子爱的氛围?父母对孩子的责任,不仅是给他们提供充足的物质享受与储备,还体现在彼此仍然相爱,对彼此负责,进而对由彼此结合而成的家庭负责。这种源于精神的彼此交融将会为生活在其中的孩子营造最富足和安全的氛围,这要胜过一切物质上的满足与供给,并且是不可替代的源于父母的给予。

爱的结合生出爱的花朵,爱的花朵结出爱的果实。孩子是父母彼此相爱的证明,也是爱的延续,孩子理应生活在爱与被爱的氛围中,这样他们的世界才会丰富和生动。这才是家庭教育所应该拥有的良性环境。

第十七章

积极的母亲黑柳朝

黑柳彻子眼中的理想教育

在教育的环境与诸多因素中,家庭教育从孩子出生就如影随形地跟随着他们的成长。而在家庭教育中,母亲的影响尤为重要和深远。德国著名教育家福禄培尔曾说:"国民的命运,与其说是操在掌权者手中,不如说是掌握在母亲手中。"母亲对于一个孩子而言,堪称生命的全部。因为母亲不仅孕育了孩子的生命,还在塑造孩子的思想方面发挥着不可替代的作用。

从《窗边的小豆豆》里我们可以勾勒出黑柳彻子的母亲黑柳朝的形象:她为人宽和,不轻易责难孩子,即使小豆豆被老师告状、被学校劝退、丢钱包、把衣服弄破……她心灵手巧,在小豆豆的日常生活中,她做的便当、衣裳,都让小豆豆由衷地喜欢和骄傲;她理解孩子的所作所为,能根据孩子的心理理解孩子的行为,她不焦躁不气馁,始终传递给孩子积极的信息和能量。

黑柳彻子的成长与成功,与母亲黑柳朝的付出是成正比的。在黑柳彻子成年后的人生中,那种在幼年时代建立起来的对自我、他人、世界与人生的观念,一直促使她坚定地选择自己的生活。

第十七章　积极的母亲黑柳朝

第一节　达观果敢

《阿朝快100岁了》是黑柳彻子在母亲95岁的时候对老人的一次采访记录，这也成了黑柳朝留给世人的"绝唱"。黑柳彻子没有想到母亲会在采访后第二年盂兰盆节的最后一天去世。在这本书行将出版之际，黑柳彻子在书后的附言中写道："这本书的书名也是母亲起的。我觉得这书名跟达观果敢的母亲的生活态度十分吻合……"

达观果敢，不仅是黑柳朝作为母亲，更是作为女性的写照。母亲对子女的影响，最初也是最直接的就是她的性格，以及由此产生的她对人生的态度。

第二次世界大战毫无例外地给卷入其中的人们带来了灾难与创伤，普通百姓唯一的选择就是漂泊。黑柳朝刚刚失去了大儿子明儿，又要接受音乐家丈夫被强征入伍的事实，而战火的蔓延，让她不得不带着年幼的儿女和年迈的母亲在动荡中生活。然而，我们在《阿朝来啦》和《阿朝快100岁了》以及《窗边的小豆豆》中，虽然能够感受到战争的阴霾，但更多的是黑柳朝不时发出的驱散阴霾的笑声以及那些可以刺透阴霾的阳光般的事情。

> 留在国内的一家五口得吃饭，但战局越来越糟，每天都有空袭，而且不分白天黑夜地持续着。
> ……
> 说起吃饭，也不能好好地坐着吃。没有调味品，所以也谈不上什么烹调。于是乎我们每天在纸上画上食物，以此充饥。只要画上，想吃什么就吃什么。蛋糕、茶，甚至还有甜食。
> 说是宵夜要少吃些，我们就来点三明治或牛奶草莓，冰激凌每天必吃。
> "这要是真的就好。"

"我也很想给你们吃真的啊。如果战争结束了,那就什么都能吃到了,可是人却偏偏干些没意思的事。你们兄弟姐妹间吵架也一样。不管发生什么事,都要好好商量着解决,那就不会不愉快,也不用哭了。每个人都祈祷和平的话,一切就会变得很简单。都是人的欲望在作怪,才争得不可开交。"

——《阿朝来啦》

在战争局势越来越糟糕的当时,连吃饭都成了问题,没有丈夫可以依靠的黑柳朝,却能想出这样的游戏,来驱除孩子们内心的恐惧,甚至还能够让孩子们据此明白战争的症结。这是怎样的一种心态啊!

黑柳朝的眼中似乎没有什么困难的问题,因为战争,他们全家要背井离乡的时候,她没有为要舍弃房子而纠结,却把丈夫喜爱的花盆埋在地下,把带不走的豪华椅子断然舍弃,只是将椅子上的天鹅绒面料剪下来做了包袱布包裹"不可能重新买到的照片"。在黑柳朝的心里,家的历史和记忆才是最珍贵的,其他都不重要。在逃亡的路上,她背着尚在襁褓中的幼女,带着年迈的母亲,还有彻子和纪明,乘着拥挤的列车,向着未知行去。下了火车后,是半个小时的步行。而黑柳朝却这样记述自己步行时的心情:

新鲜的空气、蔚蓝的天空、一望无际的果园和菜地,这里是在东京时无法想象的太平的世外桃源。走了一阵,看见路边有半根胡萝卜,在那旁边有一个被咬掉一口后扔掉的苹果。彻子突然大声喊起来:"苹果,苹果!"那欢声听起来更像是在说:"太好啦!"

我自一出车站,就已经感觉到了这里的富饶,于是静静地说:"不用捡那样的,这里各种各样的水果蔬菜有的是。"

说着,我只觉得有一股暖暖的东西横穿过胸膛。我这十足的自信,似乎已完全感染了孩子们。

——《阿朝来啦》

战争是压在每个人心头的一片乌云,只有心中光明的人才可以驱散这阴影,黑柳朝正是这样的人,也是这样的母亲,她达观开朗的个性成了孩子的世界中极耀眼的阳光,这阳光足以驱散阴霾,并带来温暖。

在孩子们的成长中,果敢又颇具行动力的母亲不断给予孩子们走出去,或者跨越困难的力量。黑柳彻子在《阿朝快 100 岁了》中提到,母亲在孩子成长的过程中,让叛逆的纪明去欧洲留学,从而使他真正明白父亲的苦心,避免了父子俩在音乐学习中的不断摩擦和冲突;把小儿子贵之高中时就送到国外读书,从而让他离开父母的庇佑尽快地成长起来,虽然也担心他的生活起居,甚至偷偷去探望,并不干涉不打扰地观察,然后在孩子毫不察觉的情况下离开;女儿真理因为脚伤不能再继续自己喜爱的芭蕾舞专业,母亲毅然决然地帮她报名学习美容,让她很快走出伤痛,重新看到了人生的价值和美好……这些当机立断、敢于抉择、敢于行动的事情,都出自黑柳朝。

黑柳朝在孩子幼年时给予孩子的,是温暖的依靠和值得信赖依托的怀抱,当孩子慢慢长大时则帮助孩子面对问题、应对问题,但她不再事无巨细地操作,她只是在孩子需要的时候适时地推动。孩子们因为有这样的母亲的照拂,感受到安全并且会因为这样的安全感,而敢于去尝试去闯荡,这才是一个母亲给予孩子最好的财富。

第二节　独立坚强

让孩子们铭记的还有黑柳朝的独立坚强。这个出生在富裕的医生世家的小姐并不是一个娇滴滴只知道依赖丈夫的女人。虽然家里一直都有帮佣，但作为全职妇人，丈夫交到家里的钱，她仍然要平摊到家庭的各种用度上。

作为一个音乐家的妻子，黑柳朝在生活中渐渐明白，丈夫的世界里除了深爱的家庭就是挚爱的音乐，这个男子不懂生活中那些需要操劳的琐事。在黑柳朝的回忆中，她讲了丈夫知道家里没有钱之后的反应。

> 有一次，我告诉丈夫："没钱了，米也没了，怎么办啊？"
> 谁知他一听便说："若是这样，不吃不就行了吗？"
> 我想：可不是嘛。人家是音乐家呀，跟他说什么钱啊米啊，真傻。
> 记得我当时好像说了句"我真是找错了人"之类的话。打那以后，我再也不跟丈夫提钱的事，不管日子有多难，我都独自扛着。
>
> ——《阿朝来啦》

黑柳朝说到做到，她就此让丈夫完全脱离了家庭生活的琐碎，全身心地投入音乐世界中。这是一个妻子对丈夫的付出。在支撑家庭的过程中，黑柳朝的独立和豁达并充满行动力的性格发挥了巨大的作用。

黑柳彻子在《窗边的小豆豆》中也记载了自己六岁时得的那场大病——结核性骨关节炎，黑柳朝果断地带着彻子去医院检查，并且在治疗之后，积极地带着她去温泉疗养，让彻子得以摆脱了致残的不幸。小豆豆讲道，她后来看到一同住院的小朋友只能挂着拐杖生活时，产生了对他人的同情，同时则庆幸自己得到了父母及时的照顾和救治，并心存感激。黑柳朝在对这件事情的记载中却轻描淡写，仅仅提到了孩子遭受的苦痛和丈夫的付出，对自己在这个过程中的奔波、

第十七章　积极的母亲黑柳朝

煎熬和付出却只字不提。

在母女俩对同一事件的记叙中,我们可以看到这样的事情给当时的家庭带来的影响。母女两人对事情的态度惊人的一致,她们不约而同地选择了拨云见日般的方式去回望那一段时光。

> 即便痒得浑身哆嗦,我也拼命忍耐着,从来没有哭过。现在回想起来,觉得挺让人佩服的,那时是因为我觉得护士和爸爸妈妈都尽了最大的努力来照顾我,如果我还抱怨的话,那就太对不起他们了,所以自己就努力地忍耐着。
>
> ——《窗边的小豆豆》

> 虽然过了一段悲惨的时光,可是我们家终于雨过天晴了。在那段痛苦的日子里,彻子没有发过一句牢骚,有这样一个质朴、诚实、开朗的女儿,真是莫大的安慰啊。这些苦难,让我和彻子都学会了忍耐和感谢。
>
> ——《小豆豆与我》

忍耐着病痛不哭闹的小豆豆和母亲一样坚强隐忍,因为想着父母的付出而努力忍耐着。这正是生活中从不抱怨的母亲对孩子的影响。黑柳朝无论对孩子还是对丈夫都很少抱怨和唠叨,她的独立和坚强营造出来的平静,让孩子感受到发自内心的强大力量,这种力量中有对他人的理解和体谅,有对自我的控制,但绝不是靠说教传达给孩子,而是在日常生活的点点滴滴中渗透并产生影响的。

可是,生活的坎坷和打击却接踵而来,黑柳家的第一个男孩子不幸去世了。黑柳朝是痛苦的,对这个孩子的记述,黑柳朝倾注了浓重的笔墨。这个存在于记忆中的孩子给家里带来的伤痛是巨大的。雪上加霜的是,战争的阴云笼罩了日本,音乐家丈夫又突然被强征入伍。面对这样的状况,黑柳朝在后来的追忆中,写下了这样一段话:

> 丈夫入伍,明儿也已不在这个世上,一想到这些我便痛苦得发狂,可是我还有三个孩子!要给孩子们饭吃,要他们上学。我虽然不是那种对孩子的

黑柳彻子眼中的理想教育

教育特别热心的母亲，但也得让孩子们在世道太平之后回到东京时，上学还能跟得上。而且也不能光给孩子吃饭就完事了，还得让孩子们成为心胸宽阔、温和热情的人。孩子们的一切，责任都在我这里。

——《阿朝来啦》

这就是一个母亲。无论遭遇什么情况，都能冷静并现实地考虑，面对命运突袭时，一想到未来，就能振作起来。对孩子，不是"光给吃饭就完事了，还得让孩子们成为心胸宽阔、温和热情的人"。有着这样信念和愿景的母亲，她的努力才会在行动中影响孩子。

第十七章 积极的母亲黑柳朝

第三节 幽默风趣

黑柳朝达观果敢、独立坚强并不表示她严厉和严肃,她在生活中的幽默和风趣常常会化解窘境,甚至连战争的阴影看上去都没有那么沉重了。

> 每天傍晚,我们便将《赞美诗》从头至尾唱一遍。有时候我们唱和声,有时候又故意跑调,大笑一场。
> 母亲总是说:"阿朝,从来也没听你发过牢骚。真了不起!"我还以为母亲在表扬我,她接着却用那句口头禅教训我:"财富要积存在天上,别老是说些俗世间的事!"
> 母亲偶尔也会放个屁,这无论如何跟品位优雅的她很不相称。
> 我就等着这一刻,会马上说:"啊呀,那是什么呀?我听见俗世间的声音啦。"
> 母亲脸涨得通红,笑得弯腰捧腹,一不小心,又轻轻地放了两三个。
> 我拍着手嘲弄地说:"这次又掉了两三个俗世间的东西喽。"
> 这时母亲必定会说:"你看我在笑,其实是在生气呢。"然后十分认真地端坐好。
> 母亲一笑,我和孩子们便大呼:"啊——笑了,笑了!"于是大家一起笑得前仰后翻。
>
> ——《阿朝来啦》

有这样的阿朝在,家庭气氛一定是宽松且自在的,许多尴尬、沉闷都会在这样的气氛中悄然化解。即使已经是 95 岁的老人时,黑柳朝还是那个风趣幽默的黑柳朝,在对话录《阿朝快 100 岁了》中,有一段关于"九十五岁开始的美容"的话题。

这位 95 岁的老人在此前的岁月中,从来没有注意过自己的脸孔,可是突然

黑柳彻子眼中的理想教育

有一天发现了满脸的皱纹,便想起了美容。令人忍俊不禁的是,在女儿提到母亲的脚十分好看,母亲自己甚至还说"脸要是这样就好了"的时候,老太太还接着说:

> 不仅是脚,我的臀部也是很可爱的。有一次我摔伤了,住在美国的圣卡洛斯医院,由于不能动弹,小解得请护士帮忙。那护士一点儿也不嫌弃,一边拍打我的臀部一边说:"很可爱的臀部。"最后,她干脆把我叫作"可爱的小屁屁"了。

——《阿朝快 100 岁了》

这是耄耋老人和自己古稀之年的女儿的对话,那种母女之间的亲切和默契,从彻子年轻和幼小的时代,到共同老去一点都没变过。一对率真的母女展现在我们面前的不仅是温馨的画面,还有许多有趣的对撞。而这种母女之间谈话的趣味,绝不是一种表演,也不是一朝一夕养成的。这是母亲特有的性格所创造出来的气氛,母亲与儿女之间最初达成的平等,让孩子可以畅所欲言,让亲子关系变得融洽自然,孩子得以在这样宽松无压力的环境中自然成长,成为自己而不是任何其他人的翻版。

第十七章　积极的母亲黑柳朝

第四节　生活情趣

黑柳朝丰富的生活情趣是令人佩服的。在《窗边的小豆豆》中，黑柳彻子就提到母亲应老师的要求，做的"海的味道、山的味道"的盒饭。"这实在是一个绝妙的盒饭，漂亮得让人目瞪口呆！黄色的煎鸡蛋、绿色的豌豆、茶色的鱼松，还有炒得松松的粉红色的鳕鱼子，五颜六色的，看上去像花圃一样漂亮。"印象之深刻，黑柳彻子在成年之后仍念念不忘。在关于战争逃亡期间的记述中，黑柳朝的生活情趣更是展露无遗。

黑柳朝带着母亲和三个孩子在战争开始时逃亡到了乡村。好心的大叔帮助他们找到一个田间的苹果作坊，他们才得以暂时安家。在黑柳彻子的回忆中，那间小屋里只有煤油灯，木头墙壁上随处可见缝隙。但母亲却仿佛有神奇的魔法，很快就将简陋的田间小屋变成了一个温馨的家。

在黑柳朝的眼里，眼前的小屋是这样的："屋顶是茅草盖的，小屋的四壁好像是用树皮等十分漂亮的天然材料贴成的。屋顶和墙上都有窗，能充分享受到阳光的温暖。"而且，这位对"过家家""吉卜赛人的生活"充满幻想的可爱母亲一想到一贫如洗的五口人以后的生活，便感到热血沸腾。她开始耕种小屋周围的土地，办理让孩子们在当地上学的手续，尽量把家弄得舒适。因为充满希望，她丝毫不觉得辛苦。她开始施展一个母亲的"魔法"。

在东京时从椅子上割下来的天鹅绒，在这里派上了大用场。我将苹果箱倒过来，在上面铺上稻草和棉花，然后包上天鹅绒，再钉上钉子，木箱的周围用荷叶边遮挡起来，便成了非常漂亮的椅子。我做了好几个摆在窗边，既实用又可装饰房间。

小屋一角高出地面的地方，被我在中间用一张小桌一隔，便成了两张很不错的儿童床。

我和母亲睡的是一张用木头做的固定在屋子另一边墙上的床。

苹果园的工作室很快就变成我们安稳舒适的家了。

——《阿朝来啦》

彻子：那时候，我再一次感到您真是了不起。……充当包袱布包着行李来的白琳窗帘被挂在墙上，您又用碎布做了蝴蝶结将窗帘扎起。

阿朝：我还将白床单染成绿色，使用图画颜料染成的淡绿色，上面画上许多苹果，作挂毯用。我很擅长做这些事，虽然缝得不够仔细，可是我喜欢让大家快乐。

——《阿朝快 100 岁了》

战争带来的逃亡、奔波、饥饿和恐惧产生的消极影响在黑柳朝这里都被降到了最小值，哪怕有一点希望，她都会将希望变成明亮的火光照耀身旁的每一个人。她让孩子在简陋的住所中迅速地感受到家的舒适与温暖，她用这些生活情趣安抚着孩子们逃亡后惊惶的心灵。当孩子们看见一个四处有缝隙、简陋至极的苹果作坊在母亲的整理与装饰下，变成一个有着挂毯、天鹅绒椅子和自己的小床的温馨的家时，会有多么惊喜。这样的孩子长大后，会和母亲一样从容淡定并始终对未来抱有希望和信心。

作为一个传统的全职主妇，黑柳朝从来没有丧失过自我，她热情地保有着自己的爱好和生活情趣，丈夫和孩子对所热爱事物的热情，她也竭尽全力地支持和保护。丈夫黑柳守纲虽然是一个音乐家，但酷爱盆景，她便努力维持丈夫在这方面的开支，甚至在战争来临之际不得不离开家的时候，首先便把丈夫喜欢的花盆埋在地下，以备战后回来寻找。孩子们的爱好和好奇心她也满心理解，无论他们在外面"闯什么祸"，她总能站在孩子的角度考虑他们的行为。这样的母亲和孩子之间怎么会产生隔阂呢？她让孩子们懂得好奇、追求新鲜美好的事物，是生命的一部分，会让生活变得更加生动。人，因此才会有丰富的、不一样的人生。

第十七章　积极的母亲黑柳朝

第五节　乐善好施

黑柳朝真诚率直、乐善好施的本性，让她极易结交朋友。当然，是黑柳朝自幼受到的家庭影响使她形成了这样的个性。她的父亲门山医生虽然看上去严厉，却非常和蔼好客，看见孩子们将不多见的点心分给各自的朋友，他就会表现出赞许和高兴的样子，这对孩子来说，无疑是一种鼓励。而他们并不把这种赠送与施与当成对别人的恩赐，在门山家的认识里，"目前还有食物的人，理应将吃的分给眼下挨饿的人"。这种意识深深地根植在黑柳朝的心中，也成了黑柳朝给自己、给孩子的一笔珍贵的财富。

她的慷慨助人，甚至带着不计后果的帮扶，得到了积极的回应。

> 那时战争已经开始，大米供应不足，老百姓只能吃粮食代用品或是红薯藤之类的东西。
>
> 有一次我对大家说："我做了甜酒，大家上我家来啊。"……众人当然乐不可支。过了两三天，春慧上我家来了。
>
> "不知为什么你和孩子们都安安静静的，怎么看也不像你们家。于是，我问你：'怎么了？出什么事了？'"春慧说。
>
> 而我的回答是：今天从早上起就什么也没吃，因为配给的米全都做成了甜酒。
>
> 春慧听了，急忙跑回家里，找了些吃的来给我们。
>
> 共同度过了那种非常时期的人，我是一辈子也不会忘记的，至今春慧仍是我最好的朋友之一。
>
> ——《阿朝来啦》

就是这么不计后果地为别人带来便利的黑柳朝，才会碰见火车上匆忙留下地址并邮来苹果的大叔，甚至在战争中也得到大叔的帮助在乡下找到房子落脚；才会有许多人请她去婚礼上演唱歌曲，并给她红包和各种礼物。本来是与人方便待客煮饭，可是她的慷慨换来了大家的信任和回报，生意竟然就这样红火起来。虽然后来因为未获得许可不能继续干下去，但很快就有邻居大婶带着她一起贩卖水果。

值得一提的是，黑柳朝的慷慨不是一种剩余的施与，她带着一颗真诚的心甚至颇费心思。

> 彻子：从您对待家人的态度，便可知您是一个尽力助人而不图报答的人，对待朋友您也一样，而且对所有的朋友，您都一视同仁。比如，听说专唱法国香颂歌谣的歌手岸洋子女士在山形县的医院里住院时，您给她寄了包裹，这让她非常感动。这事我也是后来才知道的。做这类事情，您当时是怎么想的？她并不是您熟悉亲近的人啊。
>
> 阿朝：是啊，我知道她出生在山形县的九天，我父亲的老家也是九天，不知为什么，一种亲近感便涌上心头。平时我也常听岸洋子女士的歌，想到有可能再也听不到那婉转的歌声，我便觉得无法忍受。所以我得安慰她……我就是想把那么漂亮的东西送给漂亮的人，而且想送给收到我的礼物一定会十分高兴的人。这样，也许我就能给她带去一点慰藉。这么一想，我便毫不犹豫地将睡衣和睡袍买下，寄往医院了。
>
> 我觉得我周围有很多人都是这样，只要我为他们做一点事，他们就会很高兴。所以，并不需要什么特殊的理由，只要不是完全陌生的人，我就会给他们寄东西去。至今为止，我一直这么做。
>
> ——《阿朝快100岁了》

黑柳彻子对母亲的行为接受、领会并实践着，她对自己行为的解释是："我想，这就是母亲的影响力吧。……人能够把亲切感受一代代传下去，是一件十分幸福的事。"她深刻理解母亲的行为，这是一种做了就满足的行为。"我给他这东西，他一定会高兴吧？"一想到对方的喜悦，就能给自己带来无限的快乐，让赠送与施与的行为不再是形而上的高尚，而是真正变成了一种获得快乐的方式。帮助他人并从中获得快乐，是一个母亲对孩子最有力的影响。

第十七章　积极的母亲黑柳朝

我们必须承认，几乎所有人受到的早期教育都来自母亲。有人说，从某种意义上讲，母亲的教育是"根"的教育，是"源"的教育；其他教育则是"枝"的教育，是"流"的教育。从"根"萌发出来的力量是孩子成长的最初动力，学校、社会会慢慢浸润孩子的心灵，但都是"枝"和"流"的影响。母亲影响着孩子的一生，尤其是在孩子的教育中起着举足轻重、任何人都无法替代的作用。

当我们艳羡一个母亲培养出成功的子女时，常常会想知道她是怎么做到的，她有着什么样的经验值得我们借鉴。成功人士的母亲身上总是有一些东西闪着耀眼的光芒。在黑柳朝的文章未出版前，一定有许多人认为，她的文章的推出多少受到明星女儿黑柳彻子光环的辉耀，可是，当我们耐心地读下去，却忽然间找到了与阅读《窗边的小豆豆》一样的心情和心境。女儿的身上流淌着母亲的血液，性格是骨子里铸就的精魂，黑柳彻子的性格与母亲黑柳朝十分相近，她活泼、开朗、热情、好奇、执着、积极向上……就连写作方式也如出一辙。一个能对女儿产生深刻影响的母亲究竟是什么样的？黑柳朝的传记和其与黑柳彻子的对话录为我们提供了最鲜活的样本。

第十八章

黑柳朝的宽容与耐心

黑柳彻子眼中的理想教育

母亲的宽容和耐心,体现在理解孩子,从孩子的天性出发,等待体验本身带给孩子对世界的认识。也体现在尊重孩子,保护孩子,使孩子不因社会和外界的误判而受到心灵伤害。

很多时候,一个母亲的容忍与耐心也体现在对物质的不计较,她明白这些都不如孩子的快乐、真诚和全身心地投入重要。

小豆豆的母亲黑柳朝在小豆豆需要的时候出现,在小豆豆不需要的时候静静地守候,关心和保护全在行动里,没有抱怨、唠叨,没有催促、命令,有的只是宽容与耐心。

第十八章 黑柳朝的宽容与耐心

第一节 退学事件

小豆豆刚上一年级就遭遇退学这件事,这是《窗边的小豆豆》写作的逻辑起点,而关于退学的记忆,就像黑柳彻子在作品中描述的那样,她记忆中的事情大多是她如何饶有兴致地玩着学校的书桌,如何招呼大家看宣传艺人,如何把国旗画得到处都是……而她因此被劝退则是母亲后来告诉她的。只是当她了解和知道事情的原委时,已经二十多岁了。在彻子和母亲的访谈录《阿朝快100岁了》中,彻子特意提起了这件事。

> 彻子:还有一件事我很感激您。那就是关于我上小学时被开除的事情,在我二十岁之前您一直对我缄口如瓶。一般来说,在孩子进第二所学校时,妈妈会对孩子说:"你被学校开除了,这一回再不好好念书可不行啊!"可是,您却只字不提"开除"一事,只是对我说:"你想不想去新的学校啊?"因此,我没有产生自卑感,顺利地度过了那个时期。如果有人对我说"你是被开除的",那么,我一定会战战兢兢地度过我的少女时代,即使见到用电车车厢做的教室,也高兴不起来。反之由于我不知道那些事,还天真地问:"新学校也会有街头艺人吗?"托您的福,我度过了自由自在而又快乐无比的小学时代。
>
> ——《阿朝快100岁了》

黑柳彻子在多年后提及当年的退学事件时,十分感激母亲当时对自己的隐瞒。事实上,孩子虽然年幼,但屡次被叫到教室外面罚站、被老师批评,甚至可能被同学孤立,一定会察觉到一些问题。就像黑柳彻子为自己的书定名为《窗边的小豆豆》那样,那种与他人隔离的感受,她完全可以体会得到。庆幸的是,小豆豆有黑柳朝这样的母亲,在她年幼的时候努力为她拨开云雾,撑起了一片明朗的天空,让她能够自然地成长。事实上,这种来自母亲的保护是针对心灵的。保护孩子的心,保护孩子的尊严,与保护孩子的身体同等重要,甚至更重要。孩子的健康不仅是四肢躯壳的事，更是心灵、精神的事情，可是家长们却常常忽略这一点。

大多数父母在被叫到学校听老师数落孩子不遵守学校或者班级规则的时候，回到家大概都会火冒三丈。很多孩子不但在学校被老师罚站，回到家还要被父母责骂。但小豆豆的妈妈不是这么想的。妈妈在惊讶羞愧自己家的小姑娘给班级带来这么多的困扰之后，下定决心要为她找"一所能够理解这个孩子的性格的学校，能够教会她和大家一起学习就好了……"黑柳朝认为，不能告诉小豆豆退学的事情，不能让孩子留下自卑的情结。她对小豆豆在学校的表现是怎样想的呢？

我倒不觉得这有什么不好。因为是孩子啊，孩子见到稀奇的东西必定会不顾一切的。话说回来，搅乱了课堂秩序，影响大家的学习是不应该的。

——《阿朝快100岁了》

黑柳朝理解孩子，理解学校、老师，同时她要寻找解决的办法，这个果断并充满行动力的母亲，立刻开始着手寻找能够接收在一般学校看来不守规矩的女儿的学校。她很幸运地找到了巴学园，把彻子交给了充分尊重孩子天性的小林宗作校长。但是彻子这样的孩子，绝不仅在学校里有自由随性的行为，在学校外的玩耍中，也时常会出现各种各样的状况。比如仅仅因为好玩，她就会不顾一切地跳进沙山，给自己惹来许多麻烦，也给母亲增加了许多负担。可是，黑柳朝没有大喊大叫，没有大声训斥她。她只是先帮助孩子脱离窘境，并试着让孩子明白危险和麻烦，然后默默地做一系列善后工作。

母亲的宽容和耐心，体现在理解孩子，从孩子的天性出发，等待体验本身带给孩子对世界的认识。也体现在尊重孩子，保护孩子不因社会和外界的误判而受到心灵伤害。当社会认知与孩子的行为发生冲突的时候，黑柳朝首先采用了理解并积极为孩子创造合适的环境的方式，保护了尚在成长中的孩子。而她在孩子面前所表现出来的宽容与等待，在孩子成年以后被证实是一种正确的选择。

第十八章 黑柳朝的宽容与耐心

第二节 破衣烂衫

小林宗作校长请孩子们穿最差的衣服来学校。黑柳彻子在《窗边的小豆豆》中为此特意写下了《最差的衣服》这篇文章。文章的最初提到,校长先生认为如果孩子因为穿太好或者太干净的衣服,而担心衣服会被弄破或者弄脏,从而失去与大家一同玩耍的乐趣就得不偿失了。所以他才建议孩子们的家长尽量给孩子穿最差的衣服。但这篇文章的大部分篇幅却记载了小豆豆如何把衣服或者裙子刮出许多口子的事儿,其中黑柳朝的态度是颇值得我们思考的。

小豆豆喜欢钻别人家或者野地里的篱笆。篱笆往往用带刺儿的铁丝围在栅栏的周围,而钻"铁丝网"成了小豆豆喜欢的游戏。她几经研究的钻法,却不能避免铁丝上的尖刺钩住衣服,于是衣服就被划出了大大小小的口子。一次,小豆豆又弄坏了一件虽然旧但妈妈很喜欢的衣服。于是她编了一个理由:"刚才,我在路上走的时候,别的孩子都往我背上扔刀子,才成了这个样子。"这明明是一句谎话,就连小豆豆自己都担心妈妈会仔细问,可是妈妈只说了句:"啊,是吗?这可太吓人了。"黑柳朝不知道豆豆在说谎吗?当然不是,这个明显的谎话让黑柳朝率先想到的是,小豆豆想找一个借口,说明她很在意这件衣服,心里是不愿意把它弄破的。但衣服又是怎么弄破的呢,黑柳朝打算趁此机会好好地问个明白。

"衣服会被刀子啊什么的弄破,这妈妈也知道,可是为什么每天回来的时候,短裤总是碎得不成样子呢?"

于是小豆豆一五一十地告诉妈妈:"因为,往里钻的时候,肯定会先挂住裙子,但是出来的时候,是屁股先出来。从篱笆的一边,一直反复做这'打扰了'和'再见'的动作,短裤什么的,立刻就破了。"

黑柳彻子眼中的理想教育

　　黑柳朝就这样知道了小豆豆的衣服和短裤破碎的原因。很多时候,家长真的没办法知道孩子在学校里,或者在外面玩耍时发生了什么,如果他们守口如瓶,一言不发地自顾自玩耍,有时候满身灰尘,或者也像小豆豆一样破衣烂衫地回到家,我们是否会像黑柳朝这样心平气和地询问孩子,或者想办法打消孩子对弄坏或者弄脏衣服的担心或恐惧,从而将外面发生的事情如实说出来呢?恐怕很多家长都做不到这一点。目光所及的大部分管理孩子日常生活的爸爸妈妈或者爷爷奶奶对孩子干干净净地出去,却邋里邋遢地回来的反应,恐怕都是很生气。然后不等孩子开口解释,就唠叨或者责骂孩子把衣服弄脏弄破了,并不由分说地把脏衣服破衣服从他们的身上拽下来,嘴里大概还唠叨个没完,有的孩子甚至还会遭到"竹板炒肉"的伺候。于是孩子在外面玩得是否开心,衣服究竟是怎么破的,家长并不晓得,而下次孩子还会这样回来,再次重复这种似乎永远循环,但家长永远不明就里的事情。孩子的反应会如何呢?年幼的时候,他们不会因为家长在衣服方面的在意而在玩耍的时候百般小心,但他们会在玩耍后回家之前检视自己的状态,会恐惧,会担心,就像小豆豆一样,会千方百计地为破碎的衣服找理由。但当孩子把这样的理由拿出来时,有些父母一定会十分生气,因为听到了荒唐的"理由",于是孩子又犯了一个看上去不可饶恕的错误——撒谎,在一次忘情地玩耍和开心之后,孩子陷入了一个惶恐不知所终的"泥沼"之中,担心家长生气,担心挨骂,担心挨打。与此同时,家长的怒火则在孩子的无意甚至努力想要平息事件的"错误"做法中,越烧越旺,这个小小的善意的谎言像一桶油一样浇到火里,结果一场大战就蓄势待发了……

　　黑柳朝甚至还这样想:"对大人来说,这么做根本没什么趣儿,只会让人很累。但小孩子就可以玩得这么高兴,真令人羡慕啊……"其实,这是一种家长心态的转换,起到的效果是四两拨千斤式的。首先是理解孩子,这种理解从理解孩子对某件事的乐趣开始。家长总说在乎孩子,但往往只是在乎孩子的衣食起居,常常忽略他们的心灵和精神。家长十分乐意看到孩子满足,但孩子精神上的快乐与愉悦和衣食住行的满足相比同样重要,却最常为家长们所忽略。孩子灰头土脸地回到家,脸上洋溢着兴奋与满足,一般家长不但不会分享这种幸福,而且会迅速将孩子快乐的火苗熄灭,一下子将孩子拽到恐惧和担忧的紧张空间里,这实在是一个不明智的行为。

第十八章　黑柳朝的宽容与耐心

其实家长们可以像黑柳朝那样，先感受孩子的快乐，然后机智地探得孩子的行踪和玩法，如果觉得危险，觉得脏乱差也不要急于批评，可以循循善诱地引导，不要命令或强制。因为在很多时候，命令和强制反而会激发孩子的好奇心甚至会产生反作用。所以，影响和引导孩子，让他们在碰到各种情况的时候可以自主选择，才是最重要的。当然这样的做法也有其他好处，对于家长本身，从孩子的快乐中汲取能量也是一个好方法。

黑柳朝还有值得家长们效仿的地方。在《阿朝来啦》中，黑柳朝讲到，长大后的彻子喜欢在家里给各种针织品染色，造成厨房中形形色色的容器里残留着有色水。此时，黑柳朝没有一丝一毫烦躁，她欣赏着女儿的"作品"。在洗刷那些锅碗瓢盆时，黑柳朝这样想："看着锅底剩下的彩虹般的染料，我不知有多少次感到难以舍弃。"

一个母亲的容忍与耐心在很多时候体现在对物质的不计较，衣服也好，染料也好，这些都不如孩子的快乐、真诚和全身心地投入重要。她在对纪明和贵之的教育中，继续着她的宽容与耐心。送纪明去欧洲求学，让他从被迫学习音乐向主动求学转变；送贵之去美国读书，让他能够尽快地独立起来，而不依赖家庭。这既是母亲的抉择，又不是母亲可以决定的，母亲只是打破了物质的藩篱，让孩子们可以更自由地发挥所能，去闯荡。

第三节　咬了耳朵

《窗边的小豆豆》中,黑柳彻子写过一篇叫《只是闹着玩》的短文。作为局外人的阅读者看到这篇文章的时候,多少也会为小豆豆和小狗之间的危险游戏心有余悸。

> 小豆豆和洛基在她的房间里玩"狼游戏"的时候,意外发生了。
> ……
> 小豆豆说:"我们看看谁更像狼,谁就赢了。"
> 对牧羊犬洛基来说,装成狼并不是什么难事,只要把耳朵"啪"地竖起来,把嘴巴张大,露出锋利的牙齿,眼中再闪出凶光,就变得很吓人了。可是,小豆豆要装成狼却很费事。她总是把两只手放在头顶,装成耳朵的样子,把嘴尽可能地张大,眼睛也拼命地睁大,一边"呜——呜——"地叫着,一边做出要咬洛基的样子。洛基一开始装得非常友好,可是,它毕竟还没有长大,玩着玩着,渐渐分不出开玩笑和动真格的界限了。突然,它不是闹着玩了,而是真的咬了下去。
> 虽然洛基还是一条小狗,但是它的体型已经快有小豆豆的两倍大了,牙齿也非常尖锐。小豆豆"啊——"的一下明白是怎么回事的时候,她的右耳朵已经耷拉下来了,鲜血汩汩地流了出来。

黑柳彻子是从一个和小狗亲密为伴的孩子的角度讲述着自己的故事。孩子和宠物之间的玩耍、陪伴、依恋,在她的笔下如此生动。不同的读者对这一段的关注点是不同的。

对于那些反对孩子接近宠物,也拒绝圈养宠物的父母来说,这是一个极好的例子。孩子年幼不懂事,在和宠物玩耍的过程中会发生意外,宠物毕竟是动物,会有野性,一旦发作,后果不堪设想,媒体播报的新闻中更是会隔三岔五地提及

第十八章　黑柳朝的宽容与耐心

家养宠物伤人事件。小豆豆和洛基这样的事,说不定在如今会成为一条新闻,提醒大家小心家里的宠物。

但对乐于在家中圈养宠物的家庭来说,他们绝不会看到这样的故事就改变主意,从此不再让孩子接触宠物。小豆豆的讲述深深地获得了这样的家庭的认同。深爱宠物的家庭,父母十分理解孩子与宠物之间的互动和一些不可避免的伤害,但他们从来不把这样的意外放大,并因此惩罚孩子或者宠物。宠物是家庭的一员,是孩子的玩伴,是孩子成长中的情感寄托和依恋,孩子在和宠物的玩耍中释放爱,投射爱,并且能够从宠物的身上获得同样的回报。能够给孩子一个宠物是父母对孩子的爱的一种补充,而且也在教一直被爱的孩子,如何去爱别人,爱别的生物。

黑柳朝就是这样的父母之一,而且在黑柳彻子的记述中,我们看到,这位母亲不会试图成为孩子生活的主宰,她只是有时候会对孩子有些担忧,但又不会让孩子过多地察觉。大多数时候她是赞许和等待,她的宽容给了孩子巨大的空间和时间,让他们自然地成长和选择。比如在这个"咬了耳朵"的事件中,我们看到了一个并不惊慌失措的母亲。

> 妈妈从厨房飞跑过来……正在客厅里练习小提琴的爸爸也飞奔过来……爸爸妈妈更关心的是小豆豆的耳朵到底怎样了……由妈妈带路,爸爸抱着小豆豆去看耳科医生。总算是治疗及时,运气也好,耳朵能够长回原来的样子。得到这一准信儿,爸爸妈妈才放下心来。……虽然爸爸许诺过"不怪洛基",但他觉得不训诫洛基几句,未免也太不像话了。可是妈妈用眼神示意"已经答应过了",爸爸才勉强忍住了。

父母的担心、焦急、生气和愤怒都是自然反应,但这种自然反应被孩子捕捉到之后,会加重孩子的心理负担。在和宠物玩耍受伤的事件中,小豆豆的反应是"我被狗咬了,很疼,但狗狗不是故意的,不能怪狗狗"。所以,她对父母喊着"不怪洛基,不要对洛基发火"。小豆豆是一个在爱的环境中长大的孩子,她深知父母对自己的爱,所以受伤后她担心小狗会遭受责罚。如果父母这个时候不顾孩子的感受去责罚小狗,小豆豆就会产生强烈的负罪感,会认为小狗受到责罚是

黑柳彻子眼中的理想教育

自己的错。黑柳朝理解孩子的这种心理,并且选择尊重和顺从孩子对小狗的处理,让孩子在受伤之后能够尽快平复情绪,进入好的治疗状态。作为母亲,她一定也焦急、生气,但她选择用眼神制止想要教训小狗的黑柳守纲。她选择给孩子自己处理这件事情的权利。在《只是闹着玩》这篇文章中,黑柳彻子很诗意和浪漫地这样结尾:

> 夏末的月亮,升起在院子的上方,月亮好像在温柔地看着这一对更加亲近的好朋友:那个缠满了绷带的女孩儿,和那只永远也不会再玩"狼游戏"了的小狗……

我们常常以为孩子在某个方面的教训是通过父母的训诫得来的。恰恰相反,现实的教训比说教更有力量。小豆豆是否还需要父母通过责罚小狗,或者训诫自己才明白,与宠物玩耍要有度的把握?应该不需要了。现实与自然的体验式教育往往比书本或者父母的唠叨和训诫来得深刻。这是黑柳朝的宽容与耐心在这样的时刻发挥出来的强大作用。克制自己代替孩子面对事情和处理事情,克制自己影响孩子对事件的认知,是极其难能可贵的。

第十九章

孩子眼中的母亲

黑柳彻子眼中的理想教育

孩子的孕育降生乃至整个成长过程，都与母亲息息相关。母亲不仅是孩子的孕育者，在孩子尚未脱离家庭独自成长的时候，她还是孩子精神与心灵的引导者。

父亲与母亲是自己年幼的孩子最好的模仿对象。在孩子慢慢成长的过程中，其性格的形成既有先天的因素，又有后天的影响。而母亲往往担负着更多的责任，与孩子保持着最为亲密的接触。孩子眼中有什么样的母亲，就会形成什么样的自我。黑柳彻子眼中母亲的样子，也是小豆豆努力想要成为的样子。

第十九章 孩子眼中的母亲

第一节 多面手

在《窗边的小豆豆》中，小豆豆对母亲并没有过多地依赖，黑柳朝总是在女儿背后默默而又温暖地支持她，在小豆豆需要的任何时候，恰当地出现，展现出母亲的强大。在《阿朝快100岁了》的母女对话录中，黑柳彻子也由衷地对母亲在许多事情上展现出来的果断和行动力感慨万分。

小时候彻子得过结核性骨关节炎，在发病初期，她只是抱怨晚上睡觉时脚疼，但一想到要因此去医院，就找了其他理由想要搪塞过去。可是母亲却十分果断地带着孩子去医院就医，使病情没有被拖延，得到了及时治疗，在治疗的恢复期，也很明智地选择了温泉疗养方式，使这个在当时十有八九会留下残疾的病症，没有在彻子的身上留下痕迹。黑柳朝不是医生，却能够当机立断让彻子就诊，并且选择康复性的治疗，这种果断不拖沓的性格和积极的态度是很多父母所没有的。担忧常常是家长面对孩子的问题时伴之而来的一种情绪，但作为一种消极情绪，它无益于问题的解决，却会像石头一样压在心上，于事无补。相反，不管遭遇什么问题，都能够拿出积极的态度，并努力向转变境遇的方向行动，就是对孩子的激励，孩子也会从这种行动中获得力量，从而以积极的态度面对人生，这也是母亲送给子女最好的礼物之一。

但还不只是这样。

一、会做便当的妈妈

在《窗边的小豆豆》中，黑柳彻子对巴学园的午餐的记述生动有趣。就是现在恐怕也没有谁会这样称呼自己的午餐——"山的味道"和"海的味道"。但这个让孩子们倍感新鲜的午餐时间，饱含着母亲的付出。黑柳彻子对此的描写主要从小

黑柳彻子眼中的理想教育

林校长的"匠心"和学校处处为孩子们着想出发,但细细品读过后,仍然能够看到其中母亲的身影。

> 小豆豆好不容易明白了什么是"海的味道、山的味道",不禁有些担心:"妈妈今天早晨匆匆忙忙做出来的盒饭,会不会有什么问题呢?"可是,一打开盒饭的盖子,小豆豆差点"哇——"地一声叫出来。因为,这实在是一个绝妙的盒饭,漂亮得让人目瞪口呆!黄色的煎鸡蛋、绿色的豌豆、茶色的鱼松,还有炒得松松的粉红色的鳕鱼子,五颜六色的,看上去像花圃一样漂亮。

在黑柳彻子的记述中,揭开便当盒的一刹那的惊喜足以辉映到她的整个生命中。色彩、食材的搭配,那么符合小林校长所说的"海的味道、山的味道"。小豆豆惊讶、自豪、喜悦,而同学们的羡慕带给她的心理满足则是便当的物质功用之后的精神延续了。黑柳彻子写道:

> 小豆豆的第一次午饭时间,虽然有点儿紧张,但非常开心。思考什么是"海的味道、山的味道"也很有趣,还知道了鱼松是鱼做的,而且妈妈把"海的味道、山的味道"的盒饭准备得这么好。"一切都让人高兴!"小豆豆这么想着,觉得非常开心。而且,还有另外一件开心的事,那就是,妈妈做的盒饭,味道好极了!

在《阿朝快100岁了》中,母女两人又回忆到那一段。彻子对母亲所做的盒饭又补充了一段描述。

> 如今我还经常想起我在巴学园时您为我做的盒饭。那时候,不知为什么很流行将饭盒倒过来,把饭菜搁在盖子上吃,就像蛋糕一样。因此同学们都让自己的妈妈们做把菜放在下边的盒饭。做那样的盒饭您很厉害,您在饭盒底铺上菜,当饭盒反过来时表面就出现了图案,您还用煎鸡蛋做成可爱的娃娃脸。我当时觉得您很了不起,为有这样的妈妈而感到自豪。
>
> ——《阿朝快100岁了》

孩子想不到的事情,母亲想到了。孩子收获到的是惊喜,并且打心眼里佩服母亲,长大后想起那一刻的惊喜都会不断回味。这是母亲送给孩子的又一种生活的礼物,是母亲的本能,也是母亲的一种能力。在年幼的孩子眼中,母亲的一切行为既是权威,又是样板,同时还混合着温暖、安慰与信心。黑柳彻子记录下来的就是这样的惊喜,而这份惊喜的延伸就是她对母亲的印象与母亲对她的影响。

二、会唱歌的妈妈

黑柳朝年轻的时候学的是音乐,尽管出身于医生世家,但父母对教育的支持,以及较为宽松和自由的理念,使黑柳朝的爱好得到了发展,使她得以在东洋音乐学校接受了专业的音乐训练与教育。虽然对于黑柳朝本人来说,过早的婚姻使她没能发挥和施展自己的才能,但对于黑柳朝的孩子们来说,他们毫无例外地都得益于母亲的艺术熏陶和影响。

《阿朝来啦》和《阿朝快100岁了》中,都提到在黑柳彻子小时候,妈妈哼着德语歌曲和贝多芬的《第九交响曲》哄她睡觉的生活细节。这位毕业于东洋音乐学校的母亲虽然没能成为歌手、演员,但她所习得的一切本领以及她对音乐的喜爱都深深地融入了家庭生活,尤其是子女的成长中。可以想见的是,由于对音乐的喜爱,以及接受过系统的音乐训练,母亲在孩子睡觉时的哼唱、在生活劳作中的哼唱,在漫长和琐碎的生活中影响着孩子,当然孩子的父亲本身就是一流的小提琴手,因此,这个家的音乐气氛十分浓厚。不过,在战争笼罩的当时,父亲曾经一度离开家庭,将家庭的重担全部放在了母亲的肩上,她的歌声在那个时候是真正不可替代的。

《阿朝来啦》中,曾经记载过那段连饭都吃不上的生活,在黑柳朝的笔下,这一段艰难的岁月中居然还有笑声,还有许多明媚的时光值得记忆。其中在短篇《上帝真的存在吗?》里,她讲道:"每天傍晚,我们便将《赞美诗》从头至尾唱一遍。有时候我们唱和声,有时候又故意唱跑调,大笑一场。"那些时光仿佛并没有因为挨饿而变得一无是处,母亲和孩子的歌声和笑声仍然是黯淡时光中的亮色,值得记忆,值得留存。

三、会赚钱的妈妈

黑柳朝结婚以后就没有工作,丈夫因为战争被强征入伍后,她带着一家老小四处逃难,这个出生于医生世家的小姐成了整个家庭的支柱,她要负责一家老小的生计问题。在她们逃到诹访平以后,黑柳朝要走进陌生的村子里,为养家糊口工作。

"出门工作对我来说,虽然是有生以来头一回,但我想任何人第一次都是什么也不懂的,干了再说吧。"带着这样的勇气,黑柳朝谋得了当地农业公会办事员的职位,但这份工作远不够补贴家用,于是她利用晚上时间接了附近裁缝铺的针线活在家做。她也开始在家附近侍弄起一片菜地。之后,家里的亲戚渐渐从日本各处投奔而来,她帮助大家找房子安顿生活,在小村子里很快就有了一大帮亲戚。他们互相帮扶让生活变得充实多了。不知从何时起大家听说她歌唱得好,一些人家举办婚礼或者宴会时,就邀请她去唱歌助兴,每次都会包上好些红包和整条"鱼"给她。黑柳彻子在对话录中也讲到,母亲有时候回家会带回那种用大米做成的鱼形状的年糕,甜丝丝的感觉让他们兄弟姐妹都记忆犹新。

黑柳朝做的养家糊口的工作还不只这些,她和母亲一起为那些经商的人煮饭做饭团,最初只是帮忙,后来她们决定干脆把这当成一个营生。这样不仅能赚取生活费,而且能解决家人吃饭的问题。虽然这份营生没有持续太长时间,但她也因此结识了许多做生意的人。一位卖水果的大婶带着年轻的黑柳朝做起了贩卖水果的生意。虽然她依然不太懂怎么做生意,但忙碌的生活还是让她感觉到快乐。

与其说黑柳朝有做生意的头脑,还不如说她积极的态度和对生活的勇气、信心帮助她渡过了难关。孩子们眼里的母亲黑柳朝就是这样一个总有好办法,并且总给生活注入活力的女性。

大多数时候,年幼的孩子会把母亲作为自己衡量世界与他人的一种标尺,而成人后,又会不自觉地以母亲的方式行事或者按照母亲的样态寻找伴侣,或者像母亲一样思考。这既是生命的一种延续性,也是母亲深远的影响所在。

第十九章 孩子眼中的母亲

第二节 麻烦解决者

黑柳朝是一个善于解决麻烦的人。对于小豆豆一家来说,似乎没有什么能够难倒他们。因为有一个什么都不怕、面对所有麻烦都不慌张的妈妈,所以他们在面对问题时,能够安之若素地应对,并最终跨过那些障碍。

对小豆豆自己来说,作为家中的长女,她受父母的宠爱多,制造的麻烦也很多。但无论她碰到什么问题,黑柳朝似乎都能够四两拨千斤地将麻烦逐一剔除,并且能让孩子自由地过他们的快乐生活。

孩子退学这样的事情,在大多数父母眼中大概会是一件让人有些尴尬和难堪的事。黑柳朝虽然也感到一丝"惊讶和羞愧",因为孩子的行为确实影响了其他人。她下定决心把小豆豆从学校转走,原因之一是不能让自己的孩子影响其他孩子,而另外的原因却是,要找到一所能够理解孩子性格的学校,能够教会她和大家一起学习。不仅要这样做,还要在这样做的同时,不让小豆豆知道自己被劝退的事实。在黑柳朝看来,就是告诉孩子也无济于事,因为孩子还不能够理解自己为什么会被勒令退学,相反还会因为知道这样的事而产生自卑情结,这是很糟糕的事情。

正是在妈妈的呵护下,年幼的黑柳彻子才能够走进另一所学校而没有被退学的阴影笼罩,也才能更为迅速和顺畅地融入巴学园。这个隐藏了许久的秘密直到黑柳彻子二十多岁的时候她才知道。

每一次黑柳彻子掉进沙堆、粪坑那样的地方,总是妈妈把她从困境中解救出来;每一次闯祸或者生病,总是妈妈第一时间想到正确的方法帮她脱离那些痛苦。黑柳朝这个充满行动力的女人,很多时候在孩子心中一定像从天而降的仙女一样。

麻烦制造者不只有小豆豆一个,还有她的弟弟妹妹们,但是无论哪一个孩子遇到了问题,妈妈都有办法。

被爸爸逼着学小提琴的纪明,不服气也不愿意接受父亲的教导,和父亲一度闹得不可开交。被妈妈果断地送到欧洲后,他才明白父亲严格教育的苦心,从而真正坚定了学琴的心,并且越发像父亲一样精益求精。妈妈的目的只有一个,"希望他换个环境,重新思考"。这个极其单纯的想法在他之后的求学生涯中,真正发挥了作用。

小儿子贵之的问题和彻子的比较像,但为了不让她在47岁时才生下的幼子太过娇贵,黑柳朝将他送到了重视海外交流的学校,并让他在中学时代就作为交换生去美国寄宿家庭生活,这对于贵之来说也是一种生活的历练。在求学的过程中,贵之也打过退堂鼓,但在老师和寄宿家庭的女主人的帮助下,贵之度过了那段难熬的日子,得到了真正的成长。在这个过程中,黑柳朝也十分担心,甚至偷偷跑到美国,在贵之不知道的情况下,偷偷地观察他,不打扰、不干涉,直到看到他确实能够自如地生活,才又偷偷地回家,既没有告诉丈夫,也没有告诉孩子,这个看似放手的母亲,内心一直在牵挂。

小女儿真理是家里学习最好也最努力的孩子,本来确立了跳芭蕾舞的理想,但由于脚伤而不得不放弃。她一定经历了许多痛苦,但黑柳朝认为与其悲戚、止步不前,不如寻找另外的特长,"走一条能发挥自己才能与个性的路",这样既能让自己快乐,也能给别人帮忙。真理在以前跳舞的时候,就很会帮助同伴梳头发,她那灵巧的手和细腻的心思,让妈妈想到了美容学校。真理就这样结束了她的芭蕾生涯,从零开始学习美容,她很快就学有所成,并且嫁为人妇,有了幸福的生活。

黑柳朝就是这样照料着孩子们,也随时随地地思考着孩子们的问题,在他们碰到麻烦的时候,迅速找到办法,并将麻烦的问题迅速解决掉。有时候她也不知道未来会怎样,但她从来不抱怨、唠叨,她始终都是行动中的母亲,从简单的想法出发,从解决问题的第一步开始,然后一步步让孩子从困境中摆脱出来,就像让彻子换一所小学,让纪明出国,让真理改行。有时候她也耐心地等待与守候,就像偷偷跟在贵之的身后,默默地关注,看着他独立与长大。

这是所有父母在孩子成长的过程中应该汲取的经验。孩子在成长过程中会遭遇各种各样的事情,这时候能够和孩子一起面对,并适时地帮助他们,为他们提供解决问题的可能和建议,是父母应该做的。父母不应该代替孩子解决问题,而应该帮助他们积极地面对和应对问题,使他们不在困境中挣扎,不感觉到孤立。他们会因为一些建议和意见,对眼前迷茫的状态有所掌控,然后运用自己的理性拨云见日,最终得到真正的成长。

当然在小豆豆这样的年纪,孩子遭遇问题时需要家长审慎地应对。黑柳朝在小豆豆被学校劝退时,很巧妙地在孩子面前掩饰了这个会对她带来负面影响的事实。她真正站在孩子的角度去看待已经发生的事情,没有轻易地否定孩子,使孩子没有屈从社会一般性的眼光,没有扼杀孩子的自尊,让孩子仍然带着特有的信心从容地走下去。许多家长很难拿捏这样的分寸,他们不是过于溺爱孩子,就是言辞粗暴地伤害孩子。黑柳彻子后来意识到年幼的自己其实是LD孩子,却得到了母亲的呵护和小林校长正确的教育与引导,因此她才能成长为著名的节目主持人,可以去记录这样的过程,并影响千百万家长和孩子。黑柳朝的果断与应对问题的能力实在是家长们需要揣摩和学习的。

第三节　生活与精神的引导者

黑柳朝不是一个只关注孩子衣食住行的母亲,她更注重对孩子精神与心灵的引导。她本人就是一个充满生活情趣、热爱美的事物、寻找美的事物,并收藏美的事物的人。这种对美的追求,内心对美和善的向往与自我要求,使她在年华老去、爱人相离后仍然拥有积极的生活态度。

从小豆豆的便当开始,我们就看到了不仅注重食物的味道、营养的搭配,也注重食物的美的母亲。美在黑柳朝的世界里是不能缺少的存在。尽管在黑柳彻子的《窗边的小豆豆》中除了漂亮的盒饭之外,再没有对母亲关于美的阐述,但黑柳朝对美的在意却潜移默化地影响着她的孩子。

黑柳彻子在《彻子的部屋》中,每一期都会穿不同的衣服,但又始终梳着同一款发型,这种在变化中又有不变的自我,是黑柳彻子独有的装扮,也是她的特色,她对服装的选择、对音乐的选择、对舞台剧的演出与设计、对美的甄别与判断,是如此与众不同。这是黑柳彻子的自我,但在其成长过程中,她如何形成这样的自我是值得人深思的。或许我们可以在黑柳朝那里找到答案。

在《阿朝来啦》中,黑柳朝讲到,自己在东洋音乐学校学习时渐渐懂得了时尚,甚至不惜金钱去买漂亮的鞋子,她这种对美好事物的喜爱与追求一直保持着。她给自己设计服装,有了彻子以后,给彻子织各种可爱的毛衣和帽子、可爱的小装饰。当然不仅对漂亮的服饰感兴趣,黑柳朝还喜欢一些旧书、原稿、戏剧说明书等。在被强制离开东京前,她都一直很好地保存着一些大作家亲笔写的原稿以及戏剧说明书,在她看来,这些都是百看不厌的东西,是可以每天都享受着的快乐。丈夫喜欢侍弄花草盆景,她也积极支持着,就算家里过得并不宽裕,也一定会挪出钱来发展这样的兴趣,战争爆发时,她想到随身带走照片而不是钱财,把丈夫心爱的盆景一个个埋在地下,以期回来的时候还可以继续使用。这种珍爱

第十九章 孩子眼中的母亲

是只有真正热爱着的人们才会采取的行为。

黑柳朝还有很多喜欢的东西。如柔和的中性色蜡烛、贝壳、玻璃制品、绒线球，还有虽然不太了解却非常喜爱的画。尽管在别人看来这些东西并不值钱，但黑柳朝却喜欢将她钟情的东西排列在房间里欣赏。在《阿朝来啦》中，有一篇名为《古董提包的收藏》的文章，其中在讲到将自己的所有藏品捐赠出来，给了新宿的文化服装学院远藤纪念馆收藏时，她写下这样的话："我辛苦的收藏活动就此告终了。如今我才意识到，其实我并不是想要那些东西，而是爱收集美的物件。"

就是这样一个爱收集美的物件的母亲，她的孩子自然而然会有对美的追求，对美的欣赏，并且一定善于感知生活中的美。只有感受到美，并会发现美的人，其生活才会变得丰富、有趣、充满感情和不一样的意义。《窗边的小豆豆》被评为最具童真童趣的书籍。联合国的官员在委任黑柳彻子做联合国大使前看到这本书，认定作者是一个了解孩子的心理，真正充满爱心的人。一篇篇短小的文章中，并没有过多复杂曼妙的言辞和句子，只是娓娓道来，真情流露。正是因为作者的心中始终怀着澄澈的心境，能够保持初心，保持对纯真的美的留恋，才能写出这么简单而干净的句子，写出的书才能吸引万千读者。这是黑柳彻子对美的认识和理解，浅显的文字、真实的情感、澄澈的心灵，既是对儿时彻子的记录，又是成人彻子的写照，这是一种美的境界，也得益于彻子个人对美的认识和理解。

无论遇到的事情多么糟糕，多么悲哀，多么惨痛，就像在《窗边的小豆豆》中，我们看到的拒绝、失去、残缺、病痛、失败、战争、离别，甚至死亡，但是无论哪一种会让人沮丧甚至绝望的事件都没有让彻子停滞不前，她在成长，在这些遭遇中一步步向着阳光与希望行进。她的一生并不是一帆风顺的，她走的每一步都碰到了坎坷，但她都一一走了过来。对阳光与希望的追寻也是一种美的行为。

黑柳朝始终都在积极面对一切问题，对喜爱的东西全身心付出，她爱着自己的孩子，把他们比喻成"还没有加工过的巨大的宝石矿"，她怕他们的真实价值会被隐没，"因为从外表看是完全无法判断的东西，所以必须从不同的角度仔仔细细地端详，一点一点地，抚摸一下，然后切割一点……就是这样的感觉"。

在对孩子的教育与引导中，黑柳朝有着这样的理念："孩子们的行动没有不自然的。即使从大人的角度看是浪费、添麻烦（基本上都属这类），可实际上孩子们是通过自己的体验，想办法来让自己弄明白事情。"就拿彻子总是会把新衣服弄得破破烂烂才回家的例子来说，黑柳朝不会唠叨孩子"弄破了衣服"，她仅仅问了孩子是否受伤，因为比起衣服，孩子试图行动的积极性更重要。不去尝试就不知道衣服会破，也不会明白怎样会受伤。而孩子如果有"弄破了妈妈亲手缝制的衣服很不应该"的想法，还会因此感到难过，那这对孩子来说也是一次很好的体验。黑柳朝用自己的方式在生活中引导她的孩子以体验的方式认识世界，感受人与人之间的情感。而自由是她赋予孩子们最大的一笔财富。

在她看来，要想让孩子自由成长、自由行动，就需要父母付出代价，舍弃自己小小的希望，如希望自己给孩子缝制的漂亮衣裳不被弄脏弄破，只有这样孩子才会得到充分的自由，才会得到真正的幸福。不要冲动地、不问缘由地指责孩子，因为这样会折损孩子无比珍贵的好奇心和想象力。这种折损会带来不可估量的损失。

"只要孩子的心有了触动，就没必要再说多余的话。"信任孩子、不唠唠叨叨发牢骚的父母，会教育出自律并且有主见的孩子。因为这种教育不是高压下的遵从，而是自由意志下的自我选择。

黑柳朝是真正从孩子的天性出发去理解孩子的行为，去呵护孩子的心灵。母亲的心有多大，孩子自由的天地便有多大。

第二十章

黑柳朝与孩子们

黑柳彻子眼中的理想教育

过去我们说父子(女)关系、母子(女)关系,现在用亲子关系来说明父母与子女的关系时,一般描述父母和幼小儿女间的关系。这个描述本身是一种进步,因为不再强调孩子与父亲、母亲之间这种自上而下、带着家长的权威的关系,而是体现了血缘与亲情,甚至是平等的爱的关系。因此,这种对子女与父母间的关系描述的转变,确实代表着人们对这种关系认定的一种潜在的转变。

我们在黑柳彻子和黑柳朝的作品中,看到的父母与子女间的关系正是这样一种良性的亲子关系。他们不但彼此尊重、彼此深爱并相互理解,而且非常平等、相互信任,甚至主动为对方着想。起初是来自父母对子女,但这种生活中的爱的浸润和熏染,很快就不再是单方面的关心和爱护了,子女很快就从父母那里习得了这种关乎爱与尊重的能力,从而能够反之于父母,并反之于他人。这便是良好的亲子关系所带来的巨大力量和效应。

第二十章 黑柳朝与孩子们

第一节 给孩子自由

在黑柳朝与黑柳彻子的对话录《阿朝快 100 岁了》中,黑柳彻子写妈妈黑柳朝能够"不被世间的一般常识左右,对于每个孩子的长处,她总是予以肯定"。因此,黑柳彻子自己才能够没有一丝自卑地茁壮成长,她尤其感谢母亲的豁达和自由理念。

在黑柳彻子看来,她这个幼年被学校劝退又问题多多的孩子,能够成长为今天成功的电视节目主持人,母亲的自由理念和豁达心态绝对是让她受益终生的重要原因。那么,在黑柳朝那里,她的自由理念又该如何解释呢?

在黑柳朝的作品中,我们可以寻到那些关于教育子女的自由观念的蛛丝马迹。

彻子小时候在第一所学校里上美术课时,不但画满了画纸,还画满了桌子,黑柳朝却这样说道:"我并不是袒护孩子,我当时想:'画出了画纸有什么不对?'我从小在北海道的大自然中长大。只要不是太过分的事情,父母总是睁一只眼闭一只眼,所以我才得以自由自在地成长。北海道的情怀给了我活力,看来你也继承了这种活力。"在黑柳彻子的《窗边的小豆豆》中,这种对母亲自由地任其选择和发展的记述,总是不经意地出现在各个主题的篇章中,"妈妈从来不对小豆豆说'应该去干什么',小豆豆如果说'我想干什么'的时候,妈妈就会说'好啊',然后并不多问什么,但她会把孩子们做不了的手续上的事情,帮助孩子做好。"黑柳朝对孩子的理解就是这样的,在自然中自由自在地长大,这就是顺应孩子的天性,是孩子自我的成长。放手,给孩子自由,就是一种成长。

也许不是从黑柳朝这里,而是从黑柳朝的母亲那里,或者在更早的家庭观念中,孩子可以自由生长的观念就根植在人们的心中。事实上,孩子要成长是必然的,怎样成长则各有各的不同。在尚不能达到温饱的时代,孩子怎样成长根本排不到人们的日程上,父母不过是给了孩子生命,而成长则是孩子自己的事,没有人在意他们,反而让他们用自己的眼睛和心灵去认识世界、观察世界,并选择以怎样的方式融入世界。像黑柳朝的童年那样,基督徒母亲的不干涉与医生父亲的宽容和爱的施与,使黑柳朝的成长是自由且自我的。因此,她的整个成长过程得以保持了从孩童到少女,再到成熟妇人的最为自然的过程。她的自然成长,也让她能够将这份自由保留给孩子,尽管这份对自由的保有事实上有着许多曲折与艰难。

小豆豆被学校劝退的事情,是在她二十岁以后妈妈黑柳朝才讲给她听的,因为这个时候黑柳朝觉得讲出来也不会再对彻子产生负面影响,就算有一些,也因为时间的久远听听就算了。这个保存了多年的记忆,后来几乎成了所有阅读者的记忆。在阅读者那里,故事似乎充满了童趣和快乐,因为好奇,开开关关书桌;因为喜欢宣传艺人,把他们招至教室的窗前演出;旁若无人地对着窗外枝头的燕子说话,结果被罚站在教室外面。这些可笑可乐的事情如果还原到现实情境中,刚上一年级的小学生不遵守学校的纪律和规则并招致退学,怎么也不是值得宣扬的好事。无论怎么说,都会让家长羞于启齿,对孩子来说,也难免形成压力,能像小豆豆那样,毫无知晓地走进另一所学校的大门,母亲黑柳朝所承受的压力和心里的那份担忧、肩头的那份担当,想想都着实令人佩服。黑柳朝下定决心,不对孩子说出事情的真相。她理解一所普通学校和普通老师对彻子这样的孩子管理和教育的难处,但她也不去强压和苛责孩子,她只是从自己的能力出发,试着去找一所这样的学校,能够像她一样接纳孩子自然的天性,并且愿意以自然教育的方式去引导孩子。

黑柳朝始终是清醒并且坚定的。对于彻子在学校的表现,她从未发怒,在她看来,"孩子的好奇心和想象力非常宝贵,我觉得父母没有权利为了小小的得失而将孩子不可估量的才能掐死在萌芽状态"。她把父母和子女间的关系从一开始就摆在了一个平等的位置上,这个由她带到世间来的孩子,她给了她生命,但她不能代替她,也不能强制她。在孩子的幼年时期,作为母亲,她会尽一切可能地赋予孩子自由生长的空间,并会因此不断地努力与尝试,就像她一直做的那样。对于孩子的无心之祸,父母没有权利因为自己的得失而反复唠叨,因此阻碍孩子的进步与发展。"孩子不争气,会给自己丢脸了""我费了很大的劲儿让你在这里读书,结果你却这么顽皮""已经退了一次学了,可不能再被退回来啊",这些话语是多么频繁地出现在如今的父母在教育顽皮孩子时的嘴边和心里啊,孩子在无形中似懂非懂地承担了本不应承担的父母的焦虑和烦恼,因此不能自在地挥洒自己,保有天性,这无疑是对孩子未来的一种消极的影响,而绝非益助。

黑柳朝没有这样,她能够顶住那些非议,是因为她十分清楚,作为母亲,她不能许给孩子确定的未来,但她也绝不能去给那个不确定的未来施加可确定的阴影。作为母亲,她觉得自己能够承诺的事情是,给孩子的成长提供一个空间,一个尽可能符合孩子天性的、伸展的、自由的空间。

第二节　为孩子等待

在黑柳彻子的《窗边的小豆豆》中，母亲不是颐指气使地命令或者牵制着小豆豆的行为的家长，而是一个在需要她出现的时候能够出现，并且帮助小豆豆完成工作的大人。没有责难，没有批评，妈妈就是一个温柔的守候，一个温暖的依靠。

母亲牵着小豆豆的手第一次去车站坐车，她耐心地听着小豆豆天马行空地设想未来，做售票员也好，做间谍也好，甚至要做宣传艺人……母亲耐心地听着，甚至还会不时地问上一句，这样的耐心在妈妈出现的任何一篇文章中都不难找到。在小豆豆来到巴学园，被巴学园里的电车教室吸引时，她好奇地问妈妈"校长先生是车站的人吗"，妈妈没有因为急于带着她去见校长而拒绝孩子的问题，相反，她还问小豆豆为什么会这样想，甚至还让她自己去问问校长先生。妈妈黑柳朝真的不是一个急躁的母亲，她总是充满耐心地等待着孩子。她既不急于肯定，也不急于否定，不经常拿自己的经验去说教孩子，她总是把体验的机会留给小豆豆，从而使她明白有些事可以自己问，有些事可以自己做。她是孩子的母亲，但也是她的朋友，她可以随时为她提供帮助，但得是在小朋友需要帮助的时候。

她不急于跑到孩子的前面去代替她，或者催促她。在正式去巴学园上学的那天早上，妈妈很欣慰地看到小豆豆起床打理好自己，而妈妈则为她准备好了"山的味道、海的味道"的便当，给她带好月票。站在家门口目送小豆豆上学的妈妈，几乎要落下泪来。一想到刚刚被上一个学校劝退，妈妈就难免担忧，但她只是默默祈祷。当看到小豆豆把月票突然从自己的脖子上取下来，挂在了送行的宠物狗洛基的脖子上时，妈妈感到迷惑不解，但她没有作声，而是打算看小豆豆准备干什么……

这一幕有多么频繁地出现在所有孩子与父母的生活中，早晨送孩子上学，给

第二十章 黑柳朝与孩子们

孩子准备好需要带的东西,送他(她)出门。就这么简单,但在许多家庭中却又是极其忙乱而复杂的。早晨招呼孩子起床要好多遍,催促他(她)穿衣、洗脸、刷牙,乃至吃饭,帮他(她)准备上学用具,甚至有些孩子的书包都是家人打理,然后把所有东西都带齐了一起出门。很少有家长会让孩子自己独自上下学,接送都要全程跟随。可是小朋友还是会忘这忘那,当然,像黑柳朝那样,看见小豆豆把上学路上要用的月票带在狗身上这样的事,十有八九会有家长立刻跳出来说孩子:"上学都要迟到了,你怎么还在这儿磨蹭,还不快走!"然后一定会粗暴地冲出去把月票绳从狗脖子上扯下来,重新挂在孩子的颈上,连推带揉地把孩子送到车站,直到送上车。

如果我们的孩子不够自立、不够决断,我们不要总是苛责孩子,问题很可能就出在我们家长这里,家长已经不会等待孩子成长了,有太多的经验在以灌输的方式一股脑儿地倒向孩子,不是让孩子去吸收,而仅仅是一种外挂,这个你要会,那个你要知道,所有这些你需要记住。既没有习惯的养成,也没有行动中的反复,甚至没有让孩子想一想自己为什么要这样做。其结果就是孩子只能被动地等待着催促,反正你是一定会催促我的,反正不需要我主动想着。于是父母和子女本来亲切的关系,就被这些不断重复提醒消磨掉了。而孩子一路被家长催促着成长,一旦离开父母的提醒,什么也不会做,也不会主动去做,知识似乎在增长,但心智和应对生活的能力仍然为零。

像黑柳朝那样,耐心地等待,看看孩子究竟想要做什么。她看到小豆豆认真地跟洛基道别的场面,体会到小豆豆很珍惜去新学校的机会,这也是对孩子成长的一种守候和见证。而且,孩子在这种守候中,真正地以自我的方式去支配自己的行为,这才是一种真正的成长。如果黑柳朝也像许多寻常父母那样,在上学的早上唠唠叨叨,恐怕孩子还没去就已经烦得不行了。

其实,黑柳朝的等待本身也是一种教育,不急于伸出一双手去帮助孩子,不用自己的大脑去代替孩子思考,让孩子的大脑去支配自己的身体,让孩子主动地想要去做一些事情,并且支持他(她),等待他(她)去完成,也许不是很顺畅,也许完成得不是很好,但那是孩子以自己的方式面对世界,第一次可能很笨拙,但第二次就会好一些,此后,会越来越好……这就是成长。

第三节　不要让孩子悲伤

在《窗边的小豆豆》中的后半部分，有一篇《洛基不见了》的文章，当时读起来，为之动容。在黑柳彻子学龄的日子里，一个孩子眼见的生死和孩子对生死的认识，于孩子而言都是成长，但这种成长往往伴随着眼泪与悲伤。黑柳朝在这样的时刻，展露出了一个母亲的宽柔、灵机与守候，是值得当今父母借鉴的智慧。

在养小鸡的时候，明知道小鸡很可能养不活孩子会失望，但在孩子的坚持下，黑柳朝仍然顺应了孩子的要求，与其拒绝以致苦恼，不如让孩子去经历与体验。《一辈子的心愿》中，妈妈不但答应了小豆豆的要求，还特意请木匠师傅做了一个带有食槽的特别的盒子，甚至在盒子里装上了电灯泡给小鸡取暖。对于被孩子称作"一辈子的心愿"的小鸡，妈妈做的这些让孩子体会到一种被尊重和重视的感觉。但小鸡还是像父母料到的那样，最终死去了。"这是小豆豆的人生中第一次品尝到'别离'的滋味。"无论接受与否，孩子体验了人生中的第一次死亡，如此近距离地品尝到了别离与悲伤的滋味。

此后，在泰明死去的消息传来时，黑柳彻子这样记述："巴学园被一种悲哀的寂静笼罩着，巴学园的空气中第一次充满了悲伤。"悲伤是生活的一部分，亲近的人的死亡所带来的悲伤是一种伤痛，但对小豆豆这样的孩子来说，她因为经历过与小鸡的别离，已经懂得死亡的不可逆转性，在面对泰明的死亡时，她以"不会忘记泰明"的方式接受并直面这种离别。悲伤但可以自持，生的日子因为纪念而变得愈加有意义。

但悲伤作为生活的一部分，永远不会脱离生活而存在，并且会不知躲在生活的哪个角落里，随时出来打击人的心灵。母亲黑柳朝深深懂得这一点。所以，尽管她无法阻挡生活中那些会不期而遇的悲伤，但在有限的能力内，她努力地张开

第二十章　黑柳朝与孩子们

自己的臂膀这样做着,并且让孩子也深深地感受到了她的这种努力。

刚才小豆豆焦急地跑来跑去寻找洛基,这一切妈妈都看在眼里,她沉默了。小豆豆拉住妈妈的裙子,又问:

"哎,洛基呢?"

妈妈难以启齿,但终于艰难地回答道:

"它……不见了。"

小豆豆不能相信,洛基不见了。

……

"到处都找遍了,一直找到很远的地方,也问过很多人。但是,哪儿都没有。妈妈不知道该怎么对你说……对不起……

这时候,小豆豆明白了。

洛基,一定是死了。

"妈妈是怕我难过,才这么说的,可是,洛基死了。"

……小豆豆没有再对妈妈多问什么,她理解妈妈的心情,她只低下头说了一句:

"会到哪里去了呢?"

母亲黑柳朝对悲伤的阻挡,尽管不能挡住小豆豆的悲伤,但这份阻挡背后的呵护与爱,她理解并记下了。四十几年后的某个晚上,近五十岁的黑柳彻子回家探望父母,父亲让她去院子里看他种的花时,彻子却听到母亲虽不太大但近乎喊叫的声音:"不行啊,她爸,别让彻子上院子里去!别让她去,豌豆角!"豌豆角是当时黑柳家养的又一条狗。当彻子问母亲是怎么一回事时,母亲一边埋怨父亲一边说:"它走啦。"彻子好像小时候一样又四处寻找了一番,但母亲的言语,仿佛四十年前洛基走的时候一样,她还是想要阻挡这种悲伤。而这时的彻子更为深切地感受到母亲的这份心思:"绝不让孩子悲伤,哪怕是一丁点儿的悲伤。"

孩子们在生活中怎么可能一点也不悲伤呢?怎么杜绝他们接触到一切的悲伤呢?母亲所做的阻挡、所做的努力是不是徒劳呢?

当然不是。母亲不是阻挡孩子去认识世界、体验生活,也不是任由自然与社

黑柳彻子眼中的理想教育

会的风霜刀剑蹉跎孩子,她只是努力地做一个母亲,让孩子们明白无论他(她)遭遇何等苦痛与悲伤,母亲这里都是避风港或是值得依靠的树,在任何时候这里都是容纳和可依靠之所,那么这样的孩子将会更有勇气去面对困苦,更有力量去抵御悲伤。孩子对母亲的理解,是母亲理解孩子的对生产物。越理解孩子的母亲,越会培养出理解母亲的孩子。他(她)不但会理解自己的母亲,还会推己及人去理解他人、理解世界,这样的孩子博爱、宽容,会更宽济仁厚地待人待己,不狭隘,不钻牛角尖,总会看到生活中阳光的一面,也许不会成为所谓的成功人士,但却会满足并生活幸福。

不让孩子悲伤的母亲,也一定会有不让母亲悲伤的孩子。

第四节　不要居高临下地对待孩子

在黑柳彻子的眼里，他们家的孩子个个个性鲜明，都很有主见，在生活上既受到父母的影响，又有自己对人生的认识和规划。她做演员，在NHK电视台做主播，做联合国儿童基金会的亲善大使；大弟弟纪明也像父亲一样成为一个优秀的小提琴演奏家，虽然旅欧多年，但还是回到日本生活；本来会成为芭蕾舞者的妹妹真理，因为伤病告别舞台后，居然在美容美发业做得有声有色；幼弟贵之和彻子小时候一样，在母亲的主张下早早离家赴美学习，最终成长起来。每个孩子都不一样，却又都生活得有声有色。

黑柳彻子和黑柳朝在访谈录中谈到这个问题：

> 彻子：我觉得我们家的孩子个个个性鲜明，这恐怕与您跟孩子接触的方法有很大的关系。刚才已经说过，不分青红皂白就对孩子加以斥责的事情，在我们家从未发生过。父母一直很尊重我们。
> 阿朝：我从不认为当父母的有什么了不起。孩子好比是宝石的原矿石，它的真正价值隐藏在何处，你不去研磨是不知道的。所以，我觉得父母不该随便对孩子指手画脚，不能埋没原本属于孩子的闪光的才能。

在黑柳朝对待孩子的方式中，我们可以看到欣赏、佩服，甚至是崇拜的目光。她从不怠慢孩子，更别说斥责了。

在《阿朝来啦》中，有一章文章是专门记述她的孩子们的。她记得彻子喜欢染色，喜欢认认真真地为大家煮黑豆吃，彻子染色后剩下的颜料，她舍不得丢弃；那些彻子染过后不再穿和不想穿的衣服，母亲也都精心地收藏着。黑柳朝眼中的彻子，喜欢美的事物，做事情一丝不苟，是一个让母亲骄傲和欣赏的孩子。

次子纪明跟随父亲学习小提琴，一开始贪玩不上进，对父亲的教导不但抵触，同时也不理解，只是母亲黑柳朝认为，父亲是在自己的意志和激情的驱使下选择的小提琴并取得了后来的成就,但纪明却不是,他从一开始就被按在小提琴的学习上,而且面前是看上去不可企及的父亲的成就,他难以超越的不仅是父亲,还有自己,因此与其让孩子在父亲的压力下被迫学习,还不如让他离开去寻找新的路途和方向。尽管家人都反对,但黑柳朝还是把纪明送去欧洲学习。没有苛责,只是放手,反而让纪明看清了自己,也对父亲的音乐教育心悦诚服,理解了父亲的纪明决定闯出一条属于自己的音乐之路。他旅欧十二年,在科隆室内乐团担任乐手,经常在欧洲巡演,最后从荷兰的鹿特丹乐团回到日本。黑柳朝又收获了一个优秀的孩子。

母亲黑柳朝轻描淡写地讲述了小女儿真理的人生轨迹。这个芭蕾梦没有实现的女子,转行做了美容美发行业的工作,也做得有声有色。可是,在平常人看来,真理的人生真的很不顺利,五岁左右跟着母亲颠沛流离,从小学习非常好,立志成为芭蕾舞者,那么刻苦努力地练习和保持身材,最后却因为脚伤而不得不放弃。可是黑柳朝不这样看待真理的人生,真理在跳芭蕾舞的时候,就经常帮大家打理妆容,而且总是受到好评和欢迎,为什么不能走一条新的路呢?"走一条能发挥自己才能和个性的路,不是既能让本人快乐,也能给别人帮助吗?"真理在母亲的肯定和支持下,这样一路走过去,即便不能做一个舞台上光鲜的芭蕾舞者,但仍然可以做一个幸福的人。

在讲到小儿子贵之时,母亲黑柳朝说到了一件亲戚记得自己却不记得的事情。贵之三岁的时候,黑柳朝的表妹来家中做客,她看到贵之拿着刀在地毯上切着一块不知道什么时候掉在地上的奶酪。而黑柳夫妇的做法却让人大跌眼镜,父亲一边称赞一边叫母亲来看,母亲非但没有制止孩子,反而一脸的佩服之色。类似这位表妹倍感惊讶的事,孩子拿着刀,奶酪掉在地毯上,地毯会被孩子弄脏,这些在黑柳家似乎都不是什么重要的事。孩子不会因为这样的事受到批评,反而父亲会赞扬,母亲会佩服。但黑柳家不记得这样的事,因为这样的事在黑柳家是理所当然的。

在黑柳朝的眼中,就像她打的那个比方,每个孩子都是一块未经开采的宝石的原矿石。在母亲的心中,她时时刻刻将他们视为最宝贵的事物,是值得赞赏和佩服的。于是,孩子们会亲昵地给母亲起一个外号,叫"百分之一百二十"。她总是给他们一百二十分的鼓励,一百二十分的信任,一百二十分的欣赏,因此孩子们便会在一百二十分的期许下,努力地做到更好。

第二十一章

亲子之间的问题

黑柳彻子眼中的理想教育

　　黑柳彻子曾讲到自己对母亲的评价："母亲对待自己的孩子从不娇生惯养、寸步不离，但她却确确实实十分清楚孩子们的性格，非常了解孩子们喜欢什么，那个娃娃就是让我意想不到而又无比欣喜的礼物。"在这句评价中，"从不娇生惯养、寸步不离"的表述是否会是一种对当下父母与子女关系的当头棒喝呢？大多数父母对子女恐怕都很难做到"不娇宠"和"放开手"这两件事，尤其是20世纪70年代以后的中国孩子突然从兄弟姐妹成群的状态进入"一枝独秀"的局面。孩子成长的物质环境越来越好，父母对孩子的投入越来越多，关注越来越多，但孩子呈现出来的问题也越来越多。

第二十一章 亲子之间的问题

一、自由的家长，不自由的孩子

黑柳朝在她的文章中这样说出自己的想法："我不对孩子唠叨'弄破了衣服'等等，是因为我觉得，比起衣服，孩子试图行动的积极性更为重要。不去尝试，就不知道衣服会破，也不会明白怎样会受伤。如果彻子能想到'弄破了妈妈亲手缝制的心爱的衣服，很不应该'，从而觉得难过，不也是一次很好的体验吗？"

这段话读起来看似平常，但和现实生活中的家庭场景一旦对照起来，就会看到巨大的反差。大多数家庭和大多数父母，很难做到平和地面对孩子在成长中的磕磕绊绊和毛毛躁躁。打翻了水杯，摔碎了饭碗，弄脏弄破了衣服之后，往往就是一顿劈头盖脸的斥责，很多时候忙碌的生活节奏带给成人的压力，也在随着斥责的快感从成人世界转向孩童，有些家长在情绪上从不控制自己，自己对孩子的表现仿佛是一个孩子对待另一个孩子一样的随意和任性，在行为的展现上，就是成人对孩子的粗暴对待，孩子仍会成长，但正如黑柳朝所言，其损耗了孩子试图行动的积极性。

但黑柳朝绝不是让父母们去溺爱孩子，尽管她很宽容地面对孩子们对外在世界的探索。她这样提到她曾经受到教育孩子的书的影响："如果孩子用剪刀剪了对大人而言很重要的东西，大人也不应该责备他，因为孩子只是想试试这把剪刀到底能剪什么而已。"当然，对于"重要的东西是不能剪的"教育，应该根据场合和孩子们的年龄来进行。换句话说，在黑柳朝看来，孩子们在学习用剪刀时的积极性值得鼓励，在用剪刀四处剪东西的时候也许创意十足，那么正在创造中的喜悦与兴奋，激发创造的情绪也不应该被打扰。"孩子们的行动没有不自然的。即使从大人的角度看是浪费、添麻烦（基本上都属于这类），可实际上孩子们是通过自己的体验，想办法来让自己弄明白事情。"而当孩子们不知道什么是重要的东西时，或者不知道如何去判断"重要"而不能随意玩耍时，说教事实上是无意义的。

黑柳朝对黑柳彻子小时候会把新衣服弄得破破烂烂回家的事,始终怀着一种佩服的态度:"我真佩服她,她到底是在哪里,究竟如何才能将衣服弄成那样。"作为母亲,黑柳朝对孩子给自己惹的麻烦从不在乎,她在乎的是孩子们"身体是否受伤"。至于衣服什么,都是次要的。"不去尝试,就不知道衣服会破,也不会明白怎样会受伤。衣服只不过是一样东西,总有一天会消失,孩子们能健康地玩耍比什么都让我高兴。"

黑柳朝作为母亲给孩子们创造了这样的环境,孩子们可以自由地玩耍和体验世界,只要不会对自己造成伤害,或者偶尔受伤,但学会了以后不再受伤的经验与教训,那么就可以尽情地玩耍。而作为母亲的黑柳朝,深深地知道自己为此付出的是什么。

"要想让孩子们自由地成长、自由地行动,其实需要我们付出不自由的代价。"在阅读黑柳彻子或者黑柳朝的文章时,看到这对母女如此快乐和随心所欲地挥洒人生,我们从中收获了许多快乐,但事实上,她们看似随意的行为背后总是有一种坚定的信念在暗自指引着她们的人生,她们从来不是毫无缘由地恣意行动。黑柳朝对孩子们的宽容是对自己作为母亲的自律和思考生成的。"舍弃自己一个个小小的希望(比如希望自己心爱的衣服不脏不破),你才会得到充分的自由,才会得到真正的幸福。"母亲得到的充分的自由、真正的幸福是什么呢?是孩子们无比珍贵的好奇心和想象力得到了充分保护,并且在未来的日子里帮助孩子真正地成长。"计较小小的得失,等于在事物的萌芽阶段摘取了他的幼芽,到头来只会带来不可估量的损失。"不要因为计较衣服脏了、破了,而阻碍孩子对世界的探索,这种有伤未来的事情一旦做了,只会产生负面的影响。只有孩子真正成长起来,母亲才会得到充分的自由,才会得到真正的幸福。

二、不肯等待的家长,总是等待的孩子

不知大家是否看到过幼儿园的孩子整理教室桌椅的情形,一个孩子会翻来覆去地想要把一把椅子摞到桌子上,很简单的一个倒扣动作,这个孩子因为没做过,也没注意别人怎么做,因此当他第一次面对这个问题时,在无人帮助的时候

他就会反复尝试,也会观察其他已经摞在桌子上的椅子的状态,自己再琢磨,然后尝试,失败,再尝试。从成人的角度看这个孩子,会觉得孩子的行为和行动是笨拙的,甚至很愚蠢。看上去是个多么简单的问题啊。于是,就会有许多成人,尤其是老年教育者,会伸出手代替孩子完成这个动作。有的成人教育者会一边替孩子做,一边呵斥孩子,还有的成人会忍不住开孩子的玩笑。但大概不会有人想过,无论哪一种对待方式,都会对孩子产生负面的影响。

从黑柳朝的认识来看,孩子的行为是自然的。他(她)通过观察、体验尝试着做一件自己从未做过的事情。成人的参与客观看上去是在加速孩子学习的过程,但是如果参与不当,反而会对孩子产生负面的作用与影响。

比如代替孩子去做,懒惰的孩子因此有了依靠,原来不会的,现在还是不会,将来也可以不会,因为有人帮忙。倔强的孩子会反抗,抗拒成人的帮助,成人因为好意被孩子拒绝而产生怨怼,有些成人会与孩子产生对抗,表现出来的状态就是,要么直言斥责孩子的这个行为有多笨,要么嘲笑孩子,孩子因此产生了强烈的挫败感。有的孩子还会坚持完成自己的行为,有的孩子也许就放弃了,并因此觉得自己很笨很傻,而拒绝再做类似的事情,拒绝再去尝试和探索。这种恶性循环如果不加以改变,就会长期累积起来,最后孩子会形成懒惰、懦弱、不自信,也缺乏好奇心和动手能力的状态,成人又会叫苦不迭。

在孩子摞椅子的事上,成人要尊重孩子的行为,承认孩子在此阶段做这件事的能力尚不完备,要能够做到默不作声地给孩子时间和空间去自己搞清楚这个问题。所以,忍耐与等待是成人教育者必修的功课。不去打搅孩子,在孩子努力尝试的时候,能够对他(她)的失败持接受态度。孩子试图向父母求助时,父母能够给予有效的引导,而不是代替孩子去完成。父母惯常出现的问题是常常不能够给孩子自我成长的机会,常常凭借自己的经验让孩子跳过人生的体验和经历,其实这恰恰是造成孩子缺失生活技能和动手动脑能力低下的原因。而当孩子满头大汗地完成了某些看似笨拙的行为和行动时,父母及时地给予赞美、肯定和鼓励,则会成为孩子在行动中成长的节点。如果孩子的成长能够在这样的节点中得到适当的伸展,何愁他们在看似成熟后再有那些不成熟的举动和行为呢?

让孩子成为孩子，接受成长过程中的失败，接受这个过程中的不完美，等待孩子的自我修正，使孩子在孩子的阶段得到孩子应有的鼓励和肯定。成人要尊重孩子的成果，可以适当帮助，但不要试着加速这个过程，或者代替孩子，所有经验的获得要尽可能由孩子自己去体察并完成。这样，孩子才能够真正踏实地、稳健地成长起来。他（她）不会因为害怕嘲笑和失败而裹足不前，他（她）会因为能够得到教育者的肯定和鼓励而敢于体验。让孩子去做孩子阶段的孩子，父母去做真正有助于孩子成长的父母，不要去做拔苗助长的农夫，不要去做冷嘲热讽的旁观者，要做一个积极的、善于等待的教育者，为孩子创造一个宽松、自由的成长环境，这才是最重要的。

三、斥责的家长，叛逆的孩子

尽管黑柳朝养育了四个后来在各个领域各有成就的孩子，可是在家庭生活和子女教育中，也难称完美。在次子纪明学习小提琴的过程中，家庭教育的复杂和问题同样出现了。

父亲黑柳守纲是日本著名的小提琴演奏家，因此家中的男孩子自然而然要跟从父亲学习小提琴，黑柳家的第一个男孩子不幸夭折了，第二个男孩子毫无选择地要走上这条路。在黑柳朝的记述中，在纪明学习小提琴的过程中，父亲的严格要求让纪明不堪重负，这种并非自己的选择，并伴随着高压状态的学习，总是充满了父亲的责骂和孩子的不情愿。

在对话录《阿朝快100岁了》中，黑柳彻子和黑柳朝谈到纪明的一次离家出走。父亲认为，黑柳家的男孩子理所当然要学小提琴，因此，严格的父亲在纪明学琴的问题上，经常会因为纪明不能很快做到自己的要求而责骂他。处于贪玩年龄的纪明，总是在玩得正欢的时候被叫回家练琴。而且，一回家等着他的不是严格的练习就是不容辩解的训斥。于是，当孩子的叛逆期出现的时候，父子间的关系到了针锋相对的地步。在黑柳朝看来，小提琴并不是纪明自己想学的，而是被迫学的，况且每天还要接受脾气急躁的父亲的严格指导。这是与当年父亲的执着与热情的向往极为不同的。而且，让纪明更觉得有压力的是，无论怎样努力，他也很难超越父亲。在父亲身边学习小提琴的纪明,终于忍无可忍地离家出走了。

显然,在黑柳家,身为音乐家的父亲虽然也十分爱孩子、欣赏孩子,但在这种理想与现实的夹击下也难免会急躁。家长的期待与理想,和孩子的天性背道而驰时,如果没有积极有效的引导,只能让状况越来越糟。

家有琴童的父母大概对此体会尤为深刻,因为不是孩子的自由意志的选择,孩子在年幼的时候尚可以在家长的意志下维持练习,一旦他们意识到自我,并且开始产生独立意志的时候,这种强令压制下的方式,便会立刻遭到强烈的反感与抵抗。于是,在许许多多这样的家庭中,每天都上演着这样的压制与抵抗。家长训斥、责骂之后,孩子或者狠狠地将满腔怒火发泄在乐器上,或者泪眼婆娑,边练习边哭泣。这个痛苦的过程,不是对某一方,而是对双方共同的一种折磨。

在黑柳家,黑柳朝面对望子成龙的丈夫,理解丈夫对孩子的期许,但她更理解孩子独立意志对父亲的反抗。不断斥责孩子的父亲是不能培养出一个顺从的孩子的,何况音乐不是一种顺从,而是一种创造。与其让孩子不断地接受父亲的责骂,又永远达不到音乐家父亲的要求,还不如停止这种无谓的责难和争吵。因此,才有了后来将纪明送出国到欧洲游学的决定和行动。

家长的斥责并不能有效地解决问题,在孩子幼小阶段,他们往往会因为惧怕家长的权威而选择服从,这个时期的孩子,顺从的背后不是滋长懦弱,便是积蓄着爆发的火种。非自由意志的选择,在孩子的独立意识形成之际,他们一定会做出某种决定,或者接受将其转化为自由意志,或者干脆放弃,一切重新开始。

非如此,不成长。这是一个必要的环节和过程。而那些压制和责骂,会加剧家长与孩子间的距离,并造成难以收场的局面,很难发挥正向的作用。

相见不如怀念,黑柳朝选择让父子彼此分开也许是一种对父子两人更好的方式。这是一个在当时看不出任何价值和意义的决定,但回头看去,却是再正确不过的。纪明在欧洲求学的过程中,不断地感受到父亲音乐教育的正确性,因此得以反思自己的行为和过往,最终校正了自己学习音乐的准星,真正走上了父亲一直渴望他走的音乐之路。而父亲在纪明离开以后,也反思了自己对纪明的苛刻,多年之后当着纪明的面真诚地道歉:"是我逼你干了这一行,真对不起。"

黑柳朝在和纪明的谈话中,讲到父亲对孩子的一番心思:"对他抱有期望,才会有严格的要求。无论天资如何,只要进行正规训练,就可能达到一定的水准,就能跳出平庸的圈子。所以,我才使劲敲打纪明。"经年之后,纪明真正理解了父亲的用心,但儿时饱受责骂的记忆,却总是在记忆深处不时地跳出来刺激着他的心。因此,对纪明来说,这种斥责带来的心灵的阴影是无论如何都难以抹除的,这大概也是父亲深以为憾的地方。

这种情形现在看来,仍然在千百万家庭中上演着,仍然是千百万家庭面临的问题。

从之前自上而下的约束与限制的关系到现在强调亲缘亲情的平等的爱的关系,意味着教育关系的变化。父亲也好,母亲也好,不再是低头看着孩子,而是蹲下来平视孩子,不是指导、教训孩子应当如何行为,而是和孩子一起探索、学习和体验,站在孩子的角度看世界,并且试着了解孩子的世界,了解在孩子的立场上他们面对问题时的状态和困境,这样才能真正有效地帮助孩子成长。

第二十二章

理解、指导与解放的亲子关系

黑柳彻子眼中的理想教育

"亲子关系"从来不应该是一个新词,因为这种关系是生命延续的见证,只要生命在延续,这种关系就存在。但"亲子关系"的提出却又是一种说明,说明人们开始认真地审视这种关系,并且在重新认识或者重视这种关系,这意味着这种关系将会在人类世界中以一种新的面貌示人,而且与过去相比一定是有所不同、有所发展、有所创新的。

一、被承认的孩子

尼尔·波兹曼在《童年的消逝》中追随了人类童年发展的脉络,他认为人们对童年的认识也有一个渐进的过程,对于孩童,从一开始就未有将其从成人世界中相剥离,人们在谈论任何事情的时候,都未曾考虑过孩童的存在会有何不妥,甚至在孩童一旦脱离襁褓,但凡有了一些力量可以在生活中担当起某种劳作,便会立刻被安排,以发挥出自己的效能。这种认识在东方和西方都存在,鲁迅曾经在文章中写道:"往昔的欧人对于孩子的误解,是以为成人的预备;中国人的误解,是以为缩小的成人。"在这样的时期,没有童年,没有孩子的概念,当然也就没有亲子关系可言。亲子关系的成立首先在于人类社会对孩子身份的承认,承认孩子的群体须与其他人群分离,孩子不应是成人的缩影,而是完全不同的一类人,是未发展成形的人。人们必须认同儿童自身的特殊天性。基于此认识,成人,尤其是家庭中的其他成员与孩子之间要重新面对彼此,要重新认识这个有特殊需要又需要特殊对待的群体。

(一)从无到有的孩子

孩子从呱呱坠地的那一刻起,就成为一个独立的个体,也有了新的需要。这个从无到有的过程,无论是对孩子,还是对家庭,都是一次新的考验。父母与子女之间,不仅仅是血缘亲情的关系,双方的情感联系中还夹杂着更为复杂的教育与引导的行为和诸多理念。在儿童期的大部分时间里,孩子如海绵一般汲取着来自身边的父母及其他成员对身边世界的介绍与教习,接受他们对世界的认识、他们的语言符号,并牢牢地刻印在自己的生命中,这些早期的学习成为孩童对世界最初也最牢不可破的认识。

(二)承认孩子的天性

孩童的家长们越发认识到对孩子的引导,绝不似成人间的沟通与交往。如白纸一般的孩子,凡事都要从零开始。首先要让孩子掌握人类的语言,从一片懵懂的状态进入可以彼此交流的阶段。孩童的学习是迅速的,但方法则与成人的学习所不同，心理上则要投入百倍的耐心。孩子的天性中有许多恣意为之的随性，他们天真烂漫，不识文字，未有教育上规范、理性的约束，更别提自我控制，甚至难于与其谈到羞耻。而文明社会对孩童的要求，是要改变这些未脱野性和稚气的行为，使其适合文明社会的规则，并使他们成为文明人群中的一员。但当成人们意图这样改造孩童的时候，他们须懂得孩童与成人是不同的群体，因此即便要改变他们，也要以孩童能够接受的方式、适合孩童的方式去引导他们向成人社会迈进。

总而言之，人类社会对童年的承认、对孩子的认同是经过了历史的发展与适应的结果。与此同时，承认童年，承认孩子与成人不同的身份与角色，意味着成人与孩子间的关系要与成人间的关系有所不同。

在父母子女间，最初的亲子关系以血缘与亲情为其主要纽带，父母之于子女是赋予生命的意义。即物质的给予大于精神的给予，甚至教育的给予。在原始社会和奴隶社会，这种亲子关系更多地展现在对族群的繁衍以及血脉的延续上，父母对子女的眷顾鲜有提及。

《郑伯克段于鄢》中庄公的母亲宠溺幼子，却断送了幼子的前途和命运，而从小为母亲不喜欢的庄公却终成其大业，且能够在礼让幼弟多次后，方灭其嚣张，虽然发誓与母亲不见，但又幡然醒悟，成其孝道，传为美谈。在这个故事中，所体现出来的亲子关系实际上是疏离的。母子之间的喜爱被放置在家国大业的争执中，从一开始就失去了亲子间最美好的精神给予和情感投入。母亲因为顺产与难产就决定了对孩子的喜与不喜，本身就带有随意性。郑庄公与母亲的关系中只有血缘，并且因为血缘带来王位的继承关系，母亲虽然对幼子有情感投入，但也将这种情感与王位的继承紧紧联系在一起，从而失去了最为坚实的爱的基础。

在古希腊神话中，英雄的父母或人或神，往往赋予英雄们以生命，并以天赋异禀的方式给予英雄本领，亲缘之爱的流露之处不多。而那些英雄的出身却个个鲜明，这种对血缘的强调，远远超出对亲情的书写。

现在以血缘与亲情为基础的亲子关系在法律中更彰显其意义，即父母与子女的关系,尤指父母和子女之间的权利、义务关系。父母和子女作为血缘最近的直系血亲,是家庭关系的重要组成部分。显然,亲子关系在当下并不仅仅是在法律关系中呈现出来的状态。如今,当人们谈论亲子关系的时候,更关注的是父母与未成年子女的关系。人们认为这一阶段的亲子关系是孩子一生当中能否走向成功的重要且关键的节点。亲子关系的好坏,对孩子性格的形成、品质的培养、意志的磨炼、与人交往模式的建立,都有着至关重要的作用。问题是什么样的亲子关系才会在孩子的成长过程中发挥出正向的作用,而不会成为阻碍呢?

二、健康的亲子关系

针对健康的亲子关系的探讨,近代以来的文章不在少数,鲁迅先生的《我们现在怎样做父亲》,现在也仍然被看成典范。事实上,在每一个孩子的教育中,由于个体存在差异,方法当然不一而足。但教育总归是有个方向的,大家的途径不同,但目标一致,便会更有把握和信心。

鲁迅先生的这篇文章便很有指明方向的作用。他在谈到做怎样的父亲时,提出了三种意见,对当下亲子关系的建立问题,仍有极强的指导意义。

> 所以觉醒的人,此后应将这天性的爱,更加扩张,更加醇化;用无我的爱,自己牺牲于后起之人。

在鲁迅先生的意见中,他将爱当作前提,父母之于子女有着天性的爱,发自血缘与内心的天然的爱,需要扩张,还需要将其"醇化",不仅仅是直白的物质的给予,更是一种爱的提升。父母在这种爱中要达到无我之境,要有为孩子牺牲自我的精神和行动。具体到实际中,亲子之间要有如下三种理念的融入。

其一,理解。在鲁迅先生看来,"倘不先行理解,一味蛮做,便大碍于孩子的发达。所以一切设施,都是应该以孩子为本位"。显然,无论是生理还是心理,孩子都是不同于成人的,因此,不能从成人的角度去看待孩子的种种行动。对父母来说,孩子作为一个具有独立意志的个体,已然具备独立的人格,也可以进行独立思考。那么,父母就不能只站在自己的立场上看待孩子,而应该转化到孩子的立场上尊重孩子、理解孩子,这样才能够据此找到孩子易于接受的方式去教育孩子。

"故事爷爷"孙敬修曾经讲过一个故事,有一次,他看见几个小朋友正在几棵小树旁边淘气地玩耍,有的用力摇树,有的用脚踢树,有的甚至折断树枝……这时他十分生气和着急,但他没有马上去讲些道理,更没有大声喊叫,而是轻轻地走到小树旁,把耳朵贴在树上。孩子们一见老爷爷的这个举动,立刻都好奇地围拢过来。这时,孙敬修就对小树喃喃地说:"小树啊!你疼不疼呀?是不是被踢伤了?是不是被摇晃得头晕了?是不是你的小手折断了?你不要伤心,我来给你按摩,我来给你包扎。"这时,小朋友们的脸色都变了,难过地对小树说:"我们错了,我们只知道自己玩得痛快,把你给害了……你不要伤心,我们来帮助你。"孩子们有的抚摸小树,有的慰问小树,给小树唱歌,有的急忙从家里拿纱布给小树包扎。孙敬修对孩子们进行了一次成功的教育。

这个故事十分生动地展示了成人对孩子心理和行为的理解,因此也迅速得到了孩子们的认同和接受。由此可见,在家庭中,家长应该特别重视对孩子情感的理解,尤其是在孩子的幼小阶段,孩子在与他人的交往中,情感占据特别重要的地位。先要理解孩子,找到孩子行为或者心理变化的原因,然后再有的放矢地根据孩子的情况,找到相应的解决办法。

事实上,理解不仅仅是亲子关系中所需要的一种带着温度的行为,在任何心灵的交汇中,理解都是一种前提。但对孩子来说,能够站在他们的角度理解他们的心理和行为,具有特殊的效应,在这种理解的背后,是孩子们敞开心灵、付出信任的时刻。亲子关系中的信任与权威的建立,也都要从理解孩子开始。

其二,指导。亲子之间,基于理解,其次为指导。鲁迅先生这样解释他对"指导"的认识:"时势既有改变,生活也必须进化;所以后起的人物,一定尤异于前,决不能用同一模型,无理嵌定。长者须是指导者、协商者,却不该是命令者。不但不该责幼者供奉自己;而且还须用全副精神,专为他们自己,养成他们有耐劳作的体力,纯洁高尚的道德,广博自由能容纳新潮流的精神,也就是能在世界新潮流中游泳,不被淹没力量。"

要用发展的眼光看待这种亲子之间的指导,因为相较于如今的成人从孩童到成人经历的那个世界,如今孩童的世界一定是变化了、发展了的。日新月异的世界、日新月异的观念,如何能够用过去的观念去指导新的人类而使之不落后呢？经验与教训往往指向的是过去,但对现实发挥的是可资借鉴但绝不能照搬的意义。所以,鲁迅先生特意提到"决不能用同一模型,无理嵌定"。作为父母和长辈,在教育子女的过程中、在指导中,要摆正自己的位置,"长者须是指导者、协商者,却不该是命令者",因为不能用适合过去的规则去约束现在的孩子,生活如同河流一样奔腾向前,在孩子们的成长与发展中,命令的死板往往会扼杀孩子的灵性。家长最好的角色是一个协商者,所谓协商者,就是起到协助和商量作用的人。不是自上而下地发布命令强硬要求孩子去执行,而是平等相待地提供参考和意见,在孩子需要的时候,可以伸出一双温暖的手去帮助他们。

年幼的孩子经常会提出一些问题,这些问题在父母看来有些无理、可笑,甚至有些愚蠢,因此很多家长会简单粗暴地拒绝回答,或者拿孩子的问题开玩笑。殊不知可能因为一时的粗暴或是戏谑,就阻碍了孩子独立思考问题和自主学习的积极性。很多孩子担心在提出问题时被父母责骂或者耻笑,干脆就放弃了这种积极思考和提问的契机,也慢慢地丧失了对自己的信心。这是很多父母始料不及的结果。

关于孩子的幼稚,鲁迅先生在1927年的香港青年会上所作的《无声的中国》的演讲中就曾说道:"至于幼稚,尤其没有什么可羞,正如孩子对于老人,毫没有什么可羞一样。幼稚是会生长,会成熟的,只不要衰老,腐败,就好。"鲁迅先生还特意举出村妇教孩子走路的例子来说明其对幼稚的态度。村妇教孩子学走路,即使孩子经常摔倒,她也决不至于叫孩子从此躺在床上,等到他(她)学会了走法,再让他(她)到地面去走。就像鲁迅先生所期许的那样,做一个协商者和指导者,是为了孩子们能具备容纳新潮流的精神,孩子们需要和时代一起前进,不能仍然生活在过去的经验与教训中,世界都发展和变化了,孩子们更不能墨守成规,他们要能够在新潮流中"游泳",要能够在新的时代和世界中有力量去驾驭自己。

所以对于父母来说，首要的事情就是以发展的眼光，在尊重、理解孩子的基础上给孩子以思想或行为上的指导，让他们能够在生活中获得有所助益的指导，并以此来促进儿童的成长，在父母的指导中，"养成他们有耐劳作的体力，纯洁高尚的道德，广博自由能容纳新潮流的精神……"

其三，解放。"子女是即我非我的人，但既已分立，也便是人类中的人。"对于子女，鲁迅先生说他们是"即我非我"的人。既是父母的孩子，又不是父母的孩子，这个看似矛盾的表述中，其实强调了两个问题：其一，是说子女与父母的血缘亲情的联系，子女继承父母的基因，有许多与父母相似之处；其二，子女又绝非父母，他们是独立的个体，虽然看上去与父母相似，但又不可能是父母的翻版，他们有独立的思想、意志和情绪，是独立的个人。在鲁迅先生看来，既然是"即我"，父母就要尽教育的义务，要让孩子们继承优秀的东西，帮助他们具备自立的能力。同时，孩子本就是"非我"的独立的人，父母就应该让他们放开手脚去做自己，真正地独立。

对于解放，是先要解放父母一贯如老母鸡护鸡仔的思想。那些总是将子女牢牢地看护在视野之中，总是要让自己的手臂或者权威拢在孩子的头顶和身侧，以爱为名的控制，在孩子年幼时看似一种佑护，但随着孩子年龄的增长，则渐渐变为一种桎梏，会招致孩子的反抗。此时，怨怼生成之处不仅是孩子的心里，父母的心中如是。伤心愤懑其实都源于"不解放"。爱也要随着子女的长大而慢慢改变，此时的解放才是对孩子的真爱。而解放了孩子之后，亲子之间的枷锁终将落去，父母的解放也随之而来。

对子女来说，父母的解放赋予了孩子一种独立的资格。放开手，孩子要能够独立地面对世界。孩子是否能够真正解放出来，还在于他（她）是否具备自立的能力和自负其责的意识。孩子们能够在解放中真正感受到自由独立的快乐，那一定是他们已具备独自应对世界的能力，能够独立地思考与判断，对自己的行为，敢于担当和负责。这样的孩子才是真正成熟独立的人，而不是家庭和父母支配的傀儡。在这个过程中，父母要能够做到思想的开放而非保守，能够接纳新思想、新价值，能够以新思想、新价值来与传统的旧思想、旧价值相抗衡，抵挡旧思想、旧价值对后起生命的扼杀。"自己背着因袭的重担，肩住了黑暗的闸门，放他们到宽敞光明的地方去;此后幸福地度日,合理地做人。"父母不但要呵护子女的肉体免于受到外界的伤害,比这更重要的是,还要保护孩子的精神不受到旧的束缚人的思想的侵袭。而父母先要自己抵抗来自自身想要掌控孩子命运的倾向的影响,这确实不是一件容易的事情。但这也正是"背着因袭的重担,肩住了黑暗的闸门"的意义所在,而这种抵抗对孩子能否解放至关重要。

　　解放的意识不是一蹴而就的赋予,解放的行为不是说放手就放手的决绝。对父母子女而言,解放也是一个渐进的过程。思想的解放是从孩童幼小时就应种植于心的种子。父母子女彼此独立,彼此不代替彼此,都是独立存在的意识,要了然于心。父母要在孩童成长的过程中,让其晓得小小的自我的存在,要在可以选择和决断的时刻,让孩童去选择。让他们感受到一种源于自我的力量,并适应这种自我的判断与决定。这是父母对子女独立意识的一种渐进式的培养,是父母对子女的解放。而这种对子女的解放,也是父母对自我的解放。不再将人生的快乐完全寄托于子女的承欢膝下,这既减轻了子女的压力与负担,同时也为自己展开了一种新的生活。

第二十三章

家庭与学校的关系

黑柳彻子眼中的理想教育

　　黑柳彻子的《窗边的小豆豆》不但让读者看到了一个理解孩子又善于教育和引导的小林宗作校长,也让读者看到了一个宽容耐心、一切为了孩子着想的母亲。还有一个现象却鲜有人关注,即家长与校长之间的理解与互动。在小豆豆的成长中,小林校长和母亲都给她提供了一个宽松、自由的成长空间与环境,并且两者对教育理念的认同和施行惊人的一致。因此,在黑柳彻子的成长中,家庭教育与学校教育基本上实现了一种无缝对接,且相互融通,真正实现了让孩子自由地成长……

第一节　认同与理解

一、黑柳朝对小林宗作的认同

在小豆豆从最开始的学校退学以后,黑柳朝试图努力寻找一所能够理解小豆豆性格的学校,她辗转找到当时位于自由之丘的巴学园,将小豆豆托付给了当时的巴学园校长小林宗作先生。

黑柳朝后来的记述可以让人了解到当时小林宗作先生留给她的印象。"小林先生那时四十岁上下,是一位非常坦诚而又心地善良的优秀教师。他总是穿着皱巴巴的衣服,牙也掉了几颗,脚上的鞋早已磨秃了。由于老让孩子们从他身上跨来跨去,或是骑在肩上,甚至爬到身上,所以他的头发总是乱蓬蓬的。"而黑柳彻子对这一段的回忆是:"妈妈很利落地说:'那么就拜托您了。'然后,妈妈就走了出去,把门也关上。"

黑柳朝用自己的行动表达了她对小林先生的信任与支持,而且在此后巴学园的许多活动和需要家长许可或者配合的教学实践中,黑柳朝都始终热烈地响应。

小豆豆的妈妈非常敬佩校长先生,她认为"能够把想说的话,如此简练地表达出来,这样的成年人,除了校长先生之外,没有第二个了"。而且,对妈妈来说,把山里和海里出产的食物分开来,在考虑做什么菜的时候,就不觉得麻烦了,这也挺奇怪的。

一般来说,大人们要是看到了小豆豆在做的事,会说"在干什么蠢事呢",或者"太危险了,快停下",或者也会有态度截然不同的大人说"我来帮你吧"。但是,只说一句"弄完以后,要把这些全都放回去"的,除了校长先生,不会再有第二个人了。所以,当妈妈听小豆豆说了这件事,由衷地赞叹校长先生"真是一位了不起的人"。

妈妈认为,能让小豆豆见见这种事情的机会非常少,还是让她去看一看为好。而且,妈妈甚至觉得"我也想看看呢。"

"对大人来说,这么做根本没什么趣儿,只会让人很累。但小孩子就可以玩得这么高兴,真令人羡慕啊……"妈妈看着头发、指甲和耳朵里都是泥土的小豆豆,这么想着。她不由得衷心佩服校长先生让孩子们穿"弄脏了也没关系的衣服"的提议,这才是真正理解孩子们的大人啊。

黑柳朝积极地响应着巴学园的"海的味道、山的味道"的要求,她精心地为小豆豆准备着这样的便当,让孩子得以在午餐时间也能够跟随老师的步伐去学习。对小豆豆在学校里为了找到丢失的钱包而自掏粪池的事,黑柳朝没有半点觉得孩子受苦,反而打心眼儿里佩服老师对孩子静观其变并鼓励她自负责任的做法。黑柳朝对学校允许孩子等待电车教室被拉进校园的活动十分赞许并支持。对校长让孩子们穿不怕弄脏弄破的衣服去上学的建议,也十分理解和支持……这样的例子无论对黑柳朝,还是对黑柳彻子,一定都是当时生活中的常态表达。黑柳朝就是这样一个母亲,她对小林宗作先生的教学理念和教学设计及活动非常认同。这种认同的直接影响就是使小林先生的教学在妈妈黑柳朝机智的配合下能够在小豆豆的成长中发挥出更大更积极的作用。黑柳朝不吝于在孩子面前表达对老师的敬佩之情,这一点更让孩子加深了对老师的信任与积极追随。

不仅在对黑柳彻子的教育中,黑柳朝能够积极地配合小林宗作先生对孩子的教育和引导,在她的幼子贵之的教育中,也能够看到黑柳朝与老师间的互相肯定与信任。黑柳朝在《阿朝来啦》一书中,提到了贵之所读的山手学院的校长松信先生和她对松信先生的态度。贵之被黑柳朝送去美国读高中,在海外留学的第二年,非常强烈地想回日本,黑柳朝给贵之打电话、写信,希望贵之坚持到高中毕业。可是,松信先生却给贵之发了一份电报:"安心地归来吧,我将高兴地接受你。"而这封电报是由当时贵之寄宿的美国家庭的母亲杰丽夫人签收的。这位美国母亲跟贵之谈了一个晚上,但恰恰是松信先生给予贵之的接纳,并希望他自己决定去留,让贵之更加慎重地考虑了自己的行动。在黑柳朝看来,恰恰"是松信先生所发出的温馨的电报,解开了贵之本人无法厘清的、千丝万缕交织在一起的心结"。黑柳朝对松信先生的理解和信任、对杰丽夫人的感激,也使得孩子能够最大限度地得到老师和寄宿家庭的关心和照顾。这是一种由信任始,也收获最大的信任的相与过程。

在日常的生活中,每当孩子与其交谈学校里的那些事,黑柳朝都怀着佩服与敬仰的姿态,肯定着老师的努力与付出,从中获得快乐的孩子更是倍感鼓舞并充满信心。孩子对老师的信任、尊崇与热爱,对学校的喜欢,更使他们的校园生活充满了向上的活力。

二、小林宗作对黑柳朝的理解

对老师来说,在需要孩子们参与的活动中不仅要考虑到孩子们的心理,也要考虑家长们的需要。在《窗边的小豆豆》里,小林宗作校长在带领孩子们进行一些活动的时候,就体现了这种既关注孩子又关注家长心理需要的考量。

在暑假开始的时候,校长提议带着孩子们搭帐篷露营,并且请家长们给孩子带上毛毯和睡衣,傍晚到学校集合。对从来没有野营过的孩子来说,既好奇又兴奋,甚至还有些害怕,但那种准备去冒险的想象,还是很让他们激动。黑柳彻子没有写妈妈怎样看待这样的活动,却写道:"傍晚的时候,妈妈在装了睡衣的登山包里面,又放进一条毛毯。"显然,妈妈又装了一条毛毯的行动,是很担心在野外露营的孩子的。黑柳朝这样的母亲都会如此担心,可想而知,其他孩子的家长也一定会对这样的活动充满了疑虑和不安。

> 妈妈的想法和大多数人一样,以为会露天支帐篷,但校长先生的考虑却与众不同。
>
> "在礼堂里露营的话,即使下雨啦,或者夜里冷起来,都没有关系。"

事实却是,小林校长把孩子们集中到了学校的礼堂,亲自为大家示范了帐篷的搭法,然后请大家按照他的示范,亲手搭自己的帐篷。孩子们并没有因为没去野外搭帐篷而大感失望,相反因为可以自己动手,还可以和大家一起互动,在彼此的帐篷里进进出出而十分兴奋。至于家长们会担心的下雨或者天气突然变冷的状况,也完全避免了。对孩子们来说,在没有星星也没有月亮的礼堂露营,并没有缺失什么,相反能够在集体中生活,能够听校长先生讲那些旅行中的故事,能够一起笑闹,足够让他们从心底感到满足了。而家长们也不需要担心那些突发的状况,那些寒冷和危险……那一天的露营,小林校长的安排与设计,实在是非常周到与细密的考虑啊。

小林宗作先生并不是把孩子们紧紧地关闭在巴学园的校园中,他要把孩子们带出去,带到社会和生活中去真实地体验。他为孩子们安排了一次温泉旅行,但他会预先告知家长们。黑柳彻子在记述这一段的时候,也记述了妈妈黑柳朝为数不多的惊讶。

"我可以和大家一起去温泉旅行吗?"

听了这句话,连素来不惊不乍的妈妈,也不由得吃了一惊。如果和爷爷奶奶们一起,一家人去温泉旅行,是可以理解的,但是小学的一年级学生……不过,妈妈仔细阅读了校长先生的信之后,就非常佩服先生的计划。信上说,在静冈县的伊豆半岛上有个叫作"土肥"的地方,那儿从海里涌起一片温泉,孩子们可以在海里游泳,然后洗温泉浴,称得上是一个"临海学校"。预计一共在那儿住三天两夜,巴学园有个学生的父亲在那里有一栋别墅,可以住下全校一到六年级的五十名学生。妈妈当然非常赞成。

妈妈黑柳朝的疑虑很快就被打消了。校长先生的信十分详细地介绍了活动的地点、各种安排和日程,对孩子们所面临的环境也做了详细的交代和描述。家长们大可放心地让孩子们跟着老师参加活动。这次温泉旅行对小豆豆来说,收获的不仅仅是快乐,孩子们在旅途中将学校教育的关于公共环境中的举止行为真正地实践了,他们懂得乘车的时候要排队要安静,要遵守公共场合的规矩。平时喧闹的孩子,因为走出校园的旅行而变得乖巧懂事,还懂得相互扶助,互相鼓励。在碰到意外和突发事情的时候,孩子们还积极地想办法,努力做到最好。孩子们在难忘的旅行中留下的最美好的记忆,在此后的生活中变成了弥足珍贵的财富。校长带着孩子们去旅行,让孩子们有收获,让家长们放心,这种既考虑到孩子又考虑到家长的用心,是作为教育者最成功的教育设计。这在黑柳朝和黑柳彻子共同的记忆中得到了验证。

三、家长和教育者的相得益彰

教育孩子特别需要学校和家庭共同配合,著名教育家苏霍姆林斯基曾经指出:"生活向学校提出的任务变得如此复杂,以至于如果没有整个社会首先是家庭的高度教育素养,那么不管教育付出多大的努力,都收不到完满的效果。"黑柳朝不但意识到要为孩子提供合适的教育,还懂得与学校积极配合,尽可能地为孩子提供一致的教育环境,这实在是难能可贵。

在孩子的教育过程中,家庭教育究竟处在一个什么样的位置,现在很多父母常常不是十分清楚。一旦孩子进入幼儿园或者到了学龄阶段,很多父母就将孩子完全交给学校,认为学校教育是孩子教育的最主要的力量和场所,从而忽视了家庭教育的作用,更有甚者将教育的责任完全推到了学校方面。这是一种误解,更是一种对孩子无形的忽略和漠视。

孩子最初接受的教育来自家庭,他们所仰仗和依赖的往往是家庭中已形成的道德传统与价值观,当孩子进入幼儿园或者学校阶段,他(她)将适应的是集体的生活和学校知识系统的传授与教育,同时继续加强或者扭转家庭教育中的观念和习惯。但不可否认的是,家庭仍然是孩子最值得依托和信赖的教育环境,孩子从未脱离这个环境,而家庭环境也将一直产生持续的影响。就像妈妈黑柳朝对小豆豆的影响一直都在,她对校长和老师行动的认识与理解实际上是一种学校教育在家庭教育中的延续,妈妈黑柳朝的理解更可以被看作一种家庭教育和学校教育的衔接。

她对学校活动的积极参与对小豆豆产生的影响是显而易见的。

比如,她认真地为小豆豆准备盒饭,并且按照小林校长的要求,用产自海里和山上的食材去精心准备。这种对教育者的积极配合,对教育活动的积极参与,对孩子的心理所产生的影响在黑柳彻子的描述中是非常清楚的。首先,黑柳朝让孩子在打开盒饭时感受到的快乐是孩子最直观的感受。其次,孩子对老师所说的"山的味道"和"海的味道"的理解就会产生更加浓烈的兴趣。第三,其他孩子对小豆豆的便当的好奇和羡慕,更增添了小豆豆的自豪感和信心。对刚到新学校的小豆豆来说,妈妈对老师午饭便当要求的积极回应,产生了神奇的反应。

这样的事情在小林校长引进新的电车教室的时候再次发生。孩子们也想要看看电车教室被拉进校园的场景,都跑回家征求家长的意见。对小林校长来说,这样的教学机会是难能可贵的,可是因为电车被拉进校园只能在夜里或者凌晨进行,因此家长们是否会同意孩子们在学校里过夜和等待,实在是不确定的事。但在黑柳朝看来,"能让小豆豆见见这种事情的机会非常少,还是让她去看一看为好。而且,妈妈甚至觉得'我也想看看呢'"。她始终都能够让孩子跟上老师的节奏和引导,因此孩子得到了再次成长的机会。小林校长把电车从牵引车上卸下来的时候,为孩子们讲解了滚轴的原理。而孩子们因为能够身临其境地感受到这一切,而内心洋溢着兴奋,充满幸福。家长们对这样的活动支持和赞成,让孩子们得以自然地学习和成长。

无论是小林校长还是松信校长,他们既理解孩子,也理解家长,更为重要的是,他们深切地懂得孩子是教师和家长共同的守护对象,因此能够从孩子出发,并尽可能地在需要家长配合和允许的活动中征询家长的意见,潜移默化地让家长们理解学校,理解教师的活动设计,并真正地支持和配合学校的活动。所以,我们在黑柳彻子的《窗边的小豆豆》中,看到黑柳朝对校长的佩服与欣赏。

也有一些不能够理解和接受巴学园的教学理念的家长,他们将孩子带离了学校,这也是一种自由。是家长选择教育机构和教育者的自由,如果不能够认同教育机构和教育者对孩子的帮助和引领,家长们有选择的自由。如果这是孩子和家长共同的决定,并主动选择与孩子和家长有共同认知的教育机构,不失为一种好的决定,但如果在孩子和家长并未达成一致时,这种选择的合理性就会大打折扣,当然,这是另外的问题了。

总之,我们在小林宗作校长的巴学园中,看到学校教育者对家长的尊重与理解,在许多活动开展前,请孩子们以信件或者口述的方式,向家长告知活动的内容、时间和地点以及参加人员等细则,并尽可能争取家长的允许和认可,这既是对孩子的锻炼,也会增进家长对学校教育的了解和认知,不失为一种比较恰当的家校沟通方式。

学校搞活动,不是以下达命令的方式通知家长,而是以平等的尊重的身份向家长征得许可,在一些活动中,邀请家长参与,比如学生运动会,在运动会上举办一些亲子活动,让家长也感受到孩子在学校中生活的气氛,使家长能够融入学校教育的怀抱中。在活动中,孩子与家长的配合,学校氛围的融通,使家长也会产生自己也是学校教育中的一分子的归属感,从而使得家校间的联系更为紧密和融洽,对孩子的成长来说是再好不过的事情。像黑柳朝描述的那样,她全身心地投入巴学园的运动会里,投入巴学园的活动中,她看到孩子们开心,看到小豆豆在其中快乐自信的状态,看见老师们根据孩子的倾诉再做判断的耐心,看见孩子们相互之间和睦相处,当然就会更加放心,更加信任这样的老师和学校的教育。家校之间的良性互动就变成了好的循环,成为孩子成长的助力。

人们在从咿呀学语的孩童成长为社会化个体的过程中,教育扮演了至关重要的角色。教育系统由学校教育、家庭教育与社会教育三个子系统构成,它们分别居于不同的位置,发挥着不同的功能和作用,彼此之间相互独立却又联系紧密。三个子系统的教育目标取向的出发点和归宿是基本一致的,教育内容是互补的,互为依托,在教育的方法和途径上也是殊途同归的。它们在时空上循环衔接、相互兼容、融会贯通,体现了教育过程的全方位、无缝隙、无遗漏。只有使三者协调一致、取长补短,形成叠加效应,方能取得最佳的整体教育效果。这一点从黑柳朝与黑柳彻子的作品的字里行间中透露出来。教育的成功绝非一方努力的结果,而是家庭、学校,乃至社会综合作用在一起,塑造成形色各异的人。让孩子能够成长为善良、诚挚、正直、向上的人,真的是一个复杂又精细的过程。

第二节　影响教育合作的家庭因素

不仅是彻子,所有的孩子都非常喜欢小林宗作校长。无论是哪个孩子,他都真心实意地接触。他总是热情洋溢地说:"我要让这孩子的才能发挥出来。"据说他常思考的是:"即使现在立刻发挥不出来也没关系,只希望自己的教育方法能对孩子们的未来起点作用。"

他认为:"无论什么样的孩子,都有闪光之处。如果你发现不了那闪光之处,那么你就失去了做教师的资格,因为你的方法不对,或是没有能力。"

黑柳朝对小林宗作的为人、教育理念都有一定程度的了解,并且深为认同。一方面是孩子的表现让母亲看到了可喜的成长,另一方面是孩子对学校生活的讲述,让母亲了解到了学校生活的喜乐,还有就是学校的活动不但会征得孩子和家长的同意,还经常邀请家长一同参加。黑柳朝对彻子在学校的状况十分了解,并且能够帮助小豆豆做好一切准备,这些准备不仅仅是为孩子精心准备便当,有的时候是帮助孩子学习野炊时的一些技能,比如在等等力溪谷野炊前,小豆豆就向妈妈学习关于做饭的方法,这种事前对活动的准备,使得小豆豆在野炊中俨然像一个可以操持一切的大人一样,甚至还可以帮助和指导同学,当大家都十分佩服地看着小豆豆时,孩子的自信无形中再次得到了增强。这其实跟母亲的事先指导是分不开的。那么,母亲如何能够事先指导,便是一个值得我们关注的问题。显然,黑柳朝对小豆豆的学习和日常生活是十分了解的。无论她是从哪个渠道获得的消息,她关注孩子,关注孩子在学校接受的教育。

黑柳朝给我们的启示是,作为家长,我们必须关注孩子,不仅要关注孩子在家庭中的衣食住行,还要关注孩子在学校中的表现,要了解孩子在学校中的喜怒哀乐,这既是对孩子表达关爱的方式,也是更全面了解孩子的契机。除了从孩子的嘴里了解她眼中的学校,也要能够尽可能地参与一些家校互动的活动,以便从老师或者其他孩子那里了解到孩子的表现,这既是对老师教育工作的配合与补充,也是对孩子成长的一种推动和关心。

事实上,家长是孩子的第一任老师,家长对学生的关注程度的高低、家庭环境中的许多因素直接影响学生的成长。影响家长与学校合作的因素中,家庭因素是其中很重要的部分。

一、家庭的组成结构的繁简

家庭的组成结构是家庭生活的重要指标,家庭结构的不同会导致家庭教育方式、家庭环境的不一致,并对家长参与家校合作活动的态度和效果产生重要影响。有研究表明,家庭规模与家长投入子女教育的物质与精神投入成反比。一个家庭的规模越小,对子女的教育投入越多,家长在参与子女的教育、配合学校工作上所表现的热情和积极性越高。而多子女家庭的家长在家校合作中的参与次数相比独生子女家庭相对较少。其实,这种情形十分显见,家长的时间和精力的有限性决定了子女受关注程度的多寡,把有限的时间和精力投入一个孩子和被多个子女均分,每个子女受关注的程度势必会不同。

何况,现代社会家庭的完整性很难得到保证。如果我们将家庭成员健全的家庭称作常态家庭的话,那么家庭成员缺失或者离散的家庭就被称作非常态家庭。非常态家庭还具体划分为父母单方或者双方过早去世的家庭、父母离异的单亲家庭以及有收养关系的继父母家庭。家庭的不健全对孩子身心健康的正常发展势必会造成很大的影响,在这样的家庭成长起来的孩子很难没有创伤。以单亲家庭为例,在承担家庭负担方面,往往单亲父母会比父母健全的家庭夫妻双方更显艰难。由于生活压力大,生计问题往往占据了父亲或者母亲的大部分时间或精力。因此,客观上,即便有心关注孩子,但其与学校和老师间的沟通也会相对较少。

二、家长文化教育水平的差异

家校合作的顺畅程度也与家长的文化教育程度有关。不可否认,作为孩子的人生启蒙,家长先于学校和老师对孩子进行了早期的教育和习惯的养成。而家长的文化教育背景在不同程度上决定着子女的早期教育水平,并且也奠定了其对子女的教育观。家庭教育和学校教育在教育孩子成长、使其得到有益的发展上本质是一致的。因此,家长对学校和老师教育工作的支持也就是对子女继续倾注教育的一种延续。家长的文化教育水平,决定其对这一认识程度的深浅,对学校的教育目标实施、教育活动开展有一定程度的理解和支持,使孩子能够积极地参与,并充满热情,就是家校合作的一种良性循环与发展。文化教育程度较高的家长往往能够明确这一认识,即便对学校的有些行为有不同认识,但往往会采取与学校、老师私下沟通,而不会让孩子产生疑虑或困惑。这样的家长本身就有良好的教育观念,自身素质较高,关注子女成长,不仅关注他们生理上的成长,更会有精神上的关怀。因此也很容易发现孩子的问题,并能够和老师进行顺畅的沟通,这种理性和开放的教育方式对孩子的成长当然就会产生促进作用。相反,一些文化教育程度低的家长则因为自身的心理,对自我教育孩子的能力既怀疑又不信服,或者过于盲目地依赖学校和老师,或者固执地抵触学校和老师的一切教育形式,不具备符合孩子心理的教育方式,简单、粗暴或者无理性地溺爱,使得孩子的身上会出现很多问题。尤其需要家长和老师的沟通配合去帮助的孩子,却常常因为家校沟通不畅,导致问题越积越多。

三、家庭经济水平的高低

近些年中国经济飞速发展,许多家庭慢慢实现了小康,过上了富裕的生活,但是仍然有很多家庭经济条件不行。他们虽然很支持对孩子进行教育投入,但是"巧妇难为无米之炊",经济条件的不足限制了其对孩子教育方面的投入。另外,家庭经济地位的悬殊还会限制家长对子女受教育程度的期待状况、质量要求以及家长参与家校合作的活动热情与积极性。国内外相关研究已经证明,家长参与家校合作的频率、关注内容、沟通方式等与家庭的经济实力水平有着密切的联系。例如:在经济状况窘迫的家庭中,家长们整日疲于生计,根本无暇顾及孩子的教育需求,也不会主动跟学校、教师们沟通交流。更有甚者,某些家长为了减轻家里的经济负担,会要求孩子结束学业,早早踏入社会工作。对于那些经济状况良好的家庭,情况则大不相同,家长们注重子女身心的全面发展,投入了大量的时间和精力在子女的教育上。他们支持子女在学业上取得不断的进步,希望子女求学的路能越走越远。

当然,优裕的家庭经济状况并不意味着在教育子女上就占有绝对优势。它是一把双刃剑,利用不当可能成为家校间合作和子女教育上的一个障碍。比如:家长在物质方面对孩子的过度纵容,可能会使孩子变得松懈怠慢、养尊处优、目空一切,缺乏进取心和上进心。再者,家长为了给子女争取更多的学校资源以及教师的关注度,可能会采取一些非正常手段和措施,从而偏离了家校合作发展的正常轨道,违背了家校合作的初衷。

四、家长教育合作意识的强弱

家长不具有家庭学校合作的教育意识,是许多家长和老师沟通不畅的第一原因。

在传统的教育观念中,"养不教,父之过。教不严,师之惰"。家庭教育与学校教育被割裂而置,父权辖制下的子女和师尊观念下的学生受到的教育都是自上而下,并且是约定俗成的。这样的教育固然起到了知识的传承与维系作用,但非自由观念下培养出来的人,自然只能是封建集权统治下的极少个人意志的拥趸。在封建社会中,教育仅仅是国家机器的一部分,并不致力于个人的成长和自由意志的生成,对家庭教育与学校教育的互通和相互协作的观念更是少之又少,更别提认识与发展。很多家长对家庭与学校的合作关系会呈现空白认知,甚至有一部分家长认为,孩子到了学龄时期,教育就完全是学校与老师的事,自己只需要负责孩子的衣食住行,满足各种物质条件就行了。在关于这方面的探讨中,有研究将其称作"责任分离"的思想。持有这种责任分离观念的家长们,很难在与教师和学校的交往中采取积极主动的态度,通常表现出被动、等待的态度。他们并不重视参与学校开展的家校合作活动,反而会认为开展这样的活动是学校在推卸自己的责任,也是学校无能的表现。显然家长对学校的观念如此,就很难有与学校合作的意识。在同一问题上,家庭和学校无法达成一致,因此就会产生分歧进而出现矛盾。孩子在学校进行各种教育活动,但一旦这种教育活动得不到家长的认可,甚至招致反对,那么孩子所得到的教育不但不完整,甚至还会产生相反的作用。

五、家长对子女教育愿景的多寡

中国传统教育中对家长期望子女成为什么样的人,有一个四字成语的描述——"望子成龙"。虽然在谦称中称呼自己的孩子为"犬子",但是没有一个家长会希望自己的孩子像狗一样"没出息",在称呼对方的孩子为"虎子"的时候,其实往往反映的是家长们真实的愿望,自己的孩子长成"虎子"才会得偿所愿。这也正应了"可怜天下父母心"那句话。

事实上,从孩子呱呱坠地之日起,长辈便对孩子的未来充满了期许,中国"抓周"的习俗也反映出这种家长对子女的愿景。但是愿景归愿景,孩子究竟能有一个什么样的未来,不是"抓周"能够决定的。在中国封建社会时期,家长会给孩子请老师在家中教学,或者将孩子送到私塾、学堂,虽然是以功名为指引,求官求显赫为目的,但在此过程中,家长与老师的目的十分一致,配合谈不上,但在效果上却呈现出了最大限度的契合。

时代在变化,观念在变化,教育也在变化,但家长对孩子们的期望却一直都在。不同的愿景与期望下,家庭教育与学校教育间的配合也呈现出不同程度的差异。学生在学校表现的状态,让家长在心目中勾勒着对孩子不同的愿景。有一种奇怪的现象,即成绩好的孩子家长往往呈现出乐于与学校和老师配合的状态,成绩差一些的孩子家长则呈现出两个极端的反应,积极配合或消极抵抗。积极配合的家长往往还致力于极力扭转孩子的不良表现,而消极抵抗的家长则完全削弱了对孩子的期望,与其说是抵抗学校和老师的教育,莫不如说是对孩子的放弃。

一些文章指出,许多老师在孩子违反了学校的纪律,或者学习成绩很差,或者成绩有大幅度的波动时,会找家长一起寻求解决办法。但是,就像孩子怕老师一样,许多家长也特别惧怕被老师"找家长"。不得不承认,一些老师在与家长的接触过程中,会像训斥学生一样训斥家长,而忽略了家长作为成年人的尊严。而一些家长因为顾忌自己的反驳或者异议会"得罪"老师,就算心中不满,或者有自己的想法,也干脆压抑下来,表面上恭敬从命,实际上却阳奉阴违。当然有一些家长干脆采取了抵抗心理,从而不但学生对抗老师和学校,家长也对抗老师和学校,那么孩子应该纠正的缺点和错误,因为这种家校教育的矛盾与不配合,难以得到纠正,这对孩子的未来就难以形成好的影响。

有这样一个案例,它对我们的启发很大。一位植物学家的儿子拿着一株小草去问他的老师这是一种什么小草。那位教师不清楚,便谦和地对这位学生说:"你爸爸是很有学问的植物学家,回去问问他吧,我也很想知道这种小草的秘密呢!"第二天,这位学生拿着小草到学校再次对老师说:"我爸爸说他不太清楚小草的名字。他说您一定知道,可能一时忘了,让我再向您请教。"说完便将爸爸写的一封粘好的信递给老师。老师拆开一看,信中详细写着有关这株小草的名称、特征的说明。信的最后一句话是:"老师,这个问题您给孩子解答更为恰当。"这位植物学家特别注意维护教师的威信,树立教师的良好形象,既帮助教师回答了孩子的提问,又不给孩子留下"老师不如我爸爸"的印象,从而避免孩子今后在接受老师教育时产生负效应。因为孩子只有"亲其师",才能"信其道",教书育人的效果才会好,教师才会乐教,学生也才会乐学。

结 语

黑柳彻子眼中的理想教育

很多家长都会抱怨：我给孩子提供了尽可能好的生活条件,尽可能地满足了他们的各种要求,为什么我的孩子还是不够优秀？为什么他们看上去还是不那么快乐？我们会发现,许多父母并没有忽略孩子,而是十分在乎孩子,尽管他们工作忙碌,也在尽可能地陪伴孩子,但是仍然会感觉,孩子的成长中有太多的状况和不尽如人意。教育在不同孩子的身上,仍然好像一个谜题,不时地挑战我们的智力。

其实,如果我们在看过黑柳彻子的系列书籍之后,应该不难得出一些观感和认识。将这些观感和认识在这里罗列下来,请所有教育者们一同在我们的孩子和孩子生长的环境中去寻找某种对应,也许这样会使我们寻找到一些问题的答案。

结 语

第一节 黑柳彻子的教育理念

一、成长与等待

成长是一个过程,这是一个再简单不过的道理。黑柳彻子自传式的描述,为什么会让人忍俊不禁?为什么会让老幼读者都从中获得愉悦的阅读体验?因为她写的是一个真正的小孩子。小孩子读的时候,看到了自己,得到一种认同和解放;成年人读的时候,看到了自己的童年,唤醒了小时候的记忆,是一种情感的软着陆,更是一种心灵的慰藉。毋庸置疑的是,所有读者要么正经历,要么经历过,它具有非常强烈的亲历性和高度的印证性。

对教育来说,黑柳彻子用这种真实的每个人都体验过的小时候在告诉大家一个不争的事实:我们都有这样的小时候,淘气、执拗、执着、真诚、善良,充满着爱、渴望着爱。我们会犯错,会改正,会没心没肺,会鲁莽,会丢三落四。我们从来不是完美的小孩子。

黑柳彻子笔下的小豆豆是她自己的小时候,但也是我们每个人的小时候,当然不会完全一样,只是她轻轻地用她的小时候勾起了我们每个人对自己小时候的记忆与怀念。孩子读到的是当下的自己,大人读到的是曾经的自己。许多人都忘了当下与曾经之间的这段距离,它的名字叫作——成长。

很多人在长大成人以后,渐渐地就忘了每个人都有成长这码事。

成长是个过程。事实上,人一辈子恐怕都处在这个过程中。但从孩子到成人,这个阶段的成长最为明显,眼瞅着个子渐渐长高,声音和面孔从稚嫩到成熟……等到已经长成一个成人的躯体时,我们便不再提及这个词语,仿佛那是久远之前的年代一般。而这种遗忘,就成为新一代的孩子与父母之间的一道沟壑。

黑柳彻子通过小豆豆试图唤醒这样的成人，提醒他们曾经有过的成长，提醒他们认识到成长正在他们的孩子的身上发生，而他们自己的经历是不容遗忘的，就此希望成人们记得在自己身上发生过的那些事。那些调皮，那些笨拙，那些哭笑不得的尴尬，那些纯真美好，在别人看起来毫无意义，却对孩子自己十分重要的事……

没错，成长是一个过程。这个过程没人能够跳过，而且它需要时间，需要耐心，需要一种近乎守候的等待。自然的成长会生成自然的孩子，自然的孩子会适应自然，也会自然地生活。这是人获得幸福的最为自如的途径。不幸的是，太多非自然的成长和缺失的等待，已经让这种成长变成了一种戕害。不和谐地长大后的人，生活得不完整、不幸福几乎就是一种必然。

二、每个孩子都是独特的存在

每一个生命都是独特的存在，无论是草木、动物，还是人类，孩子尤为如此。作为成人的教育者，尊重生命，尊重孩子，尊重每一个个体的独特性，就是一种对过去的继承和对未来的珍视。

我们会说，孩子是我们生命的延续。我们在他们的身上看到了我们的影子，这个影子是血缘造就的，那些相似的面孔，甚至是举手投足，让我们看到造物的神奇。我们将在我们消失以后，以某一部分的方式继续存留在这个世界上，或者说我们从未消失，我们一直留存，这就是生命的奇迹。但是，我们必须承认，这个与我们相似的生命，从来就不是我们，也根本不是我们。他们在幼小的时候依存于我们、需要我们，甚至向我们学习，对我们唯命是从，可是一旦他们以旺盛的精力汲取了更多的养分之后，他们就会蔓生出更多的力量，包括思想，他们是独特的个体，他们势必会以自己的方式探索世界。作为教育者和引导者，如何克服自己的权威感，如何应对这种成长和打破，甚至是挑战，本身又是一种隐匿的成长和考验。

每个独特的存在都需要被尊重，承认个性，承认差异，并真正地去顺应，就会减少相互之间的抵牾与消耗，而这种尊重是我们成人教育者的功课，我们是否真正成长，是否是心智上成熟的人，而不仅仅是生理和年龄意义上的长者，取决于我们是否承认和接纳孩子的个性与差异，并且切实地做到尊重与顺应，为他们营造或创造一个自然成长的环境。

黑柳彻子的书中到处洋溢着这种尊重与顺其自然成长的氛围，这来自她的母亲、她的老师、她的学校，这是小豆豆能够成长为当下的黑柳彻子的原因。黑柳彻子独特的存在没有得到压制、破坏，甚至是强行的修改，在她成长过程中，除了社会的原因，她的家庭和学校都为她提供了一种宽松的环境，让她得以自然地成长。

那个不能够在普通学校里正常学习的孩子，没有被母亲责骂，即便在遭遇被第一个学校劝退之后，也没有向孩子透露半点消息的母亲是值得尊重的。因为她首先尊重她的孩子，并保护着那个小小的心灵不受到摧残和打击，她顺应孩子的个性，并为其寻找合适的环境。小林宗作先生更是对此理念深信不疑，他对孩子个性的尊重在黑柳彻子的记述中犹如闪耀的繁星一般，照亮着她的整个生命。

三、教育是一种氛围

教育不是一件简单的事。当我们越是想要教育好我们的孩子时，我们越是发现教育的难度和复杂性。因为教育不是一个人的事，也不是几个人的事。在小豆豆成长的片段中，我们发现，教育其实是一种氛围。家庭的氛围、学校的氛围和社会的氛围，缺一不可。

一个孩子的成长从来不是封闭的。他（她）从一开始就要面对家庭的包围。父亲、母亲、兄弟姐妹以及长辈，伴随着孩子的成长会逐渐地出现在他（她）的前后左右，并与他（她）发生各种各样的关系，而家庭成员的一举一动就是孩子最初效仿和学习的对象。一个孩子会像他（她）的父亲母亲，不仅仅是容貌，连姿态和行为都如出一辙，这其实就是在生活中耳濡目染一点点养成的。家庭和睦、彼此相亲相爱的家庭,孩子必然温和有礼;家庭分裂、彼此恶语相向甚至拳脚相加的家庭,孩子必然刻薄无礼,脾气暴躁或者卑微懦弱……家庭是孩子最初的教育环境。他们要在这里习得作为初民的规范与智慧,以便适应接下来即将跨入的下一个圈层。

家庭对于孩子究竟充当着什么样的角色?很多家长对此并没有清晰的认识。因此在与孩子关系的摆放中,家庭渐渐变成了某种障碍,而失去了最初的温暖。

在黑柳彻子的作品中,她提供了这样的一种家庭范本。

爱的聚会之地。无论是父母,还是兄弟姐妹,彼此相爱,彼此关心与牵挂。严肃的父亲、慈爱的母亲,虽也有争执,但最后总会回归爱。爱是这个家庭中最后的主题,孩子总会从中看到一种圆满。

宽松自由之所。无论在外面有什么遭遇与不幸,这里始终都是温暖的、避风的港湾。小豆豆那些屡次三番的失足,那些毛手毛脚的丢失,那些刮坏的衣服,那些莽撞的误伤,还有那些不撞南墙不回头的执拗……在她的家里都一一被宽恕、包容,了化于无。在黑柳彻子许许多多的童年絮语中,感受不到那种充斥在我们这个时代的压迫与焦虑,反而恰恰消解了这种压抑之感。学校的氛围是孩子走出家庭之后踏入社会之前最为重要的一个圈层,他们在这里继承知识与经验,并且要与非血缘关系的许多其他个体打交道。融入或者隔离,是他们必然要进行的选择。融入往往意味着某种放弃与改变,孩子们要放弃或者改变在家庭中的某些习惯和规范,重新适应学校圈层的要求,以及开始建立起一个异于家庭的社交网络。在这个融入的过程中,小豆豆的第一次上学,是一次失败的融入,确切地说,小豆豆难以融入第一所学校的圈层。因此,才有了后来在巴学园的经历。

巴学园提供了这样的一种学校氛围:自由。

小林宗作的自然教育,从课程与课堂设计就体现了一种顺应儿童的天性,提倡个性化教育的理念。孩子们可以自由地从自己最喜欢的课程开始学习,但又不纵容这种对某个科目的偏爱。从最喜欢的课程到最不喜欢的课程，因为顺应了孩子对喜爱的首选，那么连不那么喜爱的科目也因为最初的喜悦而冲淡了。孩子们因为是自主选择，因此有了更强烈的主动性，这种不被迫、不压迫，真正地营造出了一种主动学习的氛围。从兴趣出发的自学习惯的养成，个性化辅导的辅助，让孩子形成了主动学习、自主学习的习惯。每个人都是如此，从而形成了一种浓厚的学习氛围，也因为看到了其他人对某些科目的偏爱，让不太喜欢某个科目的孩子也产生了好奇，甚至也想要自己去试一试。

巴学园的自由不仅仅是在课堂上，还体现在课下的活动设计中。那些下午的散步，闲散舒适，正符合烂漫儿童的天性，那些自然的地理知识和生活知识潜移默化地进入他们的头脑中，不需要灌输，完全是自然而然地注入。那些野炊和旅行，孩子们更是欢呼雀跃，但从中习得的是社会规范的建立与遵守、生活技能的主动掌握和实践。

巴学园其实奉行了一种"自然即自由"的理念。小林宗作先生对孩子们教育环境的营造颇有见地。音乐课和美术课上都践行着这种理念，所以孩子们得以在最自然的艺术引导中感受到艺术的美，这是一种惠及一生的影响。在自然的状态下舞蹈、绘画，让孩子的天性得到最大限度的发挥，孩子释放天性，获得快乐，继而才是艺术的探索与展现。这正是艺术创造生发出来的孩子们需要的最佳氛围。

从家庭到学校，从学校到社会，孩子要经历整个过程，直到可以真正地进入社会的那一时刻。但社会对孩子来说，其实一直都在，从未缺席。因为无论是家庭，还是学校，都置身于社会之中，社会潜移默化地影响着这两个圈层。

在中国古代故事《孟母三迁》中，孟子的母亲屡次带着孟子搬家便是社会氛围的缘故。《孟母三迁》的各种版本中都提到孟子幼年时曾经居住过的三个地方：墓地附近、市场附近，最后一个宜居之地则是书院旁边。因为看到孟子玩耍时在学习人家办丧事，孟母觉得墓地附近对其影响不佳而迁居，又因为第二处居所毗邻市场，孟子开始学着做买卖，孟母又觉得不妥。直到迁至书院旁边，孟子模仿儒生学做礼仪之事，孟母才放下心来，觉得自己搬对了地方。孩子会从自

黑柳彻子眼中的理想教育

己经常接触的人群中习得语言与行为的规范,甚至就此确定人生的目标与方向。

居处所在之处是一种家庭、学校之外的社会氛围,这种氛围还稍显直接。还有许多间接的氛围,如父母所受到的社会影响,会在言谈举止之间感染给孩子,这种影响是潜在而隐蔽的,但也是社会氛围所致。宽松自由的社会氛围,人们举手投足及交往间也会展露出一种从容和宽厚。紧张压迫的社会氛围,自然也会使得人们局促狭隘,目光短浅。这种社会的氛围也会直接或间接地影响家庭和学校,直至个人。

黑柳彻子幼年所处时代的日本,正是渐渐进入军国主义掌控旋涡的日本,《窗边的小豆豆》一书中,那种渐渐而至的来自社会的紧迫感,也随着记述接近尾声而越发明显。当巴学园在战火中毁于一旦,那种难以掩饰的失望与悲凉直袭胸臆时,一个教育家的襟怀却在此处为孩子们展开了更为宽广的世界——未来。小林宗作先生对小豆豆说,将来要建一个更好的巴学园。这种在绝望的现实中生长出来的对未来的希望,也是孩子们可以继续下去、坚强下去的希望。这种眼界和胸怀,正是一个真正的教育者在社会的泥沼中仍然能够种下希望种子的力量。

结 语

第二节 我们与黑柳彻子的教育期待间的距离

黑柳彻子通过记述自己的童年,以及小林宗作先生在巴学园对孩子们所施行的教育,传达出一种教育期待。教育应该是一个自然的化育过程,不是揠苗助长,不是被迫、压制性的教育,不是短视的以牺牲童年为代价的教育。教育要给予孩子充分的自由,要宽容,要耐心,要尊重,要顺应孩子的天性。要从对孩子全心全意的爱出发,呵护他们、引导他们,进而使他们能够在更长久的生活中懂得珍惜自己、珍爱他人,最终真正获得精神上的幸福。

事实上,这种理念和期待也是我们每一个教育者,无论是家长还是老师,包括社会都乐见的一种愿景。可是,问题是我们的行为和我们的愿景间的差距却是如此巨大,并且即便心理接受,行为上却每每背道而驰。是什么把我们与黑柳彻子的教育期待拉开那么远的距离,又是怎么渐行渐远不能自拔的呢?

一、混乱的时间观念

中国社会的巨大进步是随着改革开放的脚步彰显出来的,随着这种进步而来的,是对速度与效率的追求,但不能否认这种追求在社会财富的积累方面做出了巨大的贡献。人们追求速度,要求不断地提高效率,这种现实的紧迫感在方方面面都体现出来。从20世纪80年代开始的对速度与效率提升的渴望,反映在了对时间的压缩上。大家纷纷惜时如金,"时间就是金钱"成了一句流行语。客观上,这种对时间、速度与效率的要求是社会进步的一种反映,但反映在社会心理上,则渐渐出现了一种急躁心理。人们不愿意等待,恨不得一下子就可以在对时间、速度和效率的追求中实现效益的最大化。

反映在教育方面,家长们重视孩子的学习,希望他们抓紧时间学习,提高学习效率。

20世纪80年代,家长要求孩子学习,延长学习时间,希望提高学习成绩,因此,压缩了玩耍的时间和劳动的时间。这一代的中国父母大多经历了"文化大革命"的洗礼,失去学习机会的他们,非常渴望这一代的孩子能够弥补自己未曾实现的梦想,他们将这种希望转嫁到孩子的身上,导致了如下后果:

劳动习惯的缺失,导致无法独立生活。很多家长为了让孩子有更充足的学习时间,拒绝孩子参与一切劳动,包括最简单的家务劳动。没有劳动习惯的这一代成长到如今,形成了一代不会照顾家庭甚至照顾孩子的父母,他们自己在家庭中仍然不会做家务,更别提照顾孩子,这样就使得当下社会出现了一批生完孩子就把孩子扔给自己父母的年轻父母。他们自己仍然不能独立生活,还要仰仗老人来完成隔代教育,而老人对隔代孩子的教育大多数以溺爱为主。这也是现在教育问题复杂化的原因之一。

有限时间内的无限学习,造成生活情趣的丧失。对时间与效率的追求,渐渐变成了抓紧一切时间进行一切学习的局面。时间没有变化,但学习的种类却增加了。一些家长认为,培养孩子多方面的兴趣会增加孩子的艺术修养,提升孩子的智力。必须肯定的是,这本来是一种进步,但这种进步却最终走入误区,撇开了孩子的兴趣,变成了一种强迫式的注入学习。不管孩子是否喜欢某种乐器,是否喜欢唱歌或跳舞,是否喜欢美术或体育,家长都不遗余力地为孩子勾画着未来,全然不考虑孩子的感受和需要。除了正常的学习以外,孩子们奔走在各种兴趣班间,时间被切割成了各种板块,但这些看似为了孩子未来生活情趣的考虑,实际上有些则是粗暴地背离孩子的本意,更何况还有一些更为功利的想法:如果在学习上不能有所领先或突破,这些艺术和体育方面的学习也许会是某种途径。

事实上,当一件看上去很好玩的事情被以强迫式学习的姿态绑缚在孩子的肩上时,那最美好的体验也将随之消磨得荡然无存,势必会使得孩子与自己真正的喜爱渐行渐远。家长们常常把这些所谓的兴趣班学习称作"玩耍",当作一种紧张学习后的放松。殊不知,这种说辞犹如给兴趣兜头一盆冷水,会大大折损孩子对其的热度。

矛盾的时间观念凸显。很多家长不知不觉会发现，自己变成了每天盯在孩子后面的定时闹钟，总是感觉孩子慢吞吞地做事情，跟不上节奏。于是，家长会经常要求孩子"快点儿"。可是，在学习中，我们又发现我们又不时地在告诫孩子"慢慢来，要仔细！不要急躁"。教育中这种矛盾的现象，如今已经成为一种常态。一些学习乐器的孩子的家长已经发现，他们一边在催促孩子抓紧时间练习，一边又要让孩子练习的时候不要急于弹奏完，而是要放慢速度，把握节奏。实际上，在心态平稳的时候，孩子们完全能够做到慢练之后再提高速度。各个种类的学习都是如此。但在家长的不停催促下，孩子们事实上很难放稳心态。这种矛盾的时间观念其实就是浮躁心理的反应，而这种从社会蔓延开来的浮躁，让人们不愿意等待，延展到教育中，教育者们总是不自觉地想要缩短成长的进程，这样陷入"揠苗助长"的怪圈也就不难理解了。只是对孩子来说，缺乏耐心与宽容的氛围，本质上就是一种伤害。

二、扼杀个性的教育攀比

攀比是一种不良社会现象。我们对攀比的认识，往往局限在对物质的攀比上。物质上的攀比，消耗的是金钱。教育中的攀比，消耗的则是未来。在笔者看来，教育中的攀比是教育中的大敌。这种攀比表现出来的盲目性和虚荣心态是最应当被批判的。

跟风式学习的盲目性。这主要体现在家长对孩子望子成龙的迫切心理，认为孩子的潜力是无限的——别人可以学习的，我的孩子也一定可以学习。在物质条件不成为门槛的今天，许多家长不在乎金钱的消费。有些家长无视个体成长的差异、兴趣的差异、天赋的差异，一味地把各种学习绑缚在孩子的身上。这种学习从一开始就变成了沉重的负担，不但无益于孩子正常的学习，更无益于孩子兴趣的培养，这种学习打着培养兴趣的旗号，其实却是把孩子从这个也许未来会喜爱的兴趣中越赶越远。很多低龄的孩子早早地就被要求学一门乐器，在尚未理解和感受音乐的美时，便进入音乐的学习中。没有兴趣的基础，只有懵懂的被动学习,一旦进入学习的瓶颈期时,很容易备受打击,进而产生厌倦和抗拒的心理。如果抵触情绪巨大,则与父母就会形成强烈的对立。这难道是一个好的艺术形式和人生兴趣应该对人产生的影响与作用吗?

家长之间关于孩子学习成绩的攀比也是一种对孩子的摧残,这就是我们经常听到的"别人家的小孩儿"。著名儿童文学作家秦文君有一篇叫作《表哥驾到》的文章。文中的"我"听说姨妈要带着表哥来家里做客,本来十分不情愿,尤其是母亲每每提及表哥,都要拿出他的优点好好地数落"我"一番。"我"自然很不喜欢这样的比较和数落,甚至对表哥的到来十分讨厌。直到表哥真的来了,姨妈看见"我"频频称赞,而表哥也极为不自然地被姨妈数落着,这倒让两个孩子渐渐熟络起来。其实,他们都生活在"别人家的孩子"的阴影里,而这个"别人家的孩子"不过是家长口中一个虚幻的"完美小孩儿"的化身,根本就不存在。没有"完美小孩儿"的现实让孩子们解脱,可以放松地做自己,发挥自己,成为自己,这才是教育的真谛,也是孩子应该享有的成长过程。

至于社会环境对学校的挤压,基于升学率的压力和压迫,一些学校也正在被教育系统中流行的攀比风裹挟着。各种考试纷至沓来,各种题海战术,都自上而下地扼杀着孩子的个性,将孩子们挤压进成绩的表格里,挤压进各种考试的框架里,孩子们正一步步地变成同一张面孔,而这张面孔容貌模糊,面无表情,没有敏锐的对生活的感知,没有热情与温度,完全变成应付各种考试的机器,这难道是家长和教育者以及社会想要实现的愿景吗?

三、矛盾的家庭

多元化的社会造成统一观念的崩塌,舆论的复杂与信息的庞芜成为社会的一种表象。人们受到观念上的冲击也是多角度、多层次的。父亲与母亲的家庭角色不再像过去那样一成不变,快节奏生活的社会角色,让人们应接不暇,而这种社会的冲击与变迁也会在家庭中反映出来。

家庭是社会的最小单位,对教育来说,是孩子接受最早教育的场所。家不是一所房子这么简单,它是一个充满意义的心理空间。这个空间需要在父亲、母亲和孩子间建立起来的稳固联系加以支撑。因为彼此相爱、信任、牵挂,这个家庭才具有意义,才会对每一个居于其中的人产生积极的作用,否则是毁灭性的。孩子对父母亲最初是情感上的依赖,渐渐会随着年龄的增长而慢慢独立出来,但这个曾经为他(她)遮风挡雨的地方的意义则是他(她)到任何地方去闯荡时能够汲取力量的源泉。如果没有这个家庭的支撑,他(她)会觉得自己的努力缺乏一种根基,就好像无根之木、无源之水一般。

显然,社会的问题会显现在家庭之中,而家庭的问题则直接影响孩子的教育和成长。在这些问题中,我们大概会看到以下一些情况。

(一)拜物家庭的教育观

拜物家庭的父母往往具备充沛的财力,将教育与金钱的投入直接挂钩。这些家庭的父母对孩子的爱表现为物质上的极大满足、教育投资的高额付出。他们普遍认为,物质上的富足会充分满足孩子的需求。这种对物质投入的非理性认识,直接影响孩子对世界的认识。拜物家庭势必培养出孩子对物质的崇拜,孩子沉溺于物质满足的不断升级,完全靠物质刺激来提升幸福感与满足感,其结果就是欲壑难填,彻底沉沦于物质的泥沼不能自拔。在这种境遇中,一些父母在教育投资上也盲目攀比,人有我有,人上我上,孩子锦衣玉食地奔波在前往各种兴趣班的路上,这也催生了全职母亲的群体的出现。她们把生活的重心放在孩子身上,回归家庭全身心地投入对孩子的教育上,这对孩子来说本应是一种幸福,但这种母亲大多数带着孩子游走在不同的补习班中。孩子上课,她们在外面等候,多数都在无聊消磨着时光,中午和晚上因为穿梭于不同地点,甚至连一顿家庭聚餐都没有,不是吃饭店就是吃快餐,很难感受到家庭的快乐,母亲对于孩子就是一种交通工具,一个餐食的提供者,一个并没有产生实际意义的陪伴者,而这种投入一旦没有得到孩子在成绩上的回报,则会在家庭中爆发出更大的冲突,父亲会指责母亲没有教导好孩子,母亲会指责孩子没有百分百地付出努力。其结果是孩子对家庭的反感和反抗,尤其在青春期到来时就会呈现出井喷式的爆发,家庭的分裂在所难免。

(二)教育观的分歧与冲突

中国人一向重视孩子的教育问题,因此一个家庭一旦有了孩子,对孩子的教

黑柳彻子眼中的理想教育

育就会立即提上日程,尤其是在富裕家庭且仅有一个孩子的情形下,孩子的教育几乎成为家庭的重心。在教育的理念上,家庭中常常会出现父母各执一词,都有对孩子教育的一套想法和观念,如果家中还有老人,则又增多了对孩子教育的看法和行为方式。

中国的孩子常常面对这样的一种家庭教育环境:父亲、母亲、祖辈会以不同的方式对待孩子。比如父亲主张孩子要尽可能地玩耍,母亲则针对学校日益逼近的学习要求和压力要带孩子补课,爷爷奶奶则一味溺爱纵容孩子不良的饮食习惯和行为习惯。当三者遇到一起的时候,年幼的孩子就会在这种教育观念的分歧中不知所措,不知道怎样做会更好,尤其是在这种教育观念的分歧没有最后形成一种统一的意见,而是被搁置到一旁时,孩子就会始终处于模棱两可、含混不清的状态。

而一些父母也常常在行为上毫不掩饰彼此的矛盾与分歧,这种外化在孩子面前的冲突对孩子性格的形成也发挥了非常不好的消极影响。那些长期生活在父母分歧之下的孩子,要么会学习父母强势一方的霸道蛮横,要么会学习弱势一方的唯唯诺诺、优柔寡断,或者会经常在面对抉择时优柔寡断、缺乏主见。总而言之,外化在孩子面前的矛盾势必会给孩子的成长造成影响,而这种影响大多是负面的。

我们与黑柳彻子的教育期待间的距离就是在这些混乱的观念中一点点拉大的。很多家长都深有体会地表示,没有谁比他们更爱自己的孩子,那种恨不得尽一切可能地满足孩子的愿望,那种看见孩子的笑脸就会从心底萌发出最强烈的幸福感与满足感的快乐是所有父母共同的体验。可是,教育从来不是以父母获得抚养孩子的快感作为终极目的的。教育是关乎一个独特的个体的健康成长的问题,是关乎人的未来与世界的未来的大事情。教育不仅仅是保护、满足这个小小的个体需要,教育需要随着孩子的成长,在更广阔的意义上上升为有益的引导、尊重,给予独立与自由,并让个性得到自然的发展,使其充分接触和认识真实的世界与社会,才能使其更好地适应并面对。

结 语

所以,作为教育者,无论是家长还是老师,我们需要时时提醒自己:

不要总是摆出权威的姿态,要尊重孩子,这样能使我们更容易获得孩子的尊重。

不要总是压制孩子的天性,天性的释放是孩子顺应自然的反映,而我们不要忘了自己也曾年幼过。

不要总在孩子的面前去展示教育者之间的分歧,以避免他们在成长中遭遇太多面对父母争执的困惑。在孩子幼年的时候,我们要尽可能地私下讨论,就算不能说服彼此,但是能够为孩子提供一个和谐的家庭气氛,这总比分裂和冲突更容易让孩子心绪平和。

不要总逼迫他们学习他们尚未产生兴趣的东西,让他们能够自由地选择,自主地选择,他们会主动找到自己最具有天分也最感兴趣的那一方面去努力尝试和探索。

不要总埋怨他们的善良让他们会碰到骗子,善良的汇聚会真正地改变世界,孩子的纯真与真诚是暗沉的社会氛围中最能够刺透迷雾的明灯……

实际上,我们在教育孩子的过程中,也在不断地教育自己,作为教育者的我们,也在经历着另一种成长,不是生理上的,而是心智方面的。我们作为成年人,在面对纷繁芜杂的社会,面对家庭,面对老人和孩子的时候,仍然需要不断地调整自己的认识,不断地习得生活的智慧。我们学习的过程,也是我们引导孩子的过程。我们抱怨,我们的孩子也会学会抱怨;我们不负责任,我们的孩子也会不负责任;我们尊重老人,我们的孩子也会尊重我们;我们积极向上,我们的孩子也会乐观阳光;我们垂头丧气,我们的孩子也会裹足不前……教育无处不在,与其高高在上充当孩子的训诫者,不如做一个经验的提供者,一个和孩子一起成长的引导者。在平等与自由的气氛中,我们会发现我们身旁正逐渐成长起一些有主见、肯于承担责任、善解人意、善良真诚、乐观向上的新人类。他们年轻,充满朝气，虽然会犯错，但也不因此退缩，他们好奇，乐于探索，他们对这个世界有着天然的热度……这正是一个鲜活的世界未来所需要的创造者。我们的目的是培养和辅助这样的他们，而不是在他们还小的时候扼杀那些美好与自然的天性，这才是教育的目的、教育的功用。